아빠의 책장

아빠의 책장

· 아버지가 되기 위한 수신제가 ·

박기형 지음

아버지가 바로 서는 시간
책은 아버지를 바꾸고, 아버지는 가정을 변화시킨다.

이음과 펼침

머리말

왜 이 책을 쓰게 되었는가?

그 물음의 시작은 단순했지만, 그 안에 담긴 의미는 절대 가볍지 않았다.

나는 남편으로서 준비 없이 결혼하였고, 아버지로서 어떤 자세와 역할이 필요한지에 대한 깊이 있는 생각이나 공부 없이 두 아이의 아버지가 되었다. 아이들이 성장하는 동안 수많은 시행착오를 겪으며 부모의 길을 걸어왔고, 어느덧 두 자녀는 모두 성인이 되었다. 그렇게 시간은 흘렀고, 오랜 기간 몸담았던 은행에서의 직장 생활을 마무리한 뒤, 이제 새로운 직장에서 새롭게 제2의 인생을 시작하게 되었다.

다행히도 인생의 전환점에서 삶과 인간에 대해 다시 배우고 깊이 생각해 볼 수 있는 소중한 기회를 얻게 되었고, 그 과정을 통해 조금씩 나 자신을 새롭게 이해해 나갈 수 있었다.

그 과정은 단순히 지식을 쌓는 시간이 아니라, 오히려 나의 삶을 되돌아보고 마음을 깊이 들여다보는 내면의 과정이었다.

과거의 내 삶이 단지 생계를 유지하는 데 급급한 일상의 반복에 머물렀으며, 남편으로, 아버지로, 한 인간으로도 진정한 성숙에 이르지 못했다는 사실을 깊이 자각하게 되었다. 그리고 바로 그 깨달음의 순간, 비로소 나 자신에게 정직한 질문을 던질 수밖에 없었다.

"나는 좋은 아버지였는가?"

"나는 과연 아버지로 사는 삶에 충분히 성실했는가?"

그 질문은 단지 과거를 되돌아보는 데 그치지 않았으며, 오히려 앞으로의 삶을 새롭게 설계하게 만드는 깊은 물음이 되었다. 그리고 바로 그 질문으로부터 이 책의 이야기가 시작되었다.

'격물치지(格物致知)'의 태도로 삶을 하나하나 다시 들여다보는 과정은, 동양 고전이 제시하는 '수신제가치국평천하(修身齊家治國平天下)'의 흐름 속에서 아버지로서의 내 삶을 새롭게 되돌아보게 했다.

지난 3년 동안 책을 읽고, 공부하며, 자신을 다듬는 시간을 보냈고, 그 과정을 통해 얻은 깨달음과 배움을 바탕으로 이 책 『아빠의 책장』을 쓰게 되었다.

『대학(大學)』이라는 고전에서는 인간이 어떻게 삶을 가꾸고 성숙해 나갈 수 있는지를 단계적으로 설명하고 있으며, 그 수양의 흐름은 '격물(格物: 사물을 바르게 보고) → 치지(致知: 참된 지식을 얻고) → 성의(誠意: 진심을 다하고) → 정심(正心: 마음을 바르게 하고) → 수신(修身: 자신을 닦고) → 제가(齊家: 가정을 다스리며) → 치국(治國: 사회를 바르게 이끌고) → 평천하(平天下: 세상을 평화롭게 만든다)'로 이어진다.

이는 단순한 이상적인 삶의 지침이 아니라, 내게는 실제 삶의 방향을 다시 세우게 만든 실천의 구조였다. 이 수양의 흐름을 '아버지'라는 나의 정체성과 연결지어 하나하나 되짚어 보면서, 일상에서 실현할 수 있는 마음가짐과 태도, 그리고 성장의 방식을 정리하고자 한다.

그 시작은 '격물치지(格物致知)'였으며, 이는 사물과 현상을 바로 보고 그 이치를 깊이 탐구함으로써 진정한 앎에 이르는 과정의 시작이다.

이 격물치지의 과정을 통해 인간 존재의 구조를 다시 깊이 생각해 보게 되었고, 특히 아버지라는 존재가 자녀와 가족, 더 나아가 사회에까지 어떤 영향을 미치는지를 다시 한번 되새길 수 있었다. '**격물(格物)**'은 내가 만나는 사물과 현상, 감정과 관계를, 있는 그대로 바라보는 연습이었고, '**치지(致知)**'는 그 이면의 의미와 작동 원리를 파헤치는 지적인 탐구의 과정이었다. 그리고 다음으로 마주한 단계는 '**성의(誠意)**'였는데, 이는 삶을 대하는 진심 어린 태도이자 나의 존재 전체를 하나의 방향으로 이끄는 내면의 정렬을 뜻하며, 성의 없이 진정한 성장은 이루어질 수 없다는 것을 알게 되었다. 아이를 양육하고 아버지로서 가정을 이끄는 일은 단순한 기술의 문제가 아니라 삶을 대하는 태도의 문제이며, 그 중심에는 언제나 '성의(誠意)'가 자리하고 있었다. 뇌과학, 감정 조절 등 현대 심리학과 신경과학의 통찰을 바탕으로, 성의가 삶에 미치는 구조적 영향을 살펴보고자 하였다.

그러나 성의만으로는 모든 것이 충분하지 않았고, 이어서 마주한 단계는 '**정심(正心)**'이었다. 흩어진 감정과 요동치는 사고, 반복되는 실수와 감정의 폭발 앞에서 결국 스스로에게 질문을 던질 수밖에 없었다.

'나는 지금 마음의 중심을 지키고 있는가?'

'정심(正心)'이란 곧 일상에서 감정, 사고, 태도를 바르게 정렬하는 내면의 힘이며, 심리적 회복탄력성과 자기 이해의 핵심이라는 사실을 깨닫게 되었다. 뇌의 작동 원리와 심리학적 구조를 바탕으로, 아버지의 내면을 안정적으로 세우는 구체적인 방법을 살펴보았다.

그 이후 내가 도달한 지점은 바로 '**수신(修身)**'이었다. 자신을 닦는다는 것은 곧 일상과 습관, 정서와 사고, 관계와 태도를 하나하나 정비해 나가는 삶 전반을 가꾸는 꾸준한 노력의 과정이었다. 수신은 단지 도덕적 구호에 그치는 것이 아니라, 내 삶의 주도권을 회복하고, 나의 존재 방식을 새롭게 설계해 가는 구체적이고 실천적인 행위다.

　아이가 흔들릴 때마다 나 자신의 수신 상태를 되돌아보게 되었고, 가정의 분위기마저도 나의 내면 상태에 따라 달라진다는 사실을 절실히 실감하였다. 아버지로서의 수신은 단지 개인 수양에 머무는 것이 아니라, 가족 전체에 정서적 파장을 일으키는 리더십의 형태였다.

　'**제가(齊家)**'의 단계는 가정이라는 공동체 안에서 구체적으로 실현되었으며, 가족은 나를 비추는 거울과 같은 존재였다. 가장 가까운 사람들 앞에서 드러나는 나의 진짜 모습, 감정의 민낯, 말과 행동 사이의 불일치는 결국 나 자신을 다시 배우고 돌아보게 만드는 계기가 되었다.

　가정은 단지 사랑이 머무는 공간일 뿐만 아니라, 끊임없이 자신을 다듬고 성장시켜야 하는 수양의 장소이기도 했다. 자녀와의 갈등 해결, 아내와의 소통, 부모와의 거리 조율은 모두 '제가(齊家)'의 구체적인 실천 과정이었다. 나는 조선의 아버지들에게서 절제와 책임, 그리고 자녀 교육에 임하는 자세를 배웠고, 오늘날의 심리학을 통해서는 이해와 소통의 기술을 익힐 수 있었다. 전통과 현대의 경계 위에서 시대 변화에 부합하는, 새로운 아버지 됨의 의미를 모색하고자 하였다.

　마지막으로 '**치국(治國)**'의 단계에 이르렀다. 이는 사회적 존재로서의 나 자신을 성찰하고, 직장에서의 역할과 공동체 안에서의 책임을 다시금 되새기는 과정이었으며, 가정 안에서 이루어진 수신과 제가의 토대가 단단히 갖추어져야만 사회 속에서 나의 정체성 또한 흔들림 없이 자리 잡을 수 있었다. 사회생활이라는 치국의 장(場) 속에서 감정, 갈등, 책임, 균형을 어떻게 다루어야 하는지를 깊이 생각해 보았다. 그리고 이러한 과정 자체가 곧 내면을 성숙하게 만드는 또 하나의 수양임을 제시하고자 하였다.

이 모든 과정을 관통하는 하나의 정신이 있다면, 그것은 바로 '진심'이었다.

이 책을 통해, 아버지로서의 수신제가란 결국 한 사람의 진심에서 출발하며, 그 진심이 삶의 구조를 변화시키고, 나아가 세대를 이어 가는 가치를 형성한다고 생각한다. 바로 이 지점에서, 『맹모단기(孟母斷機)』의 이야기를 떠올리게 되었다. 맹자의 어머니는 아들이 학문을 중도에 포기하자 베틀의 실을 끊으며 단호하게 꾸짖었다. 그 끊음은 단순한 행동이 아니라, 진심에서 비롯된 강력한 메시지이자 통렬한 훈육이었다. 이 이야기 속에서 부모 됨의 본질, 즉 자녀의 성장을 위한 단호함과 진심 어린 책임을 발견하게 되었다.

진정으로 자녀를 위한다는 것은 단지 감정에 이끌려 돌보는 일이 아니라, 때로는 단호한 선택과 감정의 절제를 요구하는 일임을 깨달았다. 그것은 공정함을 잃지 않는 사랑과 편법에 기대지 않고 자녀를 돕는 태도, 그리고 무엇보다도 스스로 바른 삶을 살아가며 본보기가 되어야 한다는 것이다. 이 책을 쓰며, 나 자신에게, 그리고 이 시대를 살아가는 모든 아버지에게 이 질문을 던지고 싶었다.

"우리는 지금, 아버지로서 격물치지하고 있는가?"
"우리는 지금, 아버지로서 수신제가하고 있는가?"

부모가 자녀를 향해 가질 수 있는 최선의 태도가 반드시 사랑만은 아니라고 생각한다. 때로는 사랑보다 더 깊고 근원적인 태도가 있는데, 그것은 바로 '신뢰'다. 아이를 있는 그대로 받아들이고, 그 존재가 자기 삶을 스스로 살아갈 힘을 지니고 있음을 믿는 마음, 이것이 바로 신뢰이며, 이는 곧 부모가 자신의 불안을 내려놓는 연습이기도 하다.

사랑이라는 이름으로 불안과 통제를 포장하지 않고, 아이가 자기만의 속도와 방식으로 성장할 수 있도록 지켜봐 주는 것. 그것이 진정한 신뢰의 태도이다. 이제야 비로소 그 신뢰의 힘이 얼마나 깊고 단단한지 실감하게 되었다. '나 없이도 잘 살아갈 수 있다'라는 믿음을 부모가 품을 때, 아이는 비로소 자기만의 길을 자율적으로 걸어갈 수 있다.

나를 포함한 많은 현대의 부모들은 맹자의 어머니와는 달리 공정함을 잃고, 편법으로 자녀를 돕는 것이 곧 진정한 사랑이라 착각하곤 한다. 그 근본적인 이유가 바로 '격물치지(格物致知)'의 과정이 이루어지지 않았기 때문이라고 생각한다.

이 책을 준비하면서, 삶의 모든 바탕이 결국 사물을 바르게 보고 참된 앎에 이르는 '격물치지'에서 출발해야 함을 깊이 깨닫게 되었다. 마지막 단계인 평천하(平天下)는 각자가 삶 속에서 스스로 추구해야 할 과제라고 생각했기 때문에, 이 책에서는 "격물(格物) → 치지(致知) → 성의(誠意) → 정심(正心) → 수신(修身) → 제가(齊家) → 치국(治國)"이라는 일곱 가지 단계에 관한 생각과 이해에 집중하였다.

차 례

머리말 ··· 4

1 격물치지(格物致知)
― 존재의 본질을 꿰뚫고, 삶의 지혜로 실천하다

1장　나는 누구인가 ··· 17
2장　'아버지 요인'이 삶에 주는 영향력 ··· 34
3장　부모는 아이의 본보기 ··· 40
4장　의식과 현실 창조: 양자역학이 말하는 마음의 힘 ··· 47
5장　후성유전학적 양육 ··· 64

2 성의(誠意)
― 존재의 내면에서 피어나는 준비의 힘

1장　뇌의 자기실현 메커니즘 ··· 85
2장　움직임과 정신 건강의 비밀 ··· 92
3장　인간 발달을 이끄는 뇌과학의 통찰 ··· 108
4장　불안에서 성장으로 ··· 119
5장　자기 이해와 감정 조절 ··· 143

3 정심(正心)
— 아버지의 마음으로 중심을 세우다

1장 인간의 모든 생각과 행동은 심리학	… 163
2장 회복의 심리학	… 184
3장 마음의 성장과 심리적 전환	… 195

4 수신(修身)
— 내 삶을 닦는다는 것의 의미

1장 내 삶의 주인 되기	… 228
2장 자아 성찰과 성숙의 조건	… 234
3장 자기 설계	… 244
4장 자기 이해와 관계 회복	… 252
5장 에고라는 적	… 258

5 제가(齊家)
— 가정을 통해 나를 바로 세우는 일

1장 조선의 아버지에게서 현대의 아버지가 배워야 할 것	… 271
2장 가족의 이해와 치유	… 280
3장 아이들의 정신 건강과 회복	… 305

6 치국(治國)
― 사회를 다스리는 것은 곧 자신을 다스리는 일

1장 내면의 전환	⋯ 323
2장 균형 찾기	⋯ 334
맺음말	⋯ 347
감사의 말	⋯ 350
참고문헌	⋯ 352
미주	⋯ 372

1

격물치지(格物致知)

— 존재의 본질을 꿰뚫고, 삶의 지혜로 실천하다

『격물치지(格物致知)』는 단순한 고전의 문장이 아니다. 그것은 오늘을 살아가는 내가 삶을 이해하고, 자신을 성찰하며, 보다 나은 방향으로 나아가기 위한 통찰의 출발점이다.

『대학』의 해석에 따르면, '격물(格物)'은 사물을 바로 보고, 그 이치를 철저히 탐구하는 것이며, '치지(致知)'는 그러한 탐구를 통해 참된 지식과 지혜에 도달하는 과정이다. 즉, 격물은 삶의 기본자세이자 내적 태도의 정립이고, 치지는 그 이치를 토대로 삶을 실천적 구조로 재배치하는 환경 구성의 행위이다.

조선의 유학자들은 격물치지를 수양과 학문의 본령으로 삼았다. 율곡 이이는 "물(物)을 바로잡아야 마음이 곧아진다"라고 했으며, 정약용은 "사물의 이치를 궁구하는 것이 곧 인격을 닦는 길"이라고 보았다. 이러한 전통적 사유는 오늘날의 언어로 새롭게 해석되고 다시 조명될 필요가 있다.

격물은 곧 원리를 아는 일이며, 치지는 그 원리를 삶 속에서 올바르게 실천하는 일이다. 격물치지를 실천하기 위해서는 뇌과학을 탐구하는 것을 시작으로 해서, 양자역학까지 공부해 보는 것이 필요하다고 느끼게 되었다.

아이가 울 때 왜 그런 감정을 보이는지, 나 자신이 어떤 생각에 사로잡히는지 알고 싶었다. 그 갈증 끝에 만난 것이 뇌과학이었다. 뇌과학은 마음의 미로를 설명해 주는, 내게는 지도의 역할을 하는 학문이었고, 양자역학은 현실이라는 구조가 어떻게 관측자에 의해 달라지는지를 밝히는 학문이라고 생각하였다. 이 두 분야는 외형적으로는 딱딱해 보이지만, 그 이면에는 인간 존재에 대한 깊은 질문—'나는 누구인가', '우리는 어떻게 관계 맺는가', '현실은 어떻게 구성되는가'—에 대한 본질적 탐구가 녹아 있다고 보았다.[1]

왜 지금, '격물치지'인가?

이 장에서는 인간 존재와 의식, 유전과 환경, 교육과 관계, 성장과 치유라는 주제를 '격물치지'의 태도로 다시 바라보려고 한다.

삶을 구성하는 복잡한 실체들—아이의 뇌 발달, 부모의 감정 구조, 유전자와 후성유전학, 우리가 자각하지 못한 무의식—은 겉으로는 뚜렷하지 않지만, 우리의 삶과 정체성 형성에 깊숙이 영향을 미치고 있다. 특히 '아버지'라는 존재의 역할이 대단히 중요하다는 것을 알게 되었는데, '아버지의 요인'은 단지 혈연적 기원에 그치는 것이 아니라, 자녀의 신경 회로와 정체성, 심지어 무의식의 구조에까지 영향을 미친다. 아버지는 보호자를 넘어 삶의 모델이자 존재의 좌표가 되는 까닭에, 그의 말투나 행동, 감정의 표현 방식까지 모두 자녀의 내면에 '격물'의 대상으로 각인된다.

아버지에 대하여 탐구하는 것은 곧 나를 탐구하는 일이며, 내가 아버지로 살아가는 방식은 곧 삶을 실천하는 치지의 과정이 아닐까 싶다.

이 장이 다루는 주제들: 격물의 지평을 넓히다

이 장은 하나의 사물, 하나의 현상, 하나의 인간 조건을 깊이 들여다보는 '격물(格物)'의 실천이라 할 수 있다.

1. '나는 누구인가'에서는 자아의 형성 과정과 타인의 시선을 통해 만들어지는 자기 정체성을 탐색한다.
2. '아버지의 요인이 삶에 주는 영향력'에서는 단지 생물학적 존재로서의 아버지를 넘어, 정서적·심리적·무의식적 유산으로서의 아버지를 조명한다.

3. '부모는 아이의 본보기'에서는 부모의 말과 행동, 심지어 감정 반응까지 어떻게 아이의 신경 회로를 재편하는지를 설명한다.
4. '의식과 현실 창조: 양자역학이 말하는 마음의 힘'에서는 물리적 세계가 의식과 어떻게 연결되는지를 철학과 과학의 관점에서 고찰한다.
5. '후성유전학적 양육'에서는 생물학적 유전을 넘어서 환경이 유전자 발현에 미치는 실제 메커니즘을 살핀다.

이 모든 주제의 중심에는 삶을 탐구하고 실천하려는 격물치지의 시선, 그리고 그 탐구의 실험 대상으로서 아버지라는 인간상이 자리한다.

1장
나는 누구인가

■ **성격, 유전, 그리고 나를 아는 지성**[2]

며칠 전, 아침 출근길 버스에서 내 눈은 자연스레 창밖을 스치던 사람의 표정에 머물렀다. 그 순간, '너 자신을 알라'는 소크라테스의 말이 문득 떠올랐다. '누군가 저 사람의 인사를 어떻게 해석하고 있을까?'라는 의문이 내 안에서 조용히 피어났다. 누군가를 만날 때도, 그 사람의 작은 행동 하나에 의미를 부여한다.

"저 사람이 나에게 눈길을 준 이유는 단순한 인사일까, 아니면 반가움의 표현일까?" 상대방의 의도를 정확히 알 수 있다면, 인간관계는 훨씬 더 수월해질 것이다. 실제로 사람의 성격을 파악하는 능력은 개인마다 다르다. 누군가는 아주 사소한 단서만으로도 상대의 성격을 놀랍도록 잘 파악하지만, 반대로 많은 정보를 가지고 있어도 상대를 잘 이해하지 못하는 사람도 있다. 미국의 심리학자 존 메이어는 이러한 능력의 차이를 '성격지능(personality intelligence)'이라 명명했다.

나 스스로에게도 물어본다. "내 성격은 어떤가?" 나아가 주변 사람들의 성격을 내가 잘 이해하고 있는지 자문해 본다. 만약 내가 그들의 성격을 좀 더 잘 이해할 수 있다면, 관계 형성은 훨씬 부드럽고 안정적일 것이다.

우리는 대체로 자신의 행동을 돌아볼 때, 그것을 자신의 성격 때문이라고 생각하기보다는 불가피한 외부 상황 탓으로 돌리는 경향이 있다. 반면, 타인의 행동에 대해서는 쉽게 그 사람의 성격 문제로 판단해 버리곤 한다.

제삼자의 이야기를 할 때는 "그 사람은 성격이 좀 그래"라고 단정하면서도, 정작 내 행동에 대해선 "그럴 수밖에 없었어"라고 합리화하는 경우가 많다. 나에게는 언제나 충분한 이유가 있고, 맥락이 있다고 생각하기 때문이다. 그렇다면 궁금해진다. 과연 성격이란 무엇일까? 그리고 성격은 과학적으로 어떻게 규정될 수 있을까?

최현식 작가는 『인간의 모든 성격』이라는 책에서 통찰력 있는 가르침을 준다. 그는 성격과 관련된 주요 개념과 이론을 용어의 기원, 역사적 배경, 그리고 철학적·심리학적 흐름까지 아우르며 추적했다.

성격은 단순히 타고난 기질이나 일시적인 감정의 총합이 아니라, 인간의 행동과 감정, 사고의 일관된 패턴을 이루는 중요한 심리 구조다. 성격을 탐구한다는 것은 곧 나를 돌이켜 보는 작업이며, 동시에 주변 사람들을 더 깊이 이해하게 하는 과정이기도 하다.

성격(性格)의 성(性)은 마음(心)과 삶(生)이 결합한 글자다

'성격(性格)'이라는 단어를 들을 때마다, 그 말속에 담긴 깊은 의미를 곱씹게 된다. 한자로 보았을 때, 성(性)은 '마음(心)'과 '삶(生)'이 결합한 글자다. 성(性)이 인간이 타고난 마음이나 능력을 의미한다는 것을 알 수 있다.

반면, 격(格)은 '나무(木)'와 '각각(各)'이 결합한 글자다. '나무'는 곧 생명의 바탕과 자라남을 뜻하고, '각각'은 사물의 개별성과 다양성을 가리킨다. '격'은 본래 '바르다, 가지런하다'라는 의미에서 출발했으나, 시간이 흐르면서 규칙과 뼈대, 분수와 품위, 격식과 인격을 상징하는 글자가 되었다.

흥미로운 점은, '격'이 단순히 사물의 외형적 틀만을 뜻하지 않는다는 것이다. 나무가 저마다의 가지를 뻗어 내며 하나의 전체를 이루듯, 인간 역시 각자의 개별성을 지니면서도 어떤 보편적 질서 속에 어우러진다. 결국 '격'은 개별성과 보편성, 개인과 공동체, 질서와 품위를 동시에 담아내는 단어라 할 수 있다.

이 두 글자의 조합인 '성격'은 개인이 본래부터 지닌 고유한 성질이 인간관계와 사회적 맥락 속에서 어떤 기능을 발휘하는지와 관련된 개념이라고 할 수 있다.

'인격(人格)'이라는 말은 사용되는 분야에 따라 다르게 해석된다. 법률에서는 권리능력, 철학에서는 행위의 주체로서의 개인, 심리학에서는 개인의 지적·정서적 특성을 포괄하는 정신적 특성을 의미한다. 또한, 기질(氣質)이라는 개념은 성리학에서 인간의 신체적·정신적 특성을 뜻했고, 심리학에서는 타고난 개별성, 즉 유전적 기반 위에 형성된 성향을 의미한다. 개성(個性)은 말 그대로 다른 사람과 구별되는 고유의 특성을 말한다.

성격에 대한 본격적인 심리학 이론은 1930년대, 미국 심리학자 고든 올포트(Gordon Allport)에 의해 체계화되었다. 그는 성격심리학의 창시자로 평가받으며, 성격을 "그 사람 그 자체(What a man really is)"라고 정의했다.

우리는 일반적으로 성격이라는 개념을 통해 개인의 '독특성(uniqueness)'과 '일관성(consistency)'을 설명한다. 독특성이란 정서, 동기, 인지,

행동 등에서 드러나는 개인 간 차이를 의미하고, 일관성이란 시간과 상황이 달라져도 변하지 않는 태도나 반응의 안정성을 뜻한다.

성격은 어떻게 형성되는가 - 유전과 환경 사이의 심리

성격은 타고나는 걸까, 아니면 만들어지는 것일까?

그 답을 찾기 위해 심리학과 행동 유전학의 연구를 살펴보면, 성격은 유전과 환경이 모두 영향을 미치는 복합적인 산물이라는 결론에 이르게 된다. 행동 유전학 연구에 따르면, 성격 특질의 유전율은 약 40~50% 수준이며, 이는 지능지수의 유전율과도 유사하다고 한다. 특히 성격의 변량을 분석한 결과, 다음과 같은 공식이 자주 제시된다.

"심리학 연구에 따르면, 성격은 대략 40%가 유전, 40%가 각자의 독특한 경험으로 형성되고, 나머지는 통계적 오차로 설명된다고 합니다. 공유된 가족 환경의 영향은 매우 제한적이라는 결론입니다."[3]

이 수치는 매우 흥미롭다. 같은 가정에서 자란 형제자매라도 성격이 전혀 다른 경우가 많기 때문이다. 일반적으로 우리는 가족이 공유하는 환경, 즉 부모의 양육 방식, 경제적 수준, 지역사회 등과 같은 공유 환경(shared environment)이 성격 형성에 상당한 영향을 미칠 것이라고 예상한다. 하지만 연구 결과는 공유 환경의 기여도를 0%로 보고하고 있다.

이는 곧, 형제자매가 동일한 환경에서 자라더라도 성격의 유사성이 거의 생기지 않는다는 것을 뜻한다. 같은 사건이나 상황이라도 각 개인은 그것을 서로 다르게 해석하고, 다른 방식으로 반응하며, 각기 다른 친구와 상호작용하고, 개별적인 경험을 하게 되기 때문이다. 이러한 요소들을 비공유 환경(non-shared environment)이라 부르며, 성격 차이의 약 40%를 설명한다.

'0% 공유 환경'이라는 수치는, 부모의 양육 태도나 가정의 분위기 같은 요소가 자녀의 성격에 미치는 영향이 생각보다 훨씬 제한적이라는 사실을 드러낸다. 이는 아이들 간의 성격 차이를 이해할 때, 단순히 부모의 역할이나 가족 구조에만 초점을 맞출 것이 아니라, 각 개인이 겪는 고유한 경험과 해석에 주목해야 함을 시사한다.

대니얼 네틀은 그의 저서 『성격의 탄생』에서 비슷한 논리를 펼친다. 그는 쌍둥이 연구, 형제자매 간 서열 연구, 그리고 아이들의 성장사를 장기적으로 추적 조사한 다양한 데이터를 바탕으로 성격의 형성과 차이에 대해 과학적으로 접근했다.

성격의 약 50%는 유전, 즉 조상에게서 물려받은 유전자에 의해 결정되며, 나머지 절반은 양육을 포함한 다양한 환경 요인에 의해 영향을 받는다. 성격이 유전된다는 주장은 새로운 것이 아니지만, 네틀은 사람마다 성격이 왜 다른지를 설명하는 데 있어 더욱 독창적인 관점을 제시한다. 그는 성격의 다양성이 진화적 '방황 선택(wandering selection)'의 결과라고 본다.[4]

인간은 생존과 번식을 위한 유리한 조건을 선택하며 진화해 왔고, 이 과정에서 환경의 차이에 따라 A 유형의 성격이 유리하게 작용하기도 하고, 때에 따라 B 유형이 더 적합했을 수도 있다. 이와 같은 자연선택이 반복되고 변형되면서 무수한 유전적 차이를 낳았고, 그 결과 우리가 보는 복잡하고 다양한 성격들이 형성되었다는 것이다. 이 관점은 성격을 단순히 고정된 기질로 보지 않고, 생존 전략의 하나로서 이해하게 해 준다.

그는 또한 성격 형성에 영향을 미치는 다양한 환경적 요인들—양육 방식, 가족 분위기, 어머니와의 애착 관계, 형제 서열, 태아기 환경, 신체 조건, 지능—이 각각 어떤 방식으로 작용하는지를 다양한 과학적 연구와 사례를 들어 설명한다. 이 과정에서 우리가 흔히 믿고 있는 통념들과 충돌하는 결과들도 제시된다.

특히 놀라운 주장 중 하나는, 가족 환경이나 가족관계가 성격 형성에 생각보다 큰 영향을 미치지 않는다는 것이다. 예를 들어, 우울증과 이혼을 경험한 부모 밑에서 자란 자녀가 같은 문제를 겪을 가능성이 높은 이유는 부모의 행동을 모방한 결과가 아니라, 해당 성향을 유전적으로 물려받았기 때문이라고 설명한다.

또한 형제 서열이 성격에 큰 영향을 준다는 일반적인 인식에 대해서도 그는 회의적인 시각을 보인다. 많은 사람이 첫째는 책임감이 강하고, 막내는 자유롭고 창의적이라는 식의 고정된 이미지로 형제 서열과 성격을 연결 짓지만, 이는 부모의 자원을 놓고 벌이는 형제 간 경쟁이 성격에 큰 영향을 준다는 주장에 대한 과학적 반박이라는 점에서 의미가 깊다.

성격은 어느 정도 타고나지만, 변화 가능성이 분명히 존재한다는 점이다. 물론 성격의 기본적인 토대나 기질은 바꾸기 쉽지 않다. 하지만 성격을 구성하는 인지도식 즉, 내가 세상을 어떻게 해석하고 반응하는지에 대한 구조는 바꿀 수 있다.

동서양의 고전에서 제시된 인격 수양의 방법들도 모두 이러한 원리에 근거한다. 삶에서 마주하는 사건들을 외부 탓으로만 돌리는 것이 아니라, 내면의 인식 구조를 자각하고 그것을 변화시켜 보다 원만하게 반응하려는 노력이 그것이다.

많은 사람은 '부모의 차별적인 태도'가 자녀의 성격 차이를 만든다고 생각하지만, 연구 결과는 오히려 그 반대의 가능성을 보여 준다. 자녀의 타고난 성격이 부모의 반응 방식에 차이를 유발한다. 다시 말해, 부모의 성격이나 양육 태도에 따라 자녀의 기본 성격이 어느 정도 형성되며, 이렇게 형성된 성격은 부모와의 상호작용을 통해 더 구체화된다. 이런 과정을 종합적으로 보면, 자녀의 성격 형성에 부모가 끼치는 영향은 전체의 80%를 넘을 수 있다고 해석할 수 있다.

내 성격은 나 혼자만의 결과가 아니다. 유전적 기질, 자라 온 환경, 그리고 부모와의 관계에서 비롯된 복잡한 상호작용의 결과임을 인정하게 된다. 그리고 여기에 더해, 내가 어떤 노력을 기울이느냐에 따라 지금의 성격도 조금씩 변화할 수 있다는 사실 역시 받아들이게 된다.

모든 성격은 진화적 전략이며, 인생은 자신만의 성격에 맞는 틈새를 찾아가는 여정이다

대니얼 네틀이 『성격의 탄생』에서 제시한 관점 중 특히 인상 깊었던 것은, 인류 역사 전체를 놓고 봤을 때 '가장 좋은 성격'이라는 것은 존재하지 않는다는 점이다. 그는 모든 성격이 저마다의 강점과 약점을 가지고 있으며, 인생이란 결국 자기 성격에 어울리는 '틈새'를 찾아가는 과정이라고 설명한다. 이 관점은 성격을 하나의 이상적인 틀로만 바라보는 기존의 시각에 의문을 던지고, 각자의 성향을 있는 그대로 이해하려는 성찰을 이끈다.

예를 들어, 내향적인 사람들이 자신의 소극적인 성격 때문에 때때로 불만을 품을 수 있다. 마음을 드러내지 못한 채 오랫동안 좋아했던 사람과 이별해야 했던 기억은, 많은 내향적인 이들이 공감하는 감정이다. 이들은 흔히 외향적인 사람들을 부러워하지만 외향성이 높은 사람들도 나름의 어려움을 안고 있다. 그들은 사람들과 쉽게 친해지고 즉흥적인 만남에도 능하지만, 도파민으로 인한 충동성으로 인해 사건, 사고에 휘말릴 가능성이 크고, 그만큼 단명할 위험도 크다.

반면, 내향적인 사람들은 신중하고 안정적인 성향 덕분에 장수할 가능성이 높고, 외부의 보상 체계에 쉽게 휘둘리지 않는 자기만의 세계를 구축하는 능력을 지니고 있다. 외향적인 사람은 사람을 많이 상대하는 직업을 선택함으로써 자신의 장점을 최대한 발휘할 수 있다. 이는 '순방향 행동'이라 불리며, 본인의 성격과 잘 맞기 때문에 비교적 자연스럽고 쉽게 실천할 수 있다. 이는 단순히 성격의 차이를 넘어서 각기 다른 생존 전략으로 볼 수 있다.

외향성이 너무 강해 충동적인 행동을 하거나 피로를 쉽게 느낄 수 있는 단점이 있다면, 정적인 취미생활이나 혼자만의 시간을 의도적으로 늘려 조절할 수 있다. 이처럼 자신의 성격과 반대되는 행동을 취하는 것을 '역방향 행동'이라 하며, 이는 뇌의 에너지를 많이 소모하는 어려운 일이지만, 충분히 노력할 만한 가치가 있다.

신경과민성, 즉 신경성의 정도 또한 마찬가지이다. 신경성 수치가 낮은 사람은 상대적으로 밝고 낙천적이며, 실수를 하더라도 타인에게 호감을 얻기 쉽지만, 주의력 부족으로 인해 일을 건성으로 처리하는 경향이 있다. 반대로 신경성 수치가 높은 사람은 꼼꼼하고 완벽하게 일을 수행하지만, 그러한 완벽주의적 경향으로 인해 스트레스에 취약하며 우울감에 빠지기 쉽다.

이러한 예시들을 통해 성격을 바꾸려는 시도보다는, 오히려 자신의 성격적 특성을 객관적으로 이해하고 받아들이는 것이 중요하다. 성격에는 필연적으로 장단점이 공존하며, 그중 장점을 극대화하고 단점을 최소화하려는 노력이 성숙한 자기 이해와 삶의 전략으로 이어진다.

결국 '좋은 성격'이라는 절대적인 기준은 존재하지 않는다. 중요한 것은 자신의 성격에 맞는 삶의 방식과 방향을 찾아가는 과정이다. 이는 곧 자신의 성격을 있는 그대로 받아들이고, 그에 어울리는 환경과 역할을 모색하는 지혜로운 적응의 문제이기도 하다.

성격은 바꾸기 어렵지만, 행동과 관점은 바꿀 수 있다

성격은 바꿀 수 없지만, 그 표현 방식은 바꿀 수 있다. 근본적인 성격 자체는 쉽게 변하지 않지만, 자신의 성격을 어떻게 행동으로 표현할지, 그리고 자신의 삶을 어떻게 인식하고 해석할지는 충분히 바꿀 수 있다. 이는 성격의 장점은 극대화하고 단점은 최소화하는 방향으로 삶을 조율할 수 있다는 의미이기도 하다.

삶을 대하는 태도 역시 변화시킬 수 있다. 가난한 삶을 부정적으로 인식하기보다는 '무소유의 자유'를 즐기는 방식으로 재해석함으로써 삶의 만족도를 높일 수 있다. 특히 신경성이 높은 사람처럼 삶을 비관적으로 인식하는 성향이 강한 경우에는 인지 행동요법과 같은 심리적 개입을 통해 긍정적인 측면을 의식적으로 확장하려는 노력이 필요하다. 이러한 방식이 성격으로 인한 삶의 제약을 줄이는 데 매우 유용한 전략이다.

그러나 나는 이러한 노력이 개인의 몫으로만 전가되는 현실에 다소 의

문을 품게 되었다. 왜 개인이 자신의 성격을 극복하기 위한 모든 책임을 떠맡아야 하는가? 특히 아이의 경우, 부모가 그 특성을 이해하고, 단점을 보완할 수 있도록 도와야 한다고 생각한다.

아이의 성향과 기질을 이해하게 되었을 때, 그 특성을 잘 이겨 낼 수 있도록 함께 해법을 모색하고 응원해 주는 것이 부모의 역할이다. 이를 방치하거나 오히려 질책하는 양육 태도는 아이의 성격 발달에 매우 부정적인 영향을 미칠 수 있다. 이런 양육 환경이 오히려 아이의 자존감을 훼손하고, 성격상의 약점을 더 고착화시킨다.

모든 사람은 각기 다른 성격을 가지고 있으며, 그 차이를 이해하는 것은 타인을 이해하는 데도, 나 자신을 이해하는 데도 결정적으로 중요하다. 타인이 왜 그런 행동을 했는지를 이해할 수 있게 해 주는 심리학의 힘은, 때때로 나의 행동조차 새롭게 바라보게 하는 통찰을 제공해 준다. 심리학이 주는 이러한 자기 이해의 기회는 인간 삶의 모든 영역에서 빛을 발할 수 있는 소중한 자산이다.

■ 진짜 자존감이란 무엇인가: 감정이 아닌 지성으로 삶을 선택하는 힘[5]

삶에는 정해진 정답이 없다. 누구나 각자의 방식으로 길을 걸으며, 그 여정 속에서 끊임없이 선택하고 결정하며 자신만의 삶을 만들어 간다. 그 선택의 뿌리에는 종종 '나 자신을 얼마나 신뢰하는가'라는 물음이 자리하며, 그 중심축이 바로 자존감이다.

자존감은 일시적인 감정의 기복이 아니라, 내면 깊은 곳에서 흘러나오는 자기 인식의 힘이다. 그것은 삶을 대하는 태도이자 방향을 정하는 나침반이다. 자존감이 튼튼한 사람은 외부의 평가보다 자신의 내적 기준을 따르고 그 결과에 책임지려 한다.

하지만 누구나 처음부터 자존감이 높은 것은 아니다. 많은 사람들은 타인의 시선에 지나치게 민감하거나, 과거의 실수와 결핍에 붙잡혀 자신을 과소평가하곤 한다. '왜 나는 이 모양일까?'라는 자기비판은 자신을 갉아먹는 언어가 되어 내면을 잠식하며, 일시적인 칭찬이나 위로도 진정한 회복을 돕지 못한다. 오히려 그것은 더 깊은 불안으로 이어질 수 있다.

고가의 물건이나 타인의 인정으로 자존감을 증명하려는 시도는 결국 외부 의존적인 가짜 자존감으로 귀결된다. 진짜 자존감은 외부와의 비교가 아니라, 자신의 가치에 대한 내면의 확신에서 비롯된다. 진정한 자존감은 타인의 평가에 휘둘리지 않고, 자신의 원칙과 신념을 바탕으로 살아가는 과정에서 길러진다.

흔들리는 자존감을 바로잡는 데 필요한 것은 감정을 다독이는 위로가 아니라, 현실을 직시하고 해석할 수 있는 사고의 힘이다. 자존감은 타고나는 성격이 아니라 경험 속에서 재구성되는 심리적 능력이다. 작은 성공 경험은 스스로 해낼 수 있다는 확신을 키우고, 존중과 공감이 오가는 관계는 '나는 소중하다'라는 자아 존중감을 회복하게 한다. 이런 반복적 경험 속에서 자존감은 점차 단단해진다.

심리학자 너새니얼 브랜든은 자존감을 '자기 효능감'과 '자기 존중감'이라는 두 가지 요소로 설명했다. 이는 곧 '나는 능력 있다'라는 믿음과 '나는 괜찮은 사람이다'라는 확신이다. 이러한 믿음은 외부의 칭찬이 아니라 자신의 경험과 내적 판단을 통해 형성된다.

여기서 언어의 힘이 중요하다. 단순히 '나는 괜찮아'라고 되뇌는 위로보다, '나는 지금도 가치 있는 존재다', '나는 잘못된 사람이 아니다'라는 분명한 자기 선언이 더 큰 힘을 발휘한다. 이는 감정 조절을 넘어 내면의 기준을 새롭게 세우는 사고의 행위다.

자존감은 수치로 계량할 수는 없지만, 삶의 만족도와 관계의 질, 선택의 방식 속에서 분명하게 드러난다. 자존감이 높은 사람은 자신의 삶을 주도하며 의미를 발견하고, 낮은 사람은 타인의 인정에 기대어 정체성을 유지하려 한다. 이 차이는 삶의 질뿐만 아니라 위기 상황을 극복하는 회복 탄력성에서도 극명하게 드러난다.

결국 자존감은 내가 나에게 건네는 '신뢰'다. 그것은 외부가 아니라 내면에서 출발하는 삶의 힘이며, 지금, 이 순간 내가 내리는 판단과 선택이 곧 나를 믿는 근거가 되고, 자존감의 토대가 된다.

지속 가능한 자존감을 위해서

자존감이 회복된 사람들을 분석해 보면 공통으로 네 가지 특징이 관찰된다.

첫째, 지성을 갖고 있다. 비판적 사고와 합리적 판단을 통해 자기 기준을 세울 수 있는 능력이다.

둘째, 도덕성을 갖고 있다. 스스로 떳떳한 삶을 살아가려는 윤리적 감각이다.

셋째, 긍정 정서가 있다. 불안과 상처 위에 새로운 의미와 기쁨을 덧입힐 수 있는 능력이다.

넷째, 자기 조절력을 갖고 있다. 일상의 작은 실천을 통해 자기 효능감을 반복적으로 경험하는 힘이다.

자율성이 곧 자존감 회복의 첫걸음이다. 자율성이란 자신의 삶을 선택하고 그 선택에 책임지는 능력이다. 자존감이 낮은 사람들의 공통점은 바로 이 자율성이 위축돼 있다. 경제적·정서적 독립 없이 외부 기준에 의해 살아가는 삶은 쉽게 무력감과 자기 비난에 빠지기 쉽다. 자존감을 회복하려면 먼저 삶의 중심에 나 자신을 세워야 한다.

자존감을 키우는 가장 현실적인 실천은 머뭇거리지 않고 행동하는 것이다. 지금 이 자리에서 가능한 작은 선택을 해 보는 용기, 그것이 자율성과 자기 신뢰를 기르는 가장 강력한 훈련이다. 실패를 두려워하지 말고, 시행착오 속에서 나만의 판단과 기준을 세워 나갈 때, 자존감은 조금씩 성장해 간다.

아무리 좋은 이론이나 조언이 있어도, 자존감은 결국 직접 행동으로 옮길 때 비로소 자라난다. 작은 성취를 반복하고, 자신의 선택을 믿으며, 실패 속에서도 배움을 찾아낼 때 자존감은 점점 단단해진다. 중요한 것은 완벽한 결정을 내리는 것이 아니라, 자신의 삶을 스스로 고민하고 그 결과에 책임지려는 태도다. 이 태도는 시간과 시행착오가 필요하며, 바로 그 과정을 통해 진정한 자아가 형성된다.

감정은 순간적으로 요동치지만, 이성은 그 감정을 해석하고 다루는 힘이다. 자존감이 흔들릴 때는 감정을 억압하기보다는, 그 감정이 어떤 배경에서 생겨났는지를 이성적으로 들여다보는 과정이 필요하다. 이러한 사고의 훈련이 반복될 때, 감정은 더 이상 위협이 아니라 통찰의 도구가 된다.

우리가 살아가는 사회 구조 역시 자존감에 큰 영향을 미친다. 경쟁 중심의 교육, 수직적 조직 문화, SNS의 비교 심리는 개인의 자율성을 약화하고 외부 인정에 대한 의존을 강화한다. 이런 환경에서는 자신의 가치를 스스로 정의하는 능력이 더욱 중요해진다. 자존감은 사회적 압박에 무감각한 사람이 되라는 것이 아니라, 그 압박 속에서도 자신만의 판단과 감정을 유지할 수 있는 내면의 힘을 의미한다.

자존감 하락의 시대: 통제권 상실, 멘토 부재, 그리고 자율성 회복의 필요성

인생이 비교적 평탄한데도, 자존감이 낮은 이유는 무엇일까? 직업도 좋고, 부부 사이도 특별히 나쁘지 않은데도 자존감이 낮다고 느끼는 사람들이 존재한다. 그런데 자세히 들여다보면, 삶의 컨트롤 타워가 자기 자신이 아니라 부모였던 경우가 많았다.

자기 손으로 삶의 방향을 설정하고, 그 안에서 실수하고, 다시 일어서며 의미를 찾아가는 삶은 굴곡은 있지만, 그만큼 내 인생을 내가 살고 있다는 자율성의 손맛이 있다. 반면, 부모가 과외, 대학, 심지어 결혼까지 정해 버린 인생은 평탄해 보일지 몰라도 자존감은 오히려 약해진다. 그 삶에는 자기 콘텐츠가 없기 때문이다. 그저 잘 짜인 일정을 따라온 것뿐이라면, 나의 내면은 삶과 무관한 관람자로 머물 수밖에 없다.

자존감이란 감정이 아니라 움직이는 상태, 즉 삶의 굴곡 속에서 지속적으로 조정되고 재구성되는 심리적 에너지다. 자존감은 일평생 오르내리기를 반복한다. 그럼에도 오늘날 10대들은 아예 꿈이 없고, 20~30대에서 자존감이 가장 심하게 추락하고 있다는 사실은 놀랍고도 슬프다. 하지만 현실이다.

지금의 청소년은 초등학교 6학년 때 고3 수준의 미적분을 풀고, 정해진

루트에 맞춰 살아가기에 바쁘다. 이미 학습된 기준과 선행된 규칙의 틀 안에서 자유롭게 상상할 여유조차 박탈당한 채 자란다. 20~30대가 되면 역사상 처음으로 부모보다 가난한 세대라는 현실을 직면한다. 자율성과 연대감을 발휘할 기회도 거의 없이, 끝없는 경쟁과 생존의 부담 속에서 기본부터 흔들리는 삶을 살아간다. 밥벌이를 못 하는 성인이, 사회적 역할이 불확실한 상태에서, 어떻게 자존감이 높을 수 있겠는가?

그렇다면 해결책은 있을까? 자존감이 높은 사람 옆에는 반드시, 그 자존감의 내용을 채워 주는 좋은 사람이 있다. 즉, 내가 나를 믿을 수 있게 도와주는 존재, 정서적 멘토, 인생의 증인, 또는 인간적인 기준점이 되는 누군가다. 문제는 지금의 20대 대부분은 멘토가 없다는 데 있다. 부모는 조건 없는 지지보다 단점을 지적하고 기준을 들이대는 데 익숙하다. 직장 선배 역시 조언보다는 평가에 더 능숙하다. 누구도 '사람 대 사람'으로 살아 있는 멘토 역할을 해 주지 못하고 있다.

우리 주변의 좋은 멘토를 어떻게든 찾아야 한다. 자신의 삶을 존중하고 실수를 인정하면서도 꿋꿋이 걸어가는 멘토를 가까이에서 관찰하고, 질문할 수 있다면, 그것만으로도 자존감은 충분히 회복될 수 있다.

만약 주변에 자존감의 본보기가 되어 줄 사람이 없다면, 어릴 적 읽은 위인전 속 인물이나, 문학작품, 다큐멘터리에서 만난 인물도 괜찮다. 비록 실제 인물은 아니더라도, 그들은 자존감의 모델이 되어 줄 수 있다. 그들 역시 삶을 두려워했고, 외로웠으며, 실수도 했지만, 자기 삶에 대한 주인의식을 잃지 않았기 때문이다.

자존감은 결국 나를 믿을 수 있도록 곁에서 지지해 주는 '내 편'이 존재할 때, 그리고 스스로 선택하고 살아 본 '자율성의 경험'이 쌓일 때 자란다. 이 두 가지가 함께할 때, 우리는 어느 순간 자신의 삶 중심으로 돌아와 있는 '진짜 나'를 발견하게 된다.

도덕성과 자존감의 상관관계: 윤리적 자기결정이 내면의 힘을 만든다

자존감은 단순한 감정적 안정이나 자기 위로가 아니다. 그것은 '내가 옳다고 믿는 선택을 하고 있다'라는 확신에서 비롯된다. 확신에 양분을 주는 것은 윤리적 자기결정이다. 자존감을 뿌리내리게 하는 핵심적인 힘이다.

부모가 자녀에게 줄 수 있는 최고의 선물은 물질이나 성취 압박이 아니라, 스스로 실천하는 윤리적 태도와 자녀를 향한 일관된 존중이다. 결과만을 강요하거나 성취로만 평가하면 아이는 부모를 신뢰하지 못하게 되고, 반항이나 냉소로 반응할 수 있다. 그러나, 지나친 칭찬은 아이를 외부의 인정에 의존하게 만들어, 내면의 기준을 세우지 못하게 한다. 자존감은 결과보다 과정을 존중하는 환경, 그리고 작지만 스스로 선택할 수 있는 경험을 통해 자라난다. 아이는 이 과정을 통해 '나는 내 삶의 주체다'라는 감각을 익힌다.

현대 사회처럼 불확실성이 커질수록 자존감과 윤리성은 더욱 긴밀하게 얽힌다. 도덕적 기준이 흔들릴 때, 누구나 이유 없는 초라함과 불안을 경험한다. 나 또한 가치관이 어긋난 조직이나 비윤리적인 관계 속에 머물렀던 시기에 자존감이 크게 약화했음을 느꼈다. 반대로, 정직하고 신뢰할 수 있는 사람들과 함께할 때, 내 판단을 존중할 수 있었고 스스로에 대한 신뢰도 회복되었다. 윤리적 기준이 분명한 공동체는 구성원의 자존감을 보호하며, 어려움 속에서도 다시 일어설 힘을 제공한다.

거짓과 속임수는 언제나 불안을 낳는다. 타인을 속이는 행위는 결국 자기 자신과의 관계를 훼손하며, 삶의 중심축을 타인에게 넘겨 버리게 된다. 윤리적 삶은 단지 '착하게 살아라'라는 도덕적 훈계가 아니다. 그것은 내가 나를 존중하며 살아가기 위한 최소한의 구조다.

자존감은 외적인 조건이 아니라 자신을 바라보는 태도, 그것이 드러나는 삶의 방식 속에서 형성된다. 진정한 자존감은 '나는 괜찮다'라는 자기암시가 아니라, '나는 내가 옳다고 믿는 선택을 하고 있다'라는 윤리적 자기 확신에서 비롯된다. 아이에게 가장 바람직한 교육은 어릴 때부터 작은 선택권을 주고, 그 결과를 함께 기뻐해 주며 경험하도록 돕는 것이다. 이렇게 반복된 경험은 '나는 내 삶을 결정하고 감당할 수 있는 사람이다'라는 기본적인 자존감의 구조를 형성한다.

2장
'아버지 요인'이 삶에 주는 영향력

■ **인간관계의 시작, 아버지**

우리의 삶은 단지 우리가 태어난 환경이나 유전적 소질로만 결정되지 않는다. 특히 인간관계, 직업 선택, 정체성 형성과 같은 삶의 핵심 영역에서 가장 깊숙이 영향을 미치는 존재가 있다면, 그중 하나는 바로 아버지일 것이다.

성공의 결정적 요인은 지적 능력이 아니라 관계를 맺는 능력이라고 한다. 그렇다면 관계를 맺는 능력의 원천은 어디에 있을까? 바로 아버지다. 『모든 인간관계의 핵심요소』에서 스테판 B. 폴터는, '아버지는 자녀에게 삶의 지표이자 자존감 형성의 기반이 된다'라고 강조한다.[6] 아버지는 인간관계의 시작이다. 특히 자녀의 사회성은 아버지의 사회성에 많은 영향을 받는다.

아버지란 단순히 부모의 역할을 넘어서, 자녀의 직업 경로, 인간관계 패턴, 삶의 가치관, 심지어 정서적 안정성과 건강에까지 영향을 미치는 복합적인 심리적 구성 요소를 의미한다. 우리는 아버지의 존재 여부, 양육 방식, 정서적 거리감에 따라 각기 다른 방식으로 관계를 맺고, 선택하며, 자신의 가능성을 제한하거나 확장하게 된다.

어떤 아버지는 성취 지상주의적 태도를 통해 외모와 성공을 인생의 절대 가치로 내세우고, 어떤 아버지는 정서적 불안정과 분노로 자녀에게 시한폭탄 같은 존재로 인식되기도 한다. 또 어떤 아버지는 정서적으로 멀리 있고, 가정에서는 부재하거나 무관심한 존재로 남는다. 반면, 공감과 돌봄을 실천하는 '배려형 멘토 아버지'는 자녀에게 진정한 안전 기지가 되어 준다. 이처럼 아버지 유형의 차이는 자녀가 성장하여 사회 속에서 어떤 인간관계를 맺고, 어떻게 자아를 실현해 나갈 것인가에 결정적인 흔적을 남긴다.

여기서 중요한 질문은 이것이다. 우리는 과연 과거의 아버지 요인에만 얽매여 있어야 하는가? 나의 선택과 책임을 여전히 그에게 떠넘겨야만 하는가? 성인이 된 이후에도 여전히 아버지에 대한 분노, 원망, 상실감에 갇혀 있다면, 그것은 더 이상 우리의 삶을 나아가게 하지 못한다. 오히려 아버지 요인을 직시하고, 그것이 자신의 삶에 미친 영향을 분석하고 이해함으로써 우리는 비로소 자유로워질 수 있다.

아버지 요인을 분석하는 일은 결코 과거를 탓하거나 되풀이하려는 작업이 아니다. 그것은 자기 삶의 핸들을 되찾아오는 일이며, 더 이상 빚을 지지 않고 자신의 삶을 살아가기 위한 성숙한 해방의 선언이다.

각자가 자신의 아버지 요인을 성찰하고, 거기서 비롯된 패턴을 인식하고, 나아가 그것을 넘어설 수 있는 치유와 회복의 길을 모색하는 길을 안내하고자 한다. 지금, 이 순간에도 여전히 영향을 미치고 있는 아버지의 그림자를 이해하는 것은, 자신에게 주어진 삶을 더욱 온전하게 살아가기 위한 실마리가 될 것이다.

'아버지 요인'이 개인의 삶과 관계, 직업에 영향을 미치는 이유

아버지 요인이란 우리의 직업 경로, 직장 행동, 인간관계를 형성하는 데 아버지가 중요한 역할을 한다는 것을 의식적으로 이해하고 깨닫는 것을 의미한다. 이러한 이해는 단지 우리의 직업에만 영향을 주는 것이 아니라 삶의 모든 측면에 영향을 준다. 사랑, 배우자 선택, 자녀 양육 기술, 신체 건강에도 영향을 준다.

인간은 어린 시절 부모, 특히 아버지와 맺는 관계를 통해 초기 애착을 형성한다. 안정적인 아버지와의 관계는 아이가 세상을 신뢰할 수 있는 곳으로 느끼게 하고, 불안정하거나 무관심한 아버지는 세상과 타인에 대한 불신을 심어 준다. 이러한 초기 경험은 이후 모든 인간관계—친구, 연인, 직장 동료—의 기본 패턴을 결정짓는다.

아버지가 인정과 격려를 통해 자녀의 존재를 소중히 여겼다면, 자녀는 자신의 존재 가치를 긍정하며 높은 자존감을 형성한다. 반대로 비판적이거나 무관심한 아버지 밑에서는 자녀가 자신을 불완전하고 부족한 존재로 느끼기 쉽다.

심리학자 알버트 반두라(Albert Bandura)의 모델링 이론에 따르면, 아이들은 부모의 행동을 관찰하고 모방한다. 아버지의 직업관, 스트레스 해소 방식, 갈등 해결 태도 등은 자녀가 삶을 대하는 기본 태도로 내면화된다. 그 결과 아버지의 성실성과 책임감, 사회적 역할 수행 방식은 자녀가 자신의 경력과 삶을 설계하는 관점에 영향을 준다. 예를 들어, 성취 지향적 아버지 밑에서 자란 아이는 성과와 경쟁을 중시하는 성향을 보이지만, 부재하거나 무관심한 아버지 밑에서는 직업적 안정성보다는 관계와 신뢰에 대한 불안을 더 크게 느낄 수 있다.

아버지가 자신의 감정을 어떻게 다루는지도 자녀의 정서 발달에 큰 영향을 준다. 분노를 억압하거나 폭발적으로 표현하는 아버지 밑에서는 자녀도 비슷한 감정 문제를 겪을 확률이 높다.

결국 아버지는 자녀에게 삶의 방향성과 우선순위를 무의식적으로 심어 준다. 성실성, 정직성, 책임감 같은 가치는 아버지를 통해 배우기도 하고, 때로는 아버지와 다른 길을 선택하며 스스로 만들어 가기도 한다.

아버지는 단순한 생물학적 존재를 넘어, 삶을 바라보는 방식과 인간으로 살아가는 태도를 형성하는 데 깊은 심리적 토대를 제공한다. 아버지를 이해하는 일은 곧 나 자신을 이해하는 일과 연결된다.

사실 아버지의 영향을 받지 않은 삶의 영역은 없다고 보는 것이 맞을 것이다. 성장하면서 경험했던 아버지와의 관계의 질에 무관하게, 우리는 그 관계로부터 많은 영향을 받고 있다. 그 영향에 대해 더 많이 알수록 우리의 삶은 더 명확해진다.

개인의 잠재력과 역량을 직장과 가정이라는 두 영역에서 충분히 발휘하고자 한다면, 아버지라는 존재가 삶에 미치는 영향을 이해할 필요가 있다. 아버지와의 관계는 의식적이든 무의식적이든 직업 선택과 경력의 방향을 결정짓는 기초가 되며, 우리가 발전시키고자 하는 능력이나 인간관계 형성 능력에도 깊은 영향을 끼친다. 특히 아버지가 취했던 고유한 양육 태도는 오늘날 우리의 일 처리 방식과 진로 성향에까지 영향을 미치는 심리적 기반을 형성한다.

어른이 된다는 것

과거의 신념과 규범에 상관없이, 우리는 성취할 힘을 가지고 있다. 어른이 된다는 것은 자신의 삶과 선택에 100% 책임을 지는 것이다. 지금 우리의 삶에서 아버지는 단지 영향력만 있을 뿐, 책임을 지지 않는다. 모든 것은 오롯이 우리의 몫이다. 아버지는 분명 우리의 삶에 영향을 주었지만, 이제 이 삶은 그의 것이 아니라 나 자신의 것이다.

이제는 아버지를 비난하는 것을 멈춰야 한다. 그것은 더 이상 미래를 여는 대안이 될 수 없다. 아버지의 영향과 그와 연관된 요인을 철저히 조사하고 이해하는 것, 그리고 그 이해를 바탕으로 자기 삶의 주인이 되는 것이 유일한 길이다. 아버지는 정서적 빚을 갚을 재산이 없기에, 그 빚은 우리 스스로 청산해야 한다. 우리 외에는 그 일을 대신할 사람이 없으므로, 이제는 스스로에게 자유를 허락해야 한다.

성인이 된 이후에는 아버지를 원망하기보다 자신의 삶을 개척해야 한다. 아버지의 영향은 어린 시절의 기억을 넘어, 지금의 말투, 선택, 감정 반응, 인간관계, 삶의 시선까지 미묘하지만 강력하게 작용한다. 그러나 중요한 사실은, 그 영향이 운명이 아니라는 점이다.

아버지 요인은 단순한 과거의 흔적이 아니라, 현재의 나를 이루는 심리적 지형을 이해하는 창이다. 이를 회피하거나 외면하면 우리는 무의식적으로 그 영향 아래 살아가지만, 직면하고 해석하면 자유로워지고 자기 삶의 주인이 될 수 있다.

어떤 이는 여전히 아버지로부터 받은 상처에 머물고, 어떤 이는 아버지를 닮지 않기 위해 노력한다. 그러나 궁극적으로 우리는 아버지와 싸우는 것이 아니라, 내면에서 그와 화해해야 한다. 아버지를 이해하고 그의 한계와 상처를 인식할 때, 우리는 그를 용서할 수 있고, 동시에 자신도 용서할 수 있다. 성숙한 인간은 과거의 탓을 멈추고 현재의 책임을 자각하는 사람이다.

아버지의 그림자에서 벗어나는 길은 그를 지워 버리는 것이 아니다. 오히려 흔적을 있는 그대로 바라보고, 그 위에 새로운 나만의 삶을 덧그리는 데 있다. 아버지 요인을 이해한다는 것은 곧 자기 삶의 중심으로 돌아오는 것이다.

이제는 아버지를 비난하거나 이상화하는 프레임을 넘어, '아버지를 넘어선 나'를 만날 때다. 반복되는 상처 속에 머무르지 않고, 자신을 돌보고 성장시키며, 다음 세대를 위해 더 나은 부모, 더 나은 어른으로 나아가는 것이 진정한 치유의 과정이다.

그 탐색의 시작점은 이 질문에서 출발한다.

"나는 어떤 아버지 밑에서 자랐으며, 그 경험이 지금의 나에게 어떤 영향을 주고 있는가?"

이 질문에 정직하게 답할 수 있을 때, 비로소 우리는 과거를 넘어 미래로 나아갈 수 있다.

3장
부모는 아이의 본보기

■ **거울 앞에 선 부모: 아이를 통해 나를 배우는 성장의 여정**[7]

부모가 된다는 것은 단순히 자녀를 돌보는 일이 아니라, 아이를 통해 나를 비추어 보며 나 자신을 다시 키워 나가는 끊임없는 성찰의 과정이다.

라이언 홀리데이가 『데일리 대드』에서 고백했듯이, 부모는 가르치는 존재인 동시에 끊임없이 배워 가는 존재이다. 아이는 단순히 교육의 대상이 아니라, 내가 어떤 사람인지를 있는 그대로 반영해 주는 거울이자, 나의 감정과 태도를 고스란히 흡수하는 섬세한 스펀지와 같다. 아이가 태어나는 순간, 누구에게서도 배운 적 없는, 정답 없는 시험을 치르기 시작했다. 예고 없이 시작된 부모 역할은 처음엔 막막했고, 시행착오가 반복되었다. 실수할 때마다 자책했지만, 그 과정이 '좋은 부모란 무엇인가'를 묻는 계기가 되었다.

진정으로 변화해야 하는 대상은 바로 나 자신이다. 아이가 문제 행동을 보일 때마다 그 모습을 비난하기보다, 먼저 내 안의 감정과 태도를 되돌아보는 것이 필요하다. 아이가 지루해할 때마다 조급하게 무언가를 해 주려 애쓰기보다는, 지루함을 견디는 법을 함께 배워야 한다. 아이가 타인을 존중하는 모습을 기대하기에 앞서, 부모 스스로가 존중받을 만한 삶을 살고 있는지를 점검하는 태도가 필요하다.

아이를 통해 배우는 과정은 결국 더 나은 인간이 되고자 하는 용기에서 비롯된다. 육아는 많은 사람들에게 가장 어렵고도 숭고한 과제이며, 아이는 단순히 보호받아야 할 존재를 넘어 삶에 깊은 의미를 부여하는 스승이 되기도 한다. 자녀를 양육하는 과정은 곧 자신을 성장시키는 과정이기도 하며, 아이에게 가르치듯 스스로에게도 끊임없이 묻고 되새기는 시간이 된다. "나는 어떤 아버지인가?", "나는 어떤 사람이 되어야 하는가?"

이 질문들에 매일 정직하게 답하고자 노력하는 과정에서, 부모라는 이름의 진정한 의미를 조금씩 이해해 나간다.

아이들은 스펀지이기도 하면서 거울이기도 하다

태어나 성장하면서 늘 부모를 지켜보는 작은 친구, 우리 아이들은 부모의 모습을 보고 배운다. 말과 행동, 인성, 식습관, 가치관 등 자연스럽게 부모의 영향을 그대로 받으며 자란다. 아이들은 가장 사랑하는 부모를 닮고 싶어 한다. 부모가 늘 바르게 모범을 보이며 살아야 하는 이유다.

아이의 모습 속에서 고치고 싶은 부분을 발견할 때마다, 그것이 과연 내 안에도 존재하는 모습은 아닌지 자신을 되돌아보아야 한다. 아이가 가장 많이 배우는 대상은 다름 아닌 부모인 나 자신이기 때문이다.

자녀가 어떤 사람이 되기를 바란다면, 단순히 아이에게 그것을 강요할 것이 아니라, 스스로 그 모습을 살아야 한다. 예를 들어, 아이에게 휴대폰을 하지 말라고 타이르기보다는, 내가 먼저 휴대폰 사용을 자제하는 모습을 보여야 한다. 타인을 배려하라고 말하기 전에, 내가 먼저 타인을 배려하는 삶을 살아야 하며, 인사를 잘하라고 혼내기보다, 내가 자연스럽게 인사하는 모습을 보여 주어야 한다.

아이들은 말로 배우는 것이 아니라 부모의 행동을 통해 삶의 방식을 체득한다. 아이를 바꾸는 일은 결국 나 자신을 바꾸는 일과 다르지 않다. 내가 어떤 삶의 태도와 모습을 실천하는지에 따라, 아이의 삶 역시 달라질 수 있다는 사실을 잊지 말아야 한다.

아이는 존재 자체만으로도 소중한 존재이다

아래의 글은 라이언 홀리데이의 『데일리 대드』에서 인용한 것이다. 아이는 존재 자체만으로도 소중한 존재임을 너무나 잘 표현하고 있다.

"사랑해.
난 네가 자랑스러워.
내가 좋아하는 사람은 너란다.
너는 특별해.
너는 너로서 충분해.
너는 나에게 세상에서 가장 소중한 존재야."

그런 마음을 품고 있음에도, 때로는 타인의 평가나 다른 아이와의 비교 때문에, 아이가 자기 속도로 충분히 잘 성장하고 있음에도 내 말이나 태도가 아이를 속상하게 한 적이 있었다. 아이는 존재 자체만으로 소중하므로, 아이를 사랑하고 있다는 사실을 자주 표현해야 한다. 그렇지 않으면 아이는 자신이 사랑받고 있는지조차 알기 어려울 수 있다는 점을 명심해야 한다.

지루함을 견디는 힘: 혼자 있는 법을 배우는 아이, 비워진 시간 속에서 자란다

블레즈 파스칼이 '인류의 문제는 혼자 조용히 앉아 있기 어려움에서 비롯된다'라고 지적했듯, 오늘날 아이들에게도 혼자의 시간을 견디는 능력이 없기에 많은 문제가 생긴다.

부모로서 본능적으로 아이의 매 순간을 알차게 채워 준다. 아이를 학교에 보내고, 수영 교습이나 기타 레슨을 등록시키며, 친구들과 놀 약속을 미리 마련해 주기도 한다. 밖에 나가 놀라고 독려하고, 책을 읽거나 숙제하거나 악기 연습을 하라고 채근한다. 때로는 지금 하고 있는 일을 마치기도 전에 다음에 무엇을 하고 싶은지를 묻곤 한다. 아이에게 항상 무언가를 하라고 권장하거나 강요한다.

이러한 부모의 행동은 좋은 의도에서 비롯된 것이지만 아이의 일정을 끝없이 채우려는 열정이 오히려 중요한 삶의 기술 하나를 박탈한다. 그것은 바로 혼자 있는 법, 비워진 시간 속에서 스스로 견디고 즐거움을 찾는 능력이다.

아이의 성향이 외향적이든 내향적이든 상관없이, 모든 아이는 혼자 있는 시간을 견디며 그 공간에서 조용히 자신과 함께 머무는 법을 배워야 한다. 부모로서 아이가 이러한 능력을 키울 수 있도록 기회를 제공해야 한다.

이를 위해 부모는 서두르지 않아야 한다. 아이가 아침에 하루를 시작할 때 조급하게 몰아세우지 않고, 아이가 방 안에서 조용히 놀이에 몰두할 때면 한 발짝 물러서서 지켜본다. 지루함을 느끼도록 내버려 두고, 주말이나 학교 수업 후에도 일정에 얽매이지 않고 빈둥거릴 수 있는 시간을 허용한다. 아이가 스스로 독립심을 기를 수 있도록, 일정 부분 혼자 보내는 시간을 자연스럽게 받아들이게 한다.

성인이 된 지금은 혼자 있는 능력이 얼마나 삶의 질에 깊은 영향을 미치는지를 안다. 혼자 조용히 자신과 함께할 수 없는 사람은 쉽게 불안해하고, 중독이나 과도한 자극을 좇는다. 그렇기에 지금 아이에게, 더 정확히는 아이가 스스로 배울 수 있도록 충분한 시간과 자유를 주어야 한다. 아이를 과잉 자극과 과잉 일정으로부터 지키기 위해, 먼저 비워진 시간의 가치를 인정하고 지루함을 삶의 한 부분으로 받아들이는 법을 배워야 한다. 그것이 아이가 평생을 살아가는 데 필요한 가장 근본적인 힘 중 하나가 될 것이기 때문이다.

■ 마음 다스리는 부모가 아이의 본보기가 된다[8]

부모 스스로 집중하여 자기 마음을 잘 통제하는 것이 매우 중요하다. 아이들은 선한 행동과 선하지 않은 행동을 분명히 구분할 수 있기 때문이다. 특히 몸소 좋은 모범을 보여야 자녀를 잘 가르칠 수 있다. 자신의 마음을 통제하지 못하는 부모는 버릇없는 태도에 젖어 있으므로 자녀가 바르고 지혜롭게 자라도록 도울 수 없다.

미얀마에서는 많은 부모들이 자녀의 교육, 직업 등 현실적인 문제와 세속적인 행복을 염두에 두고 명상을 시작한다. 이들은 선원에 머물며 성실하게 수행을 이어가고, 수행을 마친 뒤 가정으로 돌아갈 즈음에는 이전과는 다른 새로운 자세와 삶의 계획이 마음속에 자리 잡기 시작한다. 일부

부모들은 명상과 수행을 통해 얻게 된 내면의 변화를 자녀 양육에 자연스럽게 적용하게 된다. 실제로 수행 전과 후를 비교했을 때, 자녀의 태도 차이를 개인적으로 느꼈다는 부모들도 있다. 이들은 단지 자녀가 성공을 거두는 것보다, 아이들 스스로 마음을 통제하고 선량한 마음을 키우는 일이 훨씬 더 중요함을, 수행을 통해 점차 깊이 깨닫게 된다.

또한, 부모들에게 수행 전후에 태어난 아이들 사이에 차이가 있는지 묻자, 많은 이들이 이렇게 답했다. "아, 물론이죠. 수행을 마치고 나서 태어난 아이가 훨씬 더 공손하고 사려 깊었습니다. 또래 아이들보다 상대적으로 선량한 마음씨를 지닌 편이었죠."

나를 다스리는 일이 곧 아이를 키우는 일이다

양육의 핵심이 부모의 마음 다스림, 즉 '내면의 통제력'과 '수행'에 달려 있다는 사실을 깊이 실감한다. 아이를 잘 키운다는 것은 단지 교육을 많이 하거나 좋은 학교에 보내는 데 있지 않다. 오히려 부모가 스스로 자기 감정과 행동을 조절할 수 있는 사람으로 살아가는 것에서 출발한다. 명상을 통해 내면을 다스리는 법을 익힌 사람은, 더 이상 아이를 억지로 통제하려 하지 않는다. 대신 아이가 스스로 자신의 마음을 관찰하고 다스릴 수 있도록 돕는다. 이는 단순한 태도나 방법의 변화가 아니다. 아이를 키우는 일은 결국 나를 먼저 정화하고 훈련하는 일이라는 인식의 전환이다. 좋은 부모란 아이를 가르치기에 앞서 자신을 수련하는 사람임을 점점 더 분명히 깨닫고 있다.

아이를 잘 키운다는 것은 곧 나 자신을 잘 다스리는 것이며, 나의 마음 상태는 아이의 정서적 안정과 성장에 고스란히 반영된다. 내가 다듬지 못한 감정은 자녀의 삶 속에서 반복되기에, 진정한 양육은 자녀를 훈육하기에 앞서 나 자신의 내면을 먼저 훈련하는 데서 시작되어야 한다.

우빤디따 스님의 가르침은 좋은 부모가 될 수 있는 명확한 방향을 제시해 준다. 좋은 부모가 되고자 한다면 먼저 내면을 정직하게 바라보고 분별력과 자제력을 길러야 한다. 그래야만 선과 악을 분명히 구분하며 말이 아닌 삶으로 자녀를 이끌 수 있게 된다.

불교 수행 전통에서는 '부모가 먼저 자신을 다스릴 때 자녀 교육도 건강해진다'라는 가르침이 전해지기도 한다. 수행을 통한 마음 다스림은 단지 영적인 도구가 아니라, 부모가 일상에서 아이를 대하는 태도와 행동, 말투를 근본적으로 변화시키는 힘이다. 명상을 통해 마음의 흐름을 관찰하고, 감정에 휘둘리지 않는 법을 배운다. 혼란스러운 감정을 드러내는 자녀 앞에서도 쉽게 휘둘리지 않고, 훈육을 감정적으로 하기보다는 차분하게 이끌어 간다. 아이의 실수를 꾸짖기보다, 그 행동에 담긴 감정과 내면의 필요를 알아보려는 태도는 아이에게 신뢰감을 형성해 주고, 삶의 이정표가 되는 좋은 본보기가 된다.

부모는 아이를 가르치기 전에, 자기 삶부터 끊임없이 다듬어가는 수련자이어야 한다. 수행을 통해 정화된 마음, 침착한 태도, 일관된 행동은 아이에게 전달되는 가장 강력한 가르침이 된다. 교육은 결코 말로만 이루어지는 것이 아니라, 내가 어떻게 살아 내는지가 아이에게는 가장 선명한 교과서가 된다. 아이를 키우는 과정에서 내가 어떤 사람인지를 직면하게 된다. 이 귀한 경험을 통해, '부모'라는 이름이 무거운 책임이 아니라 더 나은 나로 성장할 축복된 기회임을 알게 된다.

4장
의식과 현실 창조: 양자역학이 말하는 마음의 힘

■ 생각이 현실을 창조하는가?

많은 사람은 자신의 의식이 삶에 어떤 영향을 미치는지를 분명히 인식하지 못한 채 살아가곤 한다. 대부분은 막연히 의식이 어떤 영향을 줄 수 있으리라 짐작하며 일상을 이어 갈 뿐이다. 그래서인지 가정이나 직장 등 관계 중심의 환경 속에서는 부정적인 생각은 절대 해서는 안 된다는 조언을 종종 듣게 된다. 부정적 사고가 개인을 넘어서 조직 전체에 영향을 미친다는 사실을 경험적으로 느껴 온 것이다. 이런 심리적 파급력을 설명하는 개념 중 하나가 바로 '그렘린 효과'다. 책에서 다음과 같은 사례를 접했다.

"내가 거래하던 은행의 지점장에게 감정을 조절하지 못하고 화를 낸 적이 있었다. 컴퓨터 시스템 문제로 예금 내역이 누락되어, 내가 발급한 수표 몇 장이 부도 처리되었기 때문이다. 그런데 내가 분노를 터뜨리던 그 시점에, 지점장은 길에서 넘어져 앞니 대부분이 부러졌다는 소식을 나중에 들었다. 나는 또다시 충격을 받았다."[9]

이 이야기는 부정적인 사고가 단지 감정적 반응에 그치지 않고, 물리적 현실로 전이될 수 있다는 가능성을 시사한다. 결국 이러한 사고는 자기실현적 예언처럼 작용하기도 한다. 나 역시 어떤 사람이나 상황에 대해 이성적으로 설명할 수 없는 거부감이 들 때, 그것이 사실은 내 안의 부정적 의도가 원인이었음을 나중에야 인식하게 된다.

더 나아가, 우리가 우울하거나 무기력할 때는 단지 나 하나의 문제가 아니라, 주변 사람들, 심지어 다른 생물에게까지 부정적인 영향을 줄 수 있다는 주장도 있다. 그리고 이 개념은 단순한 심리적 감염 현상을 넘어, 시간에 대한 인식 자체를 다시 생각하게 만든다. 린 맥타가트는 "현재 무언가를 바꾸려는 우리의 계획적 사고가 과거에까지 영향을 줄 수 있다"라고 말한다. 현재에 의도를 세우고 행동함으로써, 그 현재를 구성해 온 모든 조건에 영향을 주는 셈이다. 이 말은 불교의 『법성게』에 나오는 구세십세호상즉(九世十世互相卽), 즉 "과거와 현재, 미래가 서로 영향을 주고받는다"라는 가르침과 맞닿아 있다.

또한 린 맥타가트는 "양자 가능성의 수렴에 있어 인간 의식이 핵심적 역할을 한다"라고 주장한다.[10] 이 주장을 통해, 우리가 인식하는 현실이 고정된 구조물이 아니라는 점을 다시금 되새기게 된다. 이 역시 일체유심조(一切唯心造), 즉 "모든 것은 마음이 짓는다"라는 불교적 통찰과도 맥을 같이한다.

인간의 생각, 즉 의식은 실제로 물질에 영향을 줄 수 있을까? 단지 주관적인 느낌을 넘어, 과학적으로 설명할 수 있는 에너지로서 존재할 수 있을까? 린 맥타가트는 사람의 의도가 특정 대상을 향할 때 어떤 변화가 일어나는지, 그 과정에서 발휘되는 '힘'의 본질이 무엇인지에 대해 깊은 관심을 품고 탐구를 이어왔다.

그녀는 전 세계의 연구자들을 찾아다니며, 생각이 어떻게 물질에 영향을 미치는지를 실험한 다양한 사례들을 수집했다. 동시에, 의도에 숙달된 사람들, 예를 들어 영적 치유사, 불교 수행자, 기공사, 샤먼 등을 만나, 그들이 어떤 방식으로 자기 생각을 '현실에 작용하는 힘'으로 구현해 내는지를 관찰하고 분석했다.

그 결과, 한 가지 공통된 결론에 도달하게 된다. 인간의 의식은 단지 주관적 경험이나 추상적 개념이 아니라, 실질적으로 물질세계에 작용할 수 있는 고도로 조직된 에너지라는 것이다. 지난 수십 년간, 지구 곳곳의 저명한 과학 연구 기관들에서도 이러한 관점을 뒷받침하는 다양한 실험이 진행됐다. 그 실험들은 인간의 생각이 단순한 전자 장비에서부터 복잡한 생명체에 이르기까지, 광범위한 대상에 물리적 영향을 줄 수 있다는 사실을 점차 증명하고 있다. 이 결과들은 중요한 통찰을 제시한다. 생각은 단지 머릿속에 떠오르는 것이 아니라 세상을 변화시키는 실체적인 에너지다. 형태는 없지만 작용은 분명한, 의도를 담은 진동이자 파동으로서 일종의 물리적 현상으로 간주할 수 있다.

생각은 곧 의도로 이어지고, 의도는 에너지로 나타난다. 이 에너지는 개인의 내면에 머무르지 않고 주변 환경과 타인에게까지 파급된다. 따라서 매 순간, 생각이 어떤 에너지로 작용하고 있는지를 정중히 자각하는 태도가 필요하다. 생각은 절대 사소하지 않다. 그것은 현실을 바꾸는 원동력이다.

나 역시 많은 사람들과 마찬가지로 '생각이 물리적 변화를 어떻게 일으키는가'에 대해 의문을 품어 왔다. 하지만 최근의 과학적 발견들은 이 물음을 점점 실증적인 방식으로 풀어 가고 있다. 프린스턴, MIT, 스탠퍼드 등

세계 유수의 대학에서 이루어진 연구들은 우주가 거대한 양자 에너지장으로 서로 연결되어 있다는 사실을 제시한다. 인간의 '생각'은 단지 무형의 이미지가 아니라, 감지할 수 있는 에너지를 만들어 내며, 이는 나의 삶과 주변 환경, 더 나아가 세상 전체에도 영향을 줄 수 있다고 말한다.

이 사실을 통해, 나의 삶을 의식적으로 살아갈 책임을 더욱 깊이 느끼게 되었다. 내 감정이 단지 뇌 속 화학 반응에 그치지 않고, 말과 행동으로, 밖으로 퍼져 나가는 파장처럼 느껴진다는 생각을 했다. 그것이야말로 생각이 현실에 작용하는 방식이 아닐까.

의식이 현실을 창조한다: 양자역학과 인간의 의도에 대한 과학적 탐구

과학자들이 미시 세계의 입자를 정밀하게 측정하려고 들여다보면, 원래는 무한한 가능성의 형태로 존재하던 입자가 특정한 하나의 상태로 '수렴'되는 현상이 관찰된다. 초기의 양자 실험들은 이처럼 단순한 입자의 행동이 실은 관찰 행위로 영향을 받는다는 점을 드러낸다.

이 실험 결과는 단순히 기술적 발견에 그치지 않고, 더 근본적인 사실, 즉 살아 있는 의식이 현실의 구성에 적극적인 영향을 미친다는 가능성을 제기한다. 우리가 전자를 관찰하거나 측정하는 바로 그 순간, 관찰자의 의식이 그 입자의 최종 상태를 결정하는 데 직접 개입하고 있는 것처럼 보이는 것이다. 이에 따라 일부 양자물리학자들은 우주의 본질이 고정된 실체가 아니라, 관찰자와 피 관찰자의 상호작용 속에서 끊임없이 '만들어지는' 참여적 구조라고 주장하게 되었다.

전통적인 물리학에서는 관찰자는 중립적인 존재로 간주했지만, 양자역학에서는 관찰자 효과라는 개념이 등장하면서 의식의 개입이 현실을 바꿀 수 있다는 새로운 시각이 부상했다. 구체적으로 말하자면, 확정되지 않은 양자 상태를 현실적인 결과로 바꾸는 데 있어 의식의 역할이 핵심적이라는 것이다.

이는 단지 관찰이 결과에 영향을 준다는 차원을 넘어서, 세상에 존재하는 모든 것이 우리의 인식과 분리된 채 독립적으로 존재할 수 없다는 점까지 시사한다. 의식의 개입이 불안정한 가능성의 흐름을 하나의 구체적 실재로 응고시키는 셈이다.

이처럼 실재란 고정된 구조물이 아니라, 변화 가능성을 품은 열린 장(場)일 수 있다. 의식이 물질세계에 영향을 줄 수 있다는 생각은, 데카르트 이후 정립된 이원론적 세계관, 즉 정신과 물질은 분리되어 있고, 의식은 오직 뇌 속에서만 작동한다는 관점에 도전하는 이론이다. 양자역학의 발전은 시간과 공간이라는 고정된 배경조차 의식의 작용 아래 유동적으로 바뀔 수 있음을 암시한다.

의도는 마치 특정 주파수에 반응하는 공명체처럼, 우주 속의 다른 요소들을 동일한 진동 상태로 이끄는 성질을 지닌 것으로 보인다. 이러한 연구들은 의도가 단순한 생각에 그치지 않고, 그것이 발생한 시간, 공간, 그리고 그 의도를 품은 사람의 상태에 따라 다양한 물리적 결과를 만들어 낸다는 점을 보여 준다. 실제로 '의도'는 치유, 물질 변화, 사건 개입 등 다양한 영역에서 적용되고 있으며, 이는 타고난 재능이 아닌 학습을 통해 습득할 수 있는 기술로 여겨진다. 우리는 이미 일상에서 의도를 사용하고 있고, 그 영향력은 생각보다 더 크고 실질적이다.

입자는 고정된 상태로 존재하지 않고, 오직 가능성의 형태로 존재하며, 살아 있는 인간의 의식이 그 가능성 중 하나를 현실화시키는 힘을 가지고 있다. 네덜란드의 물리학자 닐스 보어는, 한번 상호작용을 한 입자들은 이후 서로 멀리 떨어져 있어도 실시간으로 영향을 주고받을 수 있다고 했다.

일단 한 번 연결되면, 아무리 멀리 떨어져 있어도 여전히 서로를 인식하며 영향을 주고받는다. 양자 얽힘을 처음 접했을 때, 마치 먼 곳에 있는 두 마음이 실처럼 연결되어 있다는 비유가 떠올랐다. 한쪽의 움직임이 즉각적으로 다른 쪽에 영향을 미친다는 설명은, 나에게 '연결'이라는 개념을 새롭게 정의하게 했다. 이는 우주 전체가 연결되어 있으며, 우리의 의식 또한 그 거대한 상호작용의 일부라는 점을 시사한다.

양자적 실재: 고정되지 않은 세계, 관계로 이루어진 우주

어느 순간부터 우리가 인식해 온 세계가 과연 얼마나 실체적인 것인지에 대해 의문을 품기 시작했다. 특히 양자역학을 주제로 공부하면서, 내가 믿고 있던 '확정된 현실'이라는 개념이 허상일지도 모른다는 사실을 점점 깨닫게 되었다.

양자물리학이 알려 주는 첫 번째 놀라운 진실은, 물질의 기본 입자에 대한 정보를 동시에 모두 알 수 없다는 것이다. 내가 어떤 입자의 위치를 정확히 알아낸 순간, 그 입자의 속도는 더 이상 정확히 측정할 수 없다. 반대로, 운동 상태를 측정하면 그 위치는 흐릿해진다. 이 불확정성은 단순한 측정의 한계를 넘어서, 입자 자체의 본질에 관한 통찰을 던진다.

더 놀라운 것은, 양자 입자가 단지 '입자'인 동시에 '파동'이라는 점이다. 그것은 마치 어떤 사람을 설명할 때, 그의 정체를 말하는 대신 그가 살고 있는 거리 전체를 묘사하는 것과도 같다. 한 점으로 고정되지 않고, 주변과 얽힌 흐름 속에서만 존재를 드러낸다는 뜻이다.

우리가 물질이라고 부르는 가장 기본적인 존재들은, 고정되어 있지도, 안정되어 있지도 않다. 정확히 말하면, 그것들은 아직 무엇도 아니다. 그것들은 단지 무한한 가능성 속에 존재하며, 짧은 예측 가능성의 순간에만 '무엇처럼 보이는 것'일 뿐이다.

그렇기에 초창기 양자물리학자들은 우리가 진리라고 부르던 것조차 정확한 수치가 아니라, 수학적 확률 범위 안에서의 근사치로 다루어야만 했다. 세상은 고정된 구조물이라기보다는, 부드럽고 흐물흐물한 젤리 같은 움직이는 질감으로 이루어져 있었다.

보어, 하이젠베르크, 그리고 그 동시대의 여러 과학자가 발전시킨 양자 이론은, 뉴턴이 정의했던 고전 물리학의 기반 자체를 흔들어 놓았다. 그들은 이렇게 말했다. 물질을 더 깊이 파고들수록, 우리는 그것을 독립된 단위로 나누거나 완전하게 묘사할 수 없다는 사실과 마주하게 된다. 어떤 것도 홀로는 의미를 갖지 않는다. 모든 존재는 관계 속에서만 드러나며, 그 상호작용의 맥락 속에서만 의미를 지닌다.

우주를 단지 정적인 대상들의 창고로 보지 않는다. 오히려 우주는 끊임없이 물질이 생성되고 사라지는 역동적인 흐름 속에 있는 에너지의 장, 그리고 그 장들이 끊임없이 관계 맺고 상호작용을 하는 유기적 존재로 보인다.

가장 미세한 차원에서 보면, 우리의 세계는 고립된 입자들의 집합이 아니라, 마치 서로 끊임없이 소통하는 양자 정보의 거대한 네트워크와 같다. 그것은 정지된 사물의 모음이 아니라, 살아 있는 흐름이며, 관계 그 자체로 구성된 실재다. 이제 나 자신 또한 독립된 고정된 존재가 아니라, 무수한 관계의 교차점에서 형성되는 하나의 사건이라는 감각을 조금씩 받아들이고 있다. 그리고 이 관점의 전환이 실재를 이해하고 나를 다시 구성하는 데 있어 가장 근본적인 변화가 아닐지 생각한다.

양자역학을 통해 존재란 무엇인가에 대해 전혀 새로운 시각을 갖게 되었다. 이 이론은 내가 지금까지 당연하게 여겨 왔던 실재에 대한 관념을 근본부터 뒤흔들었다.

양자역학은 모든 물질이 고정된 실체가 아니라, 오직 관계 속에서만 드러나는 가능성의 상태라는 사실을 보여 준다. 무엇보다도 내가 깊이 주목하게 된 것은 인간의 의식과 의도가 바로 그 가능성을 현실로 결정짓는 데 중요한 역할을 한다는 점이다. 의식은 단순한 뇌의 사고 과정이 아니다. 그것은 실제로 물질에 영향을 미칠 수 있는 에너지적 실체로 작용하며, 이는 수많은 양자 실험을 통해 과학적으로 뒷받침되고 있다.

이런 깨달음은 나의 일상에 대한 태도까지도 바꾸어 놓았다. 생각, 감정, 태도는 더 이상 내 안에서만 머무는 것이 아니다. 그것들은 외부 세계에 물리적 영향을 미치는 창조적 힘이다. 지금, 이 순간에도 내가 품는 생각과 의도를 통해 '어떤 현실'을 만들어 내고 있다. 그리고 그 현실은 결코 고정된 것이 아니라, 유동적이며 나의 시선과 마음의 방향에 따라 끊임없이 변화한다.

결국, 양자역학은 "생각이 현실을 만든다"라는 말이 단순한 자기계발 문구가 아니라, 과학적으로 입증이 되는 실재의 원리임을 보여 준다. 그리고 이 원리의 중심에는 깨어 있는 자각과 책임 있는 의식이 놓여 있다.

내가 살아가는 이 현실이 우연의 산물이 아니라, 내가 만들어 가는 결과이다.

■ **불교와 양자역학의 공통 철학: 관계성, 공(空), 그리고 실체 없는 세계**[11]

21세기에 들어선 오늘날, 과학과 철학은 서로 다른 언어를 사용하면서도 같은 진리를 향해 나아가고 있다. 그중에서도 불교 철학과 현대 양자역학의 만남은 그 가능성을 잘 보여 준다.

수천 년 전 동양의 지혜에서 출발한 공(空)과 인연생기(因緣生起)의 개념은, 최근 물리학의 최전선에서 논의되고 있는 관계성(Relationality)과 비실체성(Non-substantiality)의 원리와도 깊은 공명을 이룬다. 불교는 존재를 실체가 아닌 인연 속의 관계로 바라본다. 이와 유사하게, 양자역학은 입자라는 개념마저 고정된 실체가 아니라 측정과 관계 속에서만 드러나는 가능성의 중첩으로 해석한다.

이러한 관점은 우리가 살아가는 세계가 독립된 개체들의 모음이 아니라, 서로 얽히고 스며드는 관계적 사건들의 흐름임을 일깨워 준다. 이 장에서는 불교 철학의 핵심 사유인 공과 인연을 중심으로, 양자역학이 제시하는 비실체적 세계관을 비교하며 두 사유 체계가 어떻게 동일한 진리를 다른 방식으로 조망하는지 탐색한다.

모든 존재는 따로 떨어져 있지 않다. 서로 관계를 맺고 영향을 주고받으며, 그 속에서 의미와 정체성이 생겨난다. 본무자성(本無自性)이란 모든 존재가 태어날 때부터 고정된 성질이나 본질을 갖고 있지 않음을 뜻한다. 세계는 본질에 의해 존재하는 것이 아니라, 인연 속에서 잠시 그렇게 나타날 뿐이다. 부처가 본 세계는 본질의 세계가 아니라 관계적 세계다.

우주에도 독립된 실체는 없다. 모든 것은 상호작용 속에서만 존재한다. 세계적인 이론물리학자 카를로 로벨리는 우주를 '사물의 집합이 아니라 사건의 집합'이라고 정의한다. 인간 역시 고정된 실체가 아니라 사건의 총체이며, 물질 또한 독자적 실체성을 가지지 못한다. 상호작용, 곧 관계가 있을 때만 존재할 수 있는 것이다.

불교 철학과 양자역학은 서로 다른 시대와 배경에서 발전했음에도, 세계를 바라보는 근본적 시각에서 유사한 점이 있다. 이는 존재를 이해하는 우리의 관점을 바꾼다. 즉 '나는 무엇인가'라는 물음보다 '나는 무엇과 어떻게 관계 맺고 있는가'라는 질문이 더 본질적일 수 있음을 시사한다. 불교와 양자역학의 이러한 통찰은 인간과 세계, 그리고 진리의 본질에 대한 더 깊은 이해를 가능하게 하며, 실체 중심에서 관계 중심으로의 인식 전환이 얼마나 중요한지를 일깨워 준다. 핵심은 우리가 누구와 관계 맺고 있는가에 있다.

■ 진동하는 우주, 공명하는 마음: 물, 의식, 그리고 양자역학의 메시지[12]

오랫동안 물을 단지 생명을 유지하는 필수 자원으로만 인식해 왔지만, 이제는 물이 생각보다 훨씬 더 깊은 의미와 가능성을 지닌 존재일지도 모른다는 확신이 점점 커지고 있다. 인간의 몸 대부분을 이루는 물은 외부의 진동, 의식, 감정 에너지를 섬세하게 반영하며, 그 영향에 따라 물 자체의 형태와 성질이 달라진다. 물은 말없이 나의 내면 상태를 비춰 주는 창이자, 우주와 내가 어떻게 연결되어 있는지를 상기시켜 주는 매개체이기도 하다.

양자역학은 모든 물질이 본질적으로 진동하고 있다는 사실을 통해, 이 세상이 고정된 실체들의 집합이 아니라, 끊임없는 움직임과 관계, 파동으로 이루어져 있음을 보여 준다. 내 생각, 말, 감정의 진동은 물이라는 매개를 통해 형상화되고 가시화된다. 그 파동은 단지 '나'라는 개인을 넘어 삶의 질, 관계, 지구 환경에까지 영향을 미친다.

물이라는 존재를 통해 우리 자신과 우주를 바라보는 새로운 시선을 갖게 된다. 인간 의식의 진동이 얼마나 깊고도 광범위한 영향을 미칠 수 있는지를 다양한 실험과 사례를 통해 알아보자. 우리가 내보내는 진동이 세상에 어떤 울림을 남기고, 그 울림이 다시 우리 삶에 어떻게 반영되어 돌아오는지를 성찰해야 한다. 이미 물의 소중함을 잘 알고 있지만, 이제는 그것을 양자역학의 관점에서도 새롭게 이해할 수 있어야 한다.

인간의 몸은 평균적으로 약 70%가 물로 구성되어 있다. 특히 인간이 처음 형성되는 수정란 단계에서는 99%, 출생 직후에는 약 90%, 완전히 성장한 성인의 경우는 70%, 죽음에 가까워질수록 50% 이하로 감소한다고 한다.

물의 얼어붙은 결정이 사진으로 기록된 실험을 통해, 물이 단순한 화학 물질이 아니라 의식과 감정의 반영체임을 분명히 알았다. 사랑, 감사, 지혜와 같은 긍정적인 단어가 적힌 병에 담긴 물은 눈송이처럼 정교하고 아름다운 결정을 만들어 냈다. 반면, 싫어, 죽어, 불행과 같은 부정적인 언어를 붙인 물에서는 형태조차 알아볼 수 없을 만큼 괴기하고 왜곡된 결정이 형성되었다.

언어 하나가 물의 형상과 파동에 어떤 영향을 미치는지를 직접 눈으로 확인한 후, 내가 말하고 생각하는 모든 것이 실제로 '형태'를 만들어 내고 있다는 사실을 깨달았다. 이 실험은 단순한 상징이 아니라, 관찰과 의식이 물질에 영향을 준다는 양자역학의 원리를 눈으로 확인할 수 있는 소중한 사례이다.

내가 느끼고 보내는 감정과 진동은 외부 세계에 실제로 영향을 줄 수 있다. 그렇기에, 내면의 힘은 세상을 바꿀 수 있을 만큼 강력한 힘을 이미 지니고 있다. 다만 그것을 아직 제대로 인식하거나 활용하지 못하고 있을 뿐이다. 일단 그것을 깨닫고 나면, 말 한마디, 감정의 한 조각, 생각 하나조차도 물을, 세상을, 그리고 나 자신을 변화시키는 진동이 될 수 있음을 알게 된다. 그 진동의 방향은 내가 지금 무엇을 믿고, 무엇을 느끼며 살아가고 있는가에 달려 있다.

사람은, 더군다나 아버지라는 사람은 말 한마디, 생각 한 조각, 사소한 조언조차 조심스럽게 해야 한다. 내가 한 말이 자녀에게 어떤 결과를 가져올지에 대해 생각해 본다면 자연스럽게 태도를 조심한다. 내가 보낸 부정의 진동이 아이들에게 더 큰 부정으로 다가오지 않도록 삼가야 한다.

무시보다 더 아픈 상처는 없다: 의식과 관심이 만드는 생명의 에너지

'고맙습니다', '멍청한 놈'이라는 말을 각각 건넨 두 개의 밥 외에, 아무런 말도 하지 않고, 라벨도 붙이지 않은 채 완전히 무시한 밥을 병에 담아 함께 놓아두었다. 그 결과는 예상 밖이었다. '멍청한 놈'이라고 부정적인 말을 건넨 밥보다, 아예 무시당한 밥이 더 먼저 썩어 버린 것이다. 더 놀라운 것은, 이 실험을 다른 사람이 동일한 방식으로 반복했을 때도 똑같은 결과가 나타났다는 점이다. 이 실험은 우리에게 중요한 메시지를 던져 준다. 욕을 먹는 것보다 무시당하는 것이 더 깊고 큰 상처가 될 수 있다는 사실을 여실히 보여 준다.

'관심을 보인다는 것'은 단순한 주의가 아니라, 에너지를 주는 행위라는 것을 새삼 깨닫는다. 반대로, 생명에게 가장 큰 고통을 주는 것은, 누군가에게 비난을 받는 것이 아니라 아예 존재 자체를 무시당하는 것, 관심조차 받지 못하는 상태다. 이 실험을 통해 아주 중요한 사실 하나를 다시금 확인한다.

모든 생명은 연결되어 있으며, 에너지에 반응한다. 방에 놓인 관엽식물도 그 아름다움에 주의를 기울이고 말을 걸어 주면 더 싱싱하고 생기 있게 자라난다. 애완동물이나 곤충에게 말을 걸어 주는 것도 그들의 반응에 영향을 미친다. 특히 아이들에게는 가능한 한 따뜻한 관심을 기울이고, 자주 말을 건네며 눈을 맞추는 것이 중요하다. 그것은 단순한 돌봄이 아니라, 존재를 인정하고 에너지를 주는 행위이기 때문이다.

임산부 역시 뱃속의 아기에게 주의를 기울이고, 따뜻하고 부드러운 말로 말을 걸어 주는 것이 바람직하다. 아기는 자궁 안에서도 어머니의 감정과 주파수, 에너지에 민감하게 반응한다는 연구 결과들도 그 사실을 뒷받침하고 있다.

관심은 생명을 살리는 힘이고, 무시는 생명을 약화하는 힘이다. 말 한마디, 시선 하나, 감정의 진동이 우리 주변의 존재들에 실질적 영향을 미친다. 내가 할 수 있는 가장 따뜻한 선택은, 매일의 삶 속에서 작은 생명들과의 연결을 소홀히 하지 않는 것이다.

진동하는 세상

의식이란 도대체 무엇일까? 이 질문에 접근하기 위해서는, 먼저 이해해야 할 전제가 있다. 모든 존재는 진동하고 있다. 이 세상의 삼라만상은 끊임없이 진동하고 있으며, 각자 고유한 주파수를 발하며 독특한 에너지 파장이 있다.

양자역학의 세계에서는 물질은 본래 진동이라는 개념이 이미 상식처럼 받아들여지고 있다. 우리가 눈에 보이는 고체나 사물을 미세하게, 또 미세하게 쪼개 들어가면 결국 입자이면서 동시에 파동인 이중적 속성의 세계에 도달하게 된다. 물질은 단단하고 고정된 실체가 아니라, 진동하는 에너지가 밀집된 형태에 가깝다. 세상의 모든 존재는 끊임없이 진동하며 변화하고 있고, 그 움직임은 마치 존재와 비존재 사이를 초고속으로 오가는 에너지의 흐름으로 이해된다.

불교의 대표 경전 중 하나인 『반야심경』에는 다음과 같은 구절이 나온다.

색즉시공 공즉시색(色卽是空 空卽是色)
겉으로 보이는 것에는 실상이 없고, 오히려 보이지 않는 것 속에 본질이 담겨 있다.

오래전 석가모니가 남긴 이 수수께끼 같은 가르침은, 오늘날 양자역학이 밝혀낸 과학적 진실과 연결된다. 눈에 보이는 모든 것은 실체처럼 보이지만, 그 본질은 끊임없이 진동하고 비어 있는 구조, 즉 공(空)이고, 반대로, 눈에 보이지 않는 파동과 진동, 에너지가 오히려 세상을 구성하는 실질적 기반이다.

개인의 에너지 주파수
사람마다 고유의 진동, 즉 에너지 주파수를 지니고 있다. 우리는 모두 본능적으로 진동을 감지하는 능력을 지니고 있다. 예를 들어, 깊은 슬픔을 품고 있는 사람은 그 감정을 파동처럼 몸을 통해 주변에 방출한다.

반대로, 삶에서 일어나는 모든 일에 기쁨과 감사로 반응하는 사람은 밝고 따뜻한 주파수, 마치 빛처럼 가벼운 에너지를 주변에 퍼뜨린다. 타인을 진심으로 사랑하는 사람에게는 사랑의 파동이 느껴지고, 자주 거짓을 말하거나 남을 해치는 사람에게는 어두운 기운, 무겁고 사악한 진동이 분명하게 감지된다.

이러한 파동이 사람뿐 아니라 물질과 공간에도 깃들어 있다는 사실을 종종 경험한다. 소유한 사람에게 불행을 끌어당기는 보석이 있다고 하며, 교통사고가 반복적으로 발생하는 장소도 있다. 반면 가게를 열기만 하면 성공하는 복된 공간이 있는 것처럼 특정한 에너지가 머무는 자리들이 분명 존재한다. 이처럼 이 세상에 존재하는 모든 현상은 각기 고유한 파동과 진동수를 지니고 있으며, 그 파동은 유사한 주파수끼리 공명한다.

두 배, 네 배, 여덟 배 또는 2분의 1, 4분의 1의 진동수처럼 배수 혹은 약수 관계에 있는 주파수 간에는 공명이 일어난다. 자연 속에서 이 모든 것과 공명할 수 있는 존재는 인간뿐이라고 한다. 대부분의 동물이나 생물은 하나의 고정된 주파수만을 지닌다. 참새의 울음소리는 항상 비슷하게 들리고, 개나 고양이의 울음소리도 큰 변화 없이 반복된다. 인간은 다르다. 우리는 도레미파솔라시도를 자유롭게 노래할 수 있고, 멜로디를 만들어내며, 감정을 담은 복잡한 진동의 언어와 음악을 창조한다.

이것은 놀라운 능력이며, 그 덕분에 인간은 우주의 모든 존재와 에너지적 대화를 나눌 수 있는 유일한 존재가 되었다. 우리는 에너지를 줄 수도 있고, 반대로 에너지를 받을 수도 있는 존재다. 이것은 양날의 검이 될 수도 있다. 만일 인간이 자신이 원하는 것만을 생각하고 행동한다면, 그 진동은 자연의 섬세한 조화를 깨뜨리는 파괴적 에너지로 퍼져 나갈 수 있다.

지구를 이렇게 오염시킨 것도 결국 인간이 산업혁명 이후 오직 생활의 편의와 물질적 부만을 추구해 왔기 때문이라고 생각한다. 그 의식이 대량소비사회의 생활 양식을 만들어 냈고, 그 결과 지구는 지금 심각한 환경적 위협에 놓이게 된 것이다. 이제 우리는 선택의 기로에 서 있다. 의식을 바꾸지 않으면 안 되는 갈림길에 도달한 것이다.

모든 파동과 공명할 수 있는 존재가 인간이라면, 이제 자연과 공생하며 지구를 더 이상 파괴하지 않겠다는 새로운 의식의 진동을 선택할 수 있을 것이다. 내가 어떤 파동을 세상에 내보내는가, 그리고 우리가 지구를 어떤 별로 만들어 갈 것인가는 결국 우리 모두의 의식과 선택에 달려 있다.

모든 생각과 말, 감정은 현실이 된다

물과 진동, 의식이라는 주제를 통해 살펴본 바와 같이, 인간이 단지 물리적인 존재가 아니다. 우리는 에너지와 파동으로 정교하게 구성된 생명체이며, 그 핵심에는 의식과 감정, 말의 진동이 있다.

내 몸의 대부분을 이루고 있는 물은, 외부에서 주어지는 언어, 감정, 의식의 상태에 민감하게 반응하며, 그것을 형상화하고 반영하는 특성을 보인다.

이것은 곧, 내가 하는 말과 생각, 그리고 감정이 실제로 물리적 현실에 영향을 미친다는 사실을 의미한다. 양자역학이 보여주는 세계는 고정된 실체의 집합이 아니라, 진동과 가능성, 상호작용의 장으로 이루어진 공간이다. 인간은 이 거대한 공명의 흐름 속에서 살아가는 존재이며, 의식은 단순히 뇌의 부산물이 아니라, 우주와 끊임없이 연결되어 상호작용을 하는 하나의 파동이다.

이 의식의 파동은 내 주변의 물리적 환경뿐만 아니라, 타인의 감정과 삶에도 깊은 영향을 미칠 수 있다. 그 영향은 때로는 말보다, 의도보다, 더 은밀하고 더 강력하게 전달되기도 한다.

지금, 이 순간, 나는 어떤 진동을 세상에 내보내고 있는가? 내가 어떤 주파수를 선택할 것인가는 전적으로 나의 선택에 달려 있다. 자연과 조화를 이루는 진동을 의식적으로 선택할 수도 있고, 무심코 파괴적인 에너지를 방출할 수도 있다.

그 선택은 자신의 몸과 마음은 물론, 가족과 공동체, 나아가 지구 환경 전체에까지 영향을 미친다. '무시당한 밥이 가장 빨리 썩는다'라는 실험은 그 진실을 단적으로 보여 준다. 누군가를 무시한다는 것은 존재 자체를 부정하는 행위이며, 그로 인한 진동은 욕설보다도 더 파괴적일 수 있다. 따뜻한 말 한마디, 부드러운 시선, 진심 어린 관심은 고요하지만 강력한 진동으로 상대의 에너지장을 회복시키고, 더 나아가 우리가 모두 속한 공동 장(field)을 정화한다. 인간은 단지 세계의 일부가 아니라, 그 진동을 바꾸고 공명을 일으킬 수 있는 능동적 존재이다.

물, 의식, 그리고 진동에 관한 이 이야기는 결국 '나는 누구인가'라는 존재의 본질을 다시 묻는 말이며, 동시에 내가 어떤 세상을 함께 만들어 갈 수 있는지를 보여 주는 희망의 메시지이기도 하다. 그 가능성은 바로 지금, 내가 어떤 감정의 파동을 선택하는지에서 시작된다. 그리고 그 감정의 선택은 나 자신은 물론, 타인과 우리가 함께 살아가는 세상을 더 조화롭고 평화로운 방향으로 이끌 수 있는 계기가 된다.

5장
후성유전학적 양육

■ **태아기부터 시작되는 부모의 영향력과 후성유전학적 양육의 중요성**

후성유전학은 DNA 염기서열 자체를 바꾸지 않으면서도, 유전자의 발현 방식을 조절하는 메커니즘을 탐구하는 학문이다. 즉, 유전자의 본래 정보는 그대로 두되, 그 유전자가 켜질지 꺼질지를 결정하는 조절 장치를 연구한다. 이러한 조절은 환경, 생활 습관, 스트레스, 영양, 부모의 영향 등 다양한 요인에 의해 좌우된다.

임신 중 및 출산 전후 심리학의 개척자인 토머스 버니 박사는 이렇게 말한다.

"지난 수십 년간 축적된 연구 성과를 살펴보면, 부모는 자신들이 양육하는 아이의 정신적·신체적 특성에 지대한 영향을 미친다는 사실을 의심할 여지가 없다."

자녀에 대한 부모의 영향력은 출생 이후에만 작용하는 것이 아니다. 임신 이전과 태내 시기부터 이미 시작된다는 점이 점점 더 강조되고 있다. 『태아는 알고 있다』에서 토머스 버니는, 부모의 영향력이 출생 이후가 아니라 태아 시기부터 시작된다는 관점을 제시했다.[13] 당시에는 과학적 근거가 부족해 전문가들의 회의적인 반응을 받았다. 당시 학계는 뇌가 출생 이후에야 본격적으로 기능한다고 믿었으며, 태아가 고통을 느끼거나 기억을 형성하지 못한다고 여겼다.

지그문트 프로이트는 사람들이 3~4세 이전의 일을 기억하지 못한다는 사실에 주목하며 이를 '유아 건망증'으로 설명했다. 그러나 현대의 실험심리학과 신경과학은 이 통념에 도전하고 있다. 최근 연구는 태아와 영아의 신경계가 이미 풍부한 감각 처리 능력과 학습 가능성을 지니며, '암묵적 기억(implicit memory)'이라 불리는 무의식적 기억도 이 시기부터 작동하고 있음을 보여 준다.

후성유전적 영향은 출생 이후에도 이어지는데, 이는 부모가 아이가 자라는 환경에 지속적으로 영향을 주기 때문이다. 태아는 어머니가 경험하고 해석하는 환경 조건에 민감하게 반응하며, 이를 바탕으로 다가올 외부 세계를 예측하고 그에 적응할 수 있도록 자신의 유전적 및 생리적 발달 경로를 조율해 나간다. 이처럼 태아는 주어진 환경에 가장 적합한 방식으로 자신을 형성해 가는 능동적인 존재다.

"성장하는 유아의 뇌에 있어서 유전자의 발현에 영향을 미치는 가장 중요한 경험은 주변 환경으로부터 들어온다. 그리고 이러한 과정은 신경세포가 어떻게 상호 연결되어 정신작용을 일으키는 신경 경로를 만들어 내는가를 결정한다."라고 다니엘 시겔 박사는 『마음의 발달』에서 말하고 있다.[14]

건강한 뇌를 발달시키는 유전자를 활성화시키려면 유아에게 적절한 환경이 필요하다는 뜻이다. 최근 연구에 따르면 부모는 출생 후에도 계속해서 유전공학자 역할을 수행한다고 한다.

아버지의 말과 어머니의 정서

아버지의 말과 행동은 어머니의 정서에 큰 영향을 주며, 이는 다시 태아에게까지 전달된다. 임신 후 부모가 어떤 태도를 보이느냐가 태아의 성장에 얼마나 중요한지를 입증하는 연구는 셀 수 없을 만큼 많다. 여기에 대해서도 토머스 버니는 이렇게 말한다.

"사실 지난 수십 년간 축적된 과학의 저울추는 아직 태어나지 않은 아기의 정신적 및 감정적능력을 재평가해야 한다는 쪽으로 크게 기운다. 연구에 따르면 깨어 있든 잠들어 있든 태아는 엄마의 행동, 생각, 느낌 하나하나에 지속적으로 반응한다. 수정의 순간으로부터 자궁 내에서 겪는 일들은 아기의 뇌를 형성하며, 인격, 감정적 성향, 차원 높은 사고력 등의 바탕을 형성한다."[15]

한때 조현병에서 자폐증에 이르기까지, 의학이 해결하지 못한 다양한 질병의 원인을 어머니에게 돌리던 시기가 있었다. 지금 우리가 말하는 신생물학은 결코 그 시대의 잘못된 시각으로 되돌아가려는 것이 아님을 분명히 할 필요가 있다. 임신 기간 동안 아기를 자궁 속에 품는 것은 어머니의 몫이지만, 수정에서 임신에 이르기까지의 전 과정은 부모가 함께 참여하고 책임지는 공동의 과정이다.

아버지의 행동은 어머니의 정서에 직접적인 영향을 미치며, 이러한 정서적 변화는 고스란히 태아에게까지 이어진다. 아버지가 집을 떠나 어머니가 '과연 나 혼자 이 아이를 키울 수 있을까'라는 불안을 느끼기 시작하면, 그 순간부터 모태 안의 상호작용은 깊게 흔들리기 시작한다.

이와 비슷하게, 사회적 환경—실직 상태, 주거 불안, 의료 서비스의 부재, 혹은 전쟁으로 인한 반복적인 징집 상황 등—은 부모 모두의 심리와 안정감을 해치고, 이는 결국 태아의 발달에도 영향을 줄 수 있다.

생각이 있는 부모 노릇의 핵심은 건강하고 총명하며 창의적이고 기쁨이 넘치는 아이를 길러 내는 데 엄마와 아빠가 둘 다 중요한 책임을 지는 것이다. 부모의 영향력은 아이가 태어난 뒤가 아니라 뱃속에 있을 때부터 시작되며, 그 영향은 단순히 심리나 감정을 넘어서 생물학적이고 후성유전학적인 수준까지 미친다.

임신 중 부모의 정서 상태, 행동, 환경적 요인은 태아의 뇌 발달, 건강, 성격 형성에 깊숙이 영향을 미치며, 이는 출생 이후에도 지속된다. 태아기의 경험이 이후 삶의 질과 건강, 심리적 성향에까지 결정적 영향을 끼친다는 연구는 유전만이 인간의 운명을 결정한다는 유전적 결정론을 넘어서, 환경과 사랑, 관계의 힘을 강조하는 후성유전학의 시각을 뒷받침한다.

부모는 단순한 보호자가 아니라 태아기부터 출생 후까지 아이의 삶을 형성해 가는 환경 조성자이자 후성유전적 공동 설계자이다. 특히 사랑과 정서적 안정은 유전자보다 더 강력한 성장촉진제로 작용하며, 부모는 지식이나 책이 아니라 실제 삶에서의 변화와 실천을 통해 아이의 잠재력을 최대한 발현시킬 수 있다. 또한 아버지의 태도와 참여 역시 어머니와 아이 모두에게 영향을 미치므로, 부모 모두가 함께 책임지는 성장 환경을 조성하는 것이 건강하고 총명한 아이, 그리고 보다 나은 세대를 위한 첫걸음이 된다.

우리는 아이들이 자기 유전자의 한계를 뛰어넘어 자율적이고 창의적으로 살아갈 수 있도록 돕는 사랑과 환경을 제공할 수 있으며, 그것은 부모로서 삶을 변화시키려는 성찰적 실천에서 비롯된다. 사람은 유전자에 갇힌 존재가 아니라, 환경과 사랑을 통해 변할 수 있는 존재이며, 부모는 그 변화의 첫 환경이자 가장 강력한 촉진제이다.

■ 후성유전학과 합성 화학물질의 진실

부모의 식습관과 환경이 자녀 세대의 유전자 발현에 영향을 미친다.[16] 『당신의 주인은 DNA가 아니다』에서는 "유전자가 다양한 잠재적 결과의 원인이 될 수 있지만 가장 가능성 높은 결과를 유발하는 것은 다름 아닌 환경이다"라고 말한다. 특히 부모가 어떤 음식을 먹고 어떤 환경에서 살았는지에 따라서 그 자식에게 영향을 미친다는 사실이 많은 연구에서 밝혀지고 있다.

후성유전학 연구에 따르면, 개인이 섭취한 음식뿐 아니라 부모 세대의 식습관과 환경적 노출 역시 자녀 유전자 발현에 영향을 미칠 수 있다. 즉, 부모의 라이프스타일이 자녀 세대의 건강과 행동 패턴 형성에 중요한 역할을 한다는 것이다. 2003년에 《분자 및 세포 생물학Molecular and Cellular Biology》에 실린 연구논문은 어머니, 아버지가 먹는 음식물이 자녀들의 유전자 기능을 영구적으로 변화시킬 수 있다는 결론을 내렸다.

오늘날 인류에게 꼭 필요하지만, 자연에서 쉽게 얻기 어려운 수많은 물질이 이제는 실험실에서 분자 수준의 합성이나 변형을 통해 만들어지고 있다. 이렇게 인공적으로 생산된 다양한 화학물질들, 그것들이 포함된 식품, 의약품, 생활용품 등은 이미 우리의 일상에 깊숙이 자리 잡았다. 그러나 이들 화합물이 인간에게 어떤 해를 끼치는지에 대해서는 아직 일부 사례만이 간헐적으로 알려졌을 뿐이다.

지난 100년 동안 식품, 의약, 화학 산업의 성장과 함께 합성 화학물질은 점점 더 개인의 삶 속으로 스며들었다. 그 영향은 피부에 닿고, 음식과 함께 섭취되며, 때로는 약물의 형태로 체내에 축적되기까지 한다. 우리는 이제 이 물질들이 인체 건강에 미치는 영향을 자세히 살펴볼 필요가 있다.

특히 여러 화학물질이 동시에 작용할 때 발생할 수 있는 '상승효과'에 대한 경고는 오랫동안 과학적 주목을 받지 못했다.

이러한 복합적인 작용이 인체에 어떤 영향을 미칠 수 있는지에 대한 연구는 아직 미비하지만, 무분별하게 소비되는 합성 물질과 약물 사용에 대한 성찰을 요구하고 있다. 그것은 단순한 경고가 아니라, 현대인의 삶의 방식을 다시 돌아보게 만드는 중요한 질문이다.

어떤 이들은 화학의 발전과 그로 인한 '합성 화학물질 혁명'을 통해 우리의 삶이 더 좋아졌다고 한다. 하지만 이는 거짓이다. 1906년 미국 의회는 '안전하지 않은 것으로 밝혀진 식품이나 약품을 연방정부가 유통을 금지한다'라는 규정을 담은 순정식약품법을 통과시킨다. 문제는 식품 제조업체와 가공업체들은 자사 제품의 안전성을 굳이 입증할 필요가 없는 점이다. 제품의 안전성을 입증하는 것은 어디까지나 정부의 몫이다.

미국 식품의약국(FDA)이나 환경보호국(EPA)과 같은 정부 기관이 시중에 유통되는 모든 식품, 의약품, 생활용품, 화학물질의 안전성을 직접 검증하는 것은 현실적으로 불가능하다. 현재 사용되고 있는 화학물질은 10만

종이 넘고, 미국의 대형 유통 매장에서 판매되는 식품과 생활용품은 약 30만 종, 의약품만 해도 20만 종에 이르기 때문이다.

이처럼 방대한 물질과 제품에 대해 일일이 검증하기 어려운 상황에서, 정부 기관은 각 제품의 안전성 평가를 기업이 제출한 자료에 의존할 수밖에 없는 구조에 놓여 있다.

이와 관련해 랜들 피츠제럴드는, 완전한 검증 없이 이루어지는 '순정 식약품법'의 적용이 미국 소비자뿐 아니라 미국의 기준에 영향을 받는 세계 여러 나라의 소비자들에게도 식품과 의약품에 대한 왜곡된 신뢰를 심어 주었다고 지적한다.

그가 말하는 이러한 잘못된 믿음과 환상은 이미 한 세기 전부터 시작되어 지금까지도 우리의 소비 방식에 영향을 미치고 있다. 더욱 심각한 문제는 이러한 합성 화학물질이 단순히 개인의 건강을 해치는 데 그치지 않는다는 점이다. 일부 유해 물질은 DNA에 부정적인 영향을 미쳐 후손에게까지 질병의 위험을 물려줄 수 있다. 영양이 부족한 음식과 결합한 독성 화학물질은 면역체계를 약화하고, 다양한 만성 질환의 발병률을 높인다.

특히 여러 화학물질이 동시에 작용할 경우, 그 사이의 상호작용은 단독 물질보다 훨씬 강력하고 해로운 결과를 초래할 수 있다. 이처럼 독성을 띠는 상승작용은 유전적 취약성을 자극해 신체를 질병에 더 민감하게 만들며, 때로는 기존에 없던 질환을 유발하는 요인이 될 수 있다.

합성 화학물질로 인해 발생한 질병의 치료를 위해 처방한 약들이 오히려 체내에 더 많은 독성을 유입시켜 면역체계를 위태롭고 혼란스럽게 만들고 있다. 인간의 신체는 설사 해가 되지 않고 적은 양이라 할지라도 합성 화학물질을 흡수하도록 진화하지 않았다. 건강과 장수를 위해 가장 바람직한 것은 자연의 음식과 약에서 발견되는 자연발생적 상승작용을 포용하는 것이다. 고대 지혜의 재발견은 생화학에 매달려 실험하면서 실패를 거듭하는 어리석음에서 우리를 구할 수 있을 것이다.

합성 화학물질에 대한 집단적 거짓 신념이 인류 건강과 생태계에 초래한 퇴화와 위기

한 세기 동안 우리가 스스로에게 되뇐 거짓말, 즉 식품과 약품에 함유된 합성 화학물질이 몸에 좋다는 거짓말은 우리의 면역체계를 약화했을 뿐 아니라 새로운 독성 화학물질이나 유행하는 병원균 침투에 우리를 취약하게 만들었다. 그럼에도 우리가 이런 비정상적인 시스템을 계속 지지한다면 인류의 파멸은 가속화될 것이다. 하나의 문화로서 우리는 죽음의 과정에 이르는 진통을 겪고 있다.

인간 종의 퇴화가 가속화되고 있는 징후는 이미 표출되고 있으며 각계각층의 생명 종들로 확산하고 있다. 불임, 생식 이상, 선천성 결손증, 면역체계 약화, 각종 질병 감염 등이 이런 징후들이다.

1차 세계대전 당시, 독가스와 군수 물자 생산으로 막대한 수익을 올린 화학 기업들은 전쟁이 끝난 뒤 '죽음의 상인'이라는 오명을 씻기 위한 방법을 모색하게 된다. 특히 세계적 화학기업 중 한 회사는 이미지 쇄신을 위해 홍보 전문가뿐 아니라 심리학자들까지 동원해, 대대적인 캠페인을 펼쳤다. 그 대표적인 사례가 바로 '더 나은 삶을 위한 더 나은 제품, 화학을 통해'라는 슬로건이다.

이 전략은 다른 화학 기업들까지 참여하게 했고, 화학이 인간의 삶을 향상할 수 있다는 믿음을 널리 퍼뜨리는 데 성공했다. 나아가 합성 화학이 자연이 제공하는 음식이나 약보다 더 우수하다는 인식까지 대중 속에 자리 잡게 되었다. 이에 따라 약 10만 종에 달하는 합성 화학물질이 전 세계 식품, 의약품, 생활용품에 광범위하게 사용되면서 우리의 일상에 깊이 파고들게 되었다. 오늘날 우리는 합성 화학물질 없이 살아가는 삶을 상상하기조차 어려운 현실에 살고 있다.

건강에 미치는 영향을 철저히 검증받은 화학물질은 극히 일부에 지나지 않는다. 독성 전문가 도리스 J. 랩 박사는 이를 두고 사람이나 동물이 고통을 겪기 전까지 무엇이 안전한지 결코 알 수 없다고 경고한다. 결국, 만물의 영장이라 불리는 인류는 문명을 발전시켜 온 동시에, 자신을 마치 탄광 속의 카나리아처럼, 그리고 실험실의 모르모트처럼 끊임없이 시험대에 올려온 존재이기도 하다.

상승작용의 두 얼굴

1990년대 말, 미국 뉴저지주의 인구 약 7만 6천 명 규모의 작은 해안 도시 브릭(Brick)에서는 이상하게 높은 비율의 아동 자폐증 사례가 보고되기 시작했다. 미국 전체 평균의 세 배에 달하는 발병률을 두고, 지역 주민들은 수돗물에 포함된 세 가지 합성 화학물질을 원인으로 지목했다.

이들 물질 각각의 농도는 법적 기준을 초과하지 않았고, 단일 성분으로는 건강에 유해하지 않아 보였다. 하지만 매사추세츠주 우즈홀 해양생물연구소의 연구진은, 이 세 가지 화학물질이 동시에 체내에 작용할 경우, 특히 신경계 조직에 심각한 손상을 유발할 수 있다는 실험 결과를 내놓았다.

이 사례는 다음과 같은 중요한 사실을 시사한다. 겉보기에는 인체에 무해하거나 심지어 긍정적으로 보이는 개별 화학물질도, 다른 성분들과 결합할 때 '시너지 효과'가 아닌 '독성 상승작용'을 일으켜 치명적인 결과를 초래할 수 있다는 점이다. 이른바 '화학물질의 괴물화' 현상이다. 그런데도 정부 기관들은 현재 식수, 식품, 공산품, 대기, 의약품 등 다양한 경로로 우리 몸에 유입되는 화학물질들의 상호작용에 대해 실질적인 관리 능력을 갖추지 못한 상태다. 전문 인력이나 예산, 기술적 감시체계 모두 부족한 현실이며, 사실상 방치되고 있다고 해도 과언이 아니다.

이처럼 예측 불가능한 화학물질 간의 결합 효과에 대한 사회적 대비가 미흡한 가운데, 우리는 수많은 시행착오와 그에 따른 피해를 감수해야 하는 상황에 놓여 있을지도 모른다. 이것이 바로 현대 문명이 안고 있는 '보이지 않는 위험' 중 하나다.

MSG가 온몸의 호르몬 방출을 자극하고, 당뇨병을 유발한다[17]

동물실험에 따르면, MSG가 온몸의 호르몬 방출을 자극할 수 있는 것으로 나타났다. 실험실에서 MSG(글루탐산나트륨)에 노출된 동물들은 비정상적으로 비대해졌고, 생식 능력에도 문제가 발생했다. 일부 전문가들은 일반적인 외식 요리―특히 중국 음식―에 사용되는 MSG의 양이 한 접시당 최대 9그램에 이를 수 있다고 추산했다. 이는 실험동물의 뇌에 손상을 줄 수 있을 정도의 수치다.

MSG는 켄터키 프라이드 치킨(KFC), 맥도날드, 타코벨 같은 패스트푸드 체인점뿐만 아니라 다양한 냉동식품에도 널리 사용되고 있다. 실험에 따르면, 췌장에서 분비되는 인슐린보다 세 배 이상 많은 양의 MSG를 투여받은 쥐는 빠르게 비만해지는 경향을 보였다.

MSG가 당뇨병과 같은 대사성 질환을 유발할 수 있다는 가능성에 대한 과학적 증거도 점점 더 뚜렷해지고 있다. 소비자들을 안심시키기 위해 'MSG 무첨가' 또는 'MSG 없음'이라는 라벨이 붙어 있는 경우도 있지만, 실제로는 MSG가 다른 이름으로 표시되어 포함된 경우가 많다. 이는 성분표 내의 다른 첨가물 속에 MSG가 포함되도록 하여 소비자의 눈을 속이는 일종의 표시 눈속임이다.

우리 스스로 책임을 져야 한다

그렇다면 우리 자신을 보호하기 위해 어디서부터 무엇을 시작해야 할까? 우리는 경제체제나 정부, 기관에 책임을 전가할 수 없다. 이 문제는 전적으로 개인의 선택과 실천에 달려 있다. 합성 화학물질의 중독에 관한 진실을 언제까지 외면하며, 우리 자신과 타인에게 거짓말을 이어 갈 것인가?

심리학자들은 급격한 변화를 직면할 때 부인이 자연스러운 첫 반응이라고 말한다. 그러나 화학물질이라는 보이지 않는 폭풍이 이미 우리 삶을 뒤덮고 있다. 더 이상 외면한다고 해결되지 않는다. 이제는 책임 있는 사람들이 절제와 행동으로 응답해야 한다. 브라이언 클레멘트 박사의 경고처럼, 우리를 유혹하는 현대의 식습관과 편리함은 결국 몸과 마음을 병들게 한다.

실제로 지난 100년간 암 사망률은 3%에서 20%로, 당뇨병 발병률은 0.1%에서 20% 가까이로 증가했다. 심장질환으로 해마다 수십만 명이 목숨을 잃고 있으며, 의료비는 폭발적으로 늘고 있다. 겉으로는 의료 기술이 발전하고 평균 수명이 늘어난 듯 보이지만, 사회 전반의 건강 상태는 오히려 악화하고 있다. 이는 가공식품 산업과 합성화학 산업이 만든 생활 양식의 대가라 할 수 있다.

많은 이들이 FDA 같은 기관이 위험으로부터 보호해 줄 것이라 믿지만, 실제로는 제약회사 자료에 의존한 채 신약을 승인하는 경우가 많다. 결국 선택의 책임은 개인에게 돌아온다. 후성유전학의 연구는 부모의 식습관과 환경이 자녀 세대의 유전자 발현과 건강에까지 깊은 영향을 미친다는 사실을 보여 준다. '내가 무엇을 먹는가'를 넘어 '내 부모가 무엇을 먹었는가'가 곧 나의 삶을 규정한다는 의미다.

합성 화학물질은 단순한 개인의 문제가 아니다. 복합적인 작용으로 인류 전체의 면역력 약화, 생식 능력 저하, 만성질환 증가라는 위기를 초래하고 있다. 그러나 이러한 위협은 개인의 의식적 소비와 선택으로 어느 정도 예방할 수 있다. 유해 물질로부터 완전히 자유로울 수는 없지만, 그 위험을 인식하고 관리함으로써 피해를 줄일 수 있다.

앞으로의 식품, 영양, 건강의 미래는 개인이 얼마나 주도적으로 선택하고 통제하느냐에 달려 있다. 자연과 조화를 이루는 생활양식을 선택하고, 정보 접근권을 확보하며, 건강에 대한 통제권을 스스로 회복해야 한다.

지금 우리가 마주한 선택지는 분명하다. 잘못된 믿음에 안주하며 파멸을 향해 갈 것인가, 아니면 진실을 직시하고 의식의 전환을 통해 새로운 삶의 방식을 선택할 것인가. 결국 건강한 미래는 정부도, 산업도 아닌 우리 자신의 책임 있는 선택에 달려 있다.

격물치지(格物致知)에 대한 아버지의 노트

아버지로서 '수신제가(修身齊家)'를 실천하기 위해, 무엇보다 먼저 나 자신을 들여다보는 훈련부터 시작해야 했다. 아이에게 무언가를 가르치기에 앞서, 과연 스스로 무엇을 알고 있는지부터 묻는 것이 우선이다. 이것이 바로 『대학』에서 말하는 '격물(格物)'의 열쇠였다. 하지만 준비 없이 결혼했고, 가정 안에서 어떤 자세와 역할이 필요한지 충분히 고민하거나 배우지 못한 채 두 아이의 아버지가 되었다. 아이들이 자라는 동안 수많은 시행착오를 겪으며 부모의 길을 걸었고, 어느덧 두 자녀는 성인이 되었다.

뒤늦게나마 제대로 된 남편, 제대로 된 아버지가 되기 위해 노력하고 있다. 돌이켜보면 그것은 단지 남편이나 아버지라는 역할을 잘하기 위한 노력이 아니라, 한 인간으로서 더 바르고 성숙하게 살아가기 위한 공부의 길, 성장의 과정이다.

성찰과 배움을 통해 지금껏 삶을 지탱해 온 기준과 태도에 분명한 오류가 있었음을 자각하게 되었다. 마치 여행을 가기 위해 이제야 겨우 집을 나서는 듯한 기분이다. 아직 멀었지만, 그래도 이제야 제대로 된 출발선에 선 셈이다.

1. '아는 것'보다 '바르게 아는 것'을 위하여

지식의 양보다 그것을 어떻게 해석하고 사용하는지가 중요하다는 사실을 뒤늦게 깨달았다. 예전에는 책을 많이 읽고 아는 것이 많으면 그것이 곧 나를 증명한다고 믿었다. 아버지가 된 이후에도 그 믿음을 고수하며 살아왔지만, 최근 몇 년간의 공부는 그 생각을 근본부터 흔들어 놓았다. 지식이 실제 삶에서 쓰이지 못한다면, 그것은 '진짜 앎'이 아니라는 것을 깨닫게 되었다. 하나의 지식을 얻더라도 삶의 태도와 행동으로 연결되도록 반복해서 되묻고 실천하고 있다. 그것이 바로 격물이고, 치지(致知)의 길이다.

2. 감정의 뿌리를 찾아가는 격물(감정의 인식)

화가 났을 때나 실망했을 때, 아이들에게 퉁명스러운 말이나 과한 훈계를 쏟아낸 경험이 적지 않았다. 그러나 그 순간 내가 인식한 것은 감정 그 자체가 아니라, 아이의 행동에 대한 즉각적인 판단뿐이었다. 사실 그 감정의 이면에는 해결되지 않은 나의 상처와 불안이 자리하고 있었음에도, 나는 그것을 바라보지 않고 외면했다.

감정은 억누른다고 사라지지 않는다. 인식되지 않은 감정은 결국 통제되지 않은 반응으로 표출되기 마련이다. 겉으로 드러나는 감정은 단지 표층일 뿐, 그 아래에는 욕망, 두려움, 상처와 같은 더 깊은 정서적 실체들이 흐르고 있다는 것을 이제야 알게 되었다. 진정한 감정의 인식이란, 겉모습에 머무는 것이 아니라, 감정이 발생한 내면의 맥락과 원인을 자각하고 바라보는 일이다. 앞으로는 감정의 순간마다 멈추어 서서, 그 감정이 어디서 비롯되었는지를 스스로 인식하는 연습을 이어 가고자 한다.

감정이나 상황의 겉모습에 매달리는 대신, 그 이면에 숨은 마음의 본질을 들여다보는 자세가 바로 격물(格物)을 실천하는 방법이다.

3. 가족 안에서의 '치지'를 위한 노력

지식을 삶의 지혜로 바꾸려면, 아이와의 대화에서 정답을 주기보다 질문을 던질 수 있어야 한다는 사실을 이제야 조금씩 깨닫고 있다.
"왜 그랬을까?", "네 생각은 어땠니?" 대신 너무 쉽게 판단하고 결론을 내려 버렸다. 아이의 말을 끝까지 듣기보다 내 기준과 기대를 앞세웠고, 내 생각이 정답이라는 착각 속에 머물렀다. 돌아보면 그 질문들은 아이에게 뿐 아니라 스스로에게도 던졌어야 했다.
"왜 그렇게 반응했는가?", "무엇을 기대했는가?"
이제는 판단보다 경청을, 통제보다 공감을 선택하려 한다. 비록 늦었지만, 이제라도 아이와의 대화 속에서 진정한 질문과 성찰을 실천해 가고 싶다.

4. 격물치지에서 수신제가로

『대학』에서 말하듯, 격물이 이루어져야 치지에 이를 수 있고, 치지가 가능해야 성의(誠意)와 정심(正心)으로 나아갈 수 있다는 진리를 이제야 실감한다. 본래라면 가정을 책임지는 자리에서 먼저 그렇게 실천해야 했다.
나는 아이의 행동 뒤에 숨은 마음을 읽으려 하기보다, 겉으로 드러난 모습만 보고 섣부르게 판단했다. 감정이 올라올 때 '왜'라는 물음을 던지기보다, 순간의 격랑에 휩쓸려 아이에게 상처 주는 말을 내뱉곤 했다. 감정적으로 대응하지 않으려 애썼지만, 결국 상황을 함께 해석하기보다 내 기준만 고집한 적이 많았다.
자녀를 변화시키려 하기보다 먼저 나를 돌아보아야 했지만, 정작 늘 아이만 바꾸려 했다. 이제라도 뒤늦은 깨달음을 딛고 한 걸음씩 실천을 이어가려 한다. 완벽하지 않아도 괜찮다. 멈추지 않고 나아가려는 태도, 그것이야말로 가정을 책임지는 자리에서 실천해야 할 진정한 격물치지라 믿는다.

5. 삶으로 배우는 앎의 시작

나는 스스로를 돌아보는 일조차 오랫동안 외면한 채 살아왔다. '무엇이 나를 흔들고 있는가', '오늘 내가 마주한 현실은 무엇인가'를 묻기보다, 그저 바쁜 일상과 감정에 휘둘리며 하루하루를 버티는 데 급급했다. 아이를 키운다는 것은 곧 나 자신을 다시 빚는 일이 되어야 했지만, 나는 그 사실을 외면한 채 지식과 삶을 따로 두고, 마음을 다듬는 수고를 뒤로 미뤄 왔다. 진정한 앎은 머리로 이해하는 데 그치지 않고, 삶 속에서 실천될 때 비로소 내 것이 된다는 사실을 이제야 분명히 깨닫는다.

격물이란 현실을 정직하게 마주하고, 그 안에서 자신을 끊임없이 갈고 닦는 일이다. 매일의 사소한 선택과 태도 속에서 앎을 삶으로 연결하는 이 반복의 연습이 진짜 격물치지(格物致知)의 시작임을 비로소 알게 되었다.

그래서 오늘도 다시, 격물의 자리로 돌아간다. 삶 앞에 겸손히 서서 자신을 성찰하고 바로 세우는 그 길 위에서, 조금씩 더 단단해지기를 다짐한다.

2
성의(誠意)
― 존재의 내면에서 피어나는 준비의 힘

'성의(誠意)'란 마음이 거짓됨 없이 온전히 하나로 모아진 상태를 말한다. 성리학에서는 이를 인간 됨의 중심에 놓고 "마음을 바르게 가지려면 먼저 성의해야 한다(誠意正心)"고 가르친다. 여기서 성의란 진심이나 정성에 머무는 것이 아니라, 그 마음이 어디로 향하는지, 또 얼마나 깊이 머무르는지까지를 포함하는 존재적 태도라 할 수 있다.

삶에 있어 꼭 필요한 준비 재료

그 어떤 의미 있는 변화도, 성숙도, 실현도 성의 없이는 결코 시작되지 않는다. 성의는 단순히 어떤 일을 잘 해내겠다는 각오를 넘어서, 나라는 존재 전체를 하나의 목적을 향해 조율하는 과정이다. 그것은 성장을 위한 에너지이자, 회복의 기반이며, 변화의 단초가 되는 마음의 구조다.

오늘날 인간에 대한 이해는 심리학과 뇌과학의 진보를 통해 더욱 정교해지고 있으며, 뇌는 단순한 정보처리 장치를 넘어 감정, 기억, 의사결정, 자기 조절, 관계 형성 등 삶의 전 과정을 이끄는 중심축으로 기능한다. 이 과정에서 성의라는 태도 또한 뇌의 작동 방식과 깊이 연결되어 있음을 알 수 있다.

'뇌의 자기실현 메커니즘'은 인간이 자신을 어떤 방향으로 정의하고 몰입하는지에 따라, 뇌의 시냅스와 회로가 끊임없이 재구성된다는 사실을 보여 준다. 이는 곧, 어떤 성의로 살아가는지가 어떤 뇌를 만들고, 어떤 삶을 설계하는지를 결정한다는 뜻이기도 하다.

심지어 움직임과 정신 건강의 회복력 역시 성의와 맞닿아 있다. 신체적 움직임은 감정의 흐름을 바꾸고 뇌 회로를 활성화하며, 내면에 응축된 불안을 해소하는 통로가 되기 때문이다. 따라서 성의 있는 움직임은 마음을

안정시키고, 존재를 통합하는 데 중요한 역할을 한다.[18]

나는 아버지가 되며, 성의의 본질을 마주하게 되었다. 아버지로서의 삶은 단순히 자녀를 돌보는 역할뿐 아니라, 내가 어떤 태도로, 어떤 진심으로, 매일의 삶을 살아 내고 있는가를 시험받는 자리다. 나의 말투, 반응, 시선 하나가 자녀의 마음에 어떤 흔적을 남길지를 생각해야 한다. 그때마다 떠오르는 질문이 있다. "나는 지금 성의를 다하고 있는가?"

성의는 아버지됨의 본질이자 자녀에게 줄 수 있는 가장 깊은 선물로, 완벽한 말이나 정답을 제시하는 것이 아니라, 삶의 태도를 통해 진심을 드러내는 것이라 생각한다. 이 진심은 결국 아이의 뇌 발달에 영향을 주고, 세상을 바라보는 방식에 중요한 밑바탕이 될 것이다.

성의는 성장의 회로를 여는 열쇠다

누구나 성장하길 바라지만, 불안 앞에서는 쉽게 멈추고 흔들리기 마련이다. 불안에서 성장으로 나아가기 위해 반드시 필요한 힘이 있다. 그것이 바로 마음의 진심, 성의다. 불안은 지금과는 다른 삶을 살아야 한다는 내면의 신호이자 경고이며, 그 경고를 감지하고 새로운 방향을 선택할 수 있는 힘은 성의에서 비롯된다.

뇌과학은 인간의 발달이 신경 가소성, 감정 회로의 재구성, 내적 동기의 형성과 같은 생물학적·심리적 기반 위에서 이루어진다는 사실을 보여 준다. 이러한 성장 과정은 성의라는 내적 에너지가 뒷받침될 때 비로소 가능하다.

성의는 단순한 도덕적 태도가 아니라, 사람이 성장하고 변화하는 데 중요한 마음가짐이며, 의식과 자기 이해의 힘이기도 하다. 성의는 감정만이 아니라 지속적인 자각의 결과다. 메타인지와 의지의 작동 원리를 이해하는 순간, 인간은 자극에 단순히 반응하는 존재가 아니라, 자신의 사고를 인식하고 선택을 조율할 수 있는 유일한 존재임을 깨닫게 된다. 그리고 그 의식의 중심에 성의가 자리하고 있음을 알게 된다.

단순히 아는 데서 멈추는 사람과, 아는 것을 행동으로 옮기는 사람의 차이는 바로 성의에 달려 있다. 자기 이해와 감정 조절 또한 단순한 기술이 아니라 진심에서 비롯된다. 감정을 억제하려 하기보다, 그 감정이 전하려는 메시지에 귀 기울일 수 있는 내면의 여유를 갖는 것이 중요하다. 성의(誠意)는 바로 이러한 여유를 마련해 주며, 그 안에서 자신을 돌아보고 성장할 수 있는 공간을 제공한다.

1장
뇌의 자기실현 메커니즘

■ **의식의 진화와 말의 힘: 신의식과 뇌의 자기실현 메커니즘**

이시다 히사쓰구는 『탐욕의 원칙』에서 '신의식(神意識)'이라는 새로운 인식 방법을 중심으로 새로운 개념의 의식을 이야기했다.[19]

인간의 의식은 흔히 현재의식, 잠재의식, 초의식으로 나뉘며 이를 '의식의 3층 구조'라고 부른다. 여기에 더해지는 것이 바로 '신의식'이다. 신의식은 완전함을 지향하는 의식의 차원으로, 삶의 모든 과정은 결국 더 나은 방향으로 흐르고 있다는 믿음을 바탕에 둔다. 현재 겪고 있는 어려움조차도, 더 나은 인생으로 나아가는 여정 속에서 필요한 통과의례일 수 있다. 우리가 기적을 부르는 간단한 방법은 "대단하다는 말을 달고 사는 것이다"라는 것을 뇌과학적으로 설명한다.

뇌는 말과 현실의 차이를 메우려 한다

대단하다는 말은 일종의 심리적 빈틈을 의도적으로 만드는 언어적 장치다. 우리의 뇌는 의미가 완전하지 않은 정보를 받아들이면, 스스로 이를 메꾸려는 성향이 있다. 아름다운 그림 퍼즐에서 몇 조각이 빠졌을 때 그

2 성의(誠意)

느낌이 불편한 이유도 바로 이런 심리 때문이다. 언어라는 퍼즐에서 대단하다라는 조각이 빠질 때, 뇌는 그 의미가 실제 행동이나 감정으로 완성되길 원한다.

다시 말해, 대단하다라는 말은 뇌 안에 여백을 만들어, 그 말에 걸맞은 현실을 자연스럽게 끌어들이는 작용을 한다. 이것은 특정한 사람에게만 해당되는 특별한 원리가 아니라, 누구에게나 동일하게 작동하는 인지적 메커니즘이다.

먼저 48시간 정도 자신이 원하는 대단한 일에 관심을 기울여 보면 그 관심이 이루어진다. 이는 RAS(Reticular Activating System: 망상활성계)라는 뇌의 조직기능 때문이다. 우리는 자주 접하거나 관심을 기울이는 정보에는 민감하게 반응하는 반면, 그렇지 않은 정보는 무의식적으로 걸러 내고 놓쳐 버리기 쉽다.

RAS, 즉 망상활성계는 뇌의 시상하부 아래에 위치한 뇌간의 일부로서 우리가 필요하거나 흥미 있는 자극에 집중하도록 돕는 역할을 한다. 이는 시각·청각 정보가 과도하게 유입될 때 뇌가 스스로 필터링하는 생존 메커니즘이다. 예컨대, 우린 자주 듣거나 보던 것에 더 쉽게 주목하고, 그렇지 않은 정보는 무의식적으로 걸러낸다. 결국, 시각이나 청각 등 감각을 통해 자신이 주의를 기울이는 정보가 무엇인가에 따라 그 사람의 삶의 방향이 결정된다고 볼 수 있다.

48시간 동안 내가 진정 바라는 변화를 마음속에 지속해서 그려보는 실험을 해 보자. 이틀 중 잠자는 시간을 제외하고 약 30시간은 의도적으로 그 생각을 유지하는 것이다. 뇌는 반복된 관심에 반응하고, 그 과정에서 보이지 않던 기회가 눈에 들어온다. 사실 대단한 일은 이미 우리 삶 속에서 계속해서 일어나고 있는지도 모른다. 다만 우리가 그것을 알아차리지 못할 뿐이다. 그러나 분명한 것은, 많은 사람들이 말했듯이, 행복을 불러오는 특별한 순간은 결국 찾아온다는 사실이다.

결국 중요한 깨달음은 이것이다. 대단한 일은 누군가가 만들어 주는 것이 아니라, 내가 스스로 만들어 갈 수 있는 것이며, 굳이 기다릴 필요도 없다는 점이다.

의식의 4단계와 RAS의 작동

'나는 마치 신처럼 행동하겠다'는 자기 주문은 마음에 큰 기대치를 심어 준다. 일종의 프레임 효과로, 뇌는 이 주문을 기준 삼아 관련 정보에 집중하게 된다. 이로 인해 이전에는 놓쳤던 긍정적 신호들이 눈에 띄고, 실제로 기회를 더 잘 포착하게 된다.

"48시간 안에 대단한 일이 일어난다"고 말하면 정말 그렇게 되듯이, '신으로서'라는 주문을 붙이면 말 그대로 신 모드가 되어 위기에서 벗어나고, 인생은 원하는 방향으로 속도를 낼 수 있다. 신은 완벽한 존재이므로 인생은 점점 좋아지며, 결국 나쁜 일은 일어나기 어렵다.

현재의식, 잠재의식, 초의식에 대해 짧게 이야기해 보면 다음과 같다. 현재의식은 사고나 언어로 표현할 수 있는 영역이다. 쉽게 말해, 평소에 머릿속으로 떠올리는 생각과 말들이 현재의식에 해당한다. 소원은 현재의식에서 시작된다.

가령 창업을 해서 성공하고 싶다는 소원은 현재의식의 영역에 속하는데, 잠재의식은 종종 이를 방해하려 든다. 왜냐하면 잠재의식은 변화를 두려워하고, 지금의 상태를 가장 안전하다고 인식하기 때문에 본능적으로 현재 상태를 유지하려 한다.

잠재의식은 현재의식보다 힘이 약 2만 배나 더 강하다고 알려져 있다. 평범한 욕구와 의지만으로는 잠재의식이 만들어 내는 안전지대 유지 본능을 쉽게 넘어서기 어렵다. 강력한 잠재의식의 저항을 넘어서기 위한 주요한 방법은 두 가지로 나뉜다. 하나는 지속적인 반복을 통해 무의식에 스며들게 하는 것이고, 다른 하나는 강렬한 감정적 충격을 통해 각인시키는 방식이다.

잠재의식의 힘이 2만 배나 더 강하다면, 단순하게 창업해서 성공한다라는 말을 2만 번 반복하면 된다는 논리다. 단, 이 과정에서 그게 되겠어? 혹은 아무래도 어렵겠지와 같은 부정적 생각이 한순간이라도 끼어들면 모든 노력이 원점으로 돌아가 버린다. 그렇기 때문에 어지간한 욕구와 의지가 아니면 실현하기 어렵다.

또 하나는 충격을 주는 방법이다. 창업해서 성공하고 싶다는 현재의식의 힘을 2만 배로 끌어올리기 위해 창업에 실패하면 죽는다와 같은 극단적 다짐이나 위기의식을 의도적으로 부여하는 방식이다. 하지만 이런 상황을 일부러 만드는 것은 현실적으로 쉽지 않다. 많은 사람들이 창업의 고생을 피하고, 지금처럼 안전하게 지내는 쪽을 선택하는 이유도 여기에 있다.

여기서 중요한 것이 초의식이다. 초의식은 현재의식과 잠재의식을 넘어서는 더 높은 차원의 인식 영역이다. 직관, 영감, 깊은 통찰, 또는 '우주의

지성'과 연결되는 영역이라고도 할 수 있다. 머리로 논리적으로 이해하거나 잠재의식이 자동으로 작동하기 이전에, 인간을 넘어선 더 넓은 차원의 정보와 연결되는 상태가 초의식이다.

초의식을 활용하면 단순한 반복이나 극단적 충격 없이도, 더 높은 차원의 확신과 직관을 통해 원하는 변화를 이끌어 낼 수 있다. 인간의 가능성은 현재의식과 잠재의식을 넘어, 바로 초의식이라는 차원에 달려 있을지도 모른다.

잘못 알고 있는 뇌 이야기: 술, 기억력, 스트레스에 대한 뇌과학의 진실

많은 사람들이 속설로 알고 있는 지식 중 잘못된 것이 많다.

첫 번째, 아프거나 슬픈 기억을 잊고자 술을 마셔서 두뇌의 활동성을 저하시키는 것은 도움이 안 된다. 쥐 실험 결과, 알코올은 오히려 공포 기억을 강화하여 PTSD 치료를 방해할 수 있다는 연구도 있다. 즉, '마시면 잊는다'는 생각은 실제로는 반대의 결과를 초래할 수 있다. 술이나 먹고 그만 잊어버리자는 것은 어쩌면 스스로를 속이고 있는 것인지도 모르겠다. 물론 술이라는 것이 대뇌피질의 활동을 억제해서 사람을 취하게 만들고, 비이성적으로 만들어서 순간적으로 그 기억을 잊게 만들 수는 있겠지만 말이다.

두 번째, '배고프면 머리가 안 돌아간다', '공부도 일도 하기 힘들다'고 생각하는 사람이 많다. 하지만 뇌과학 연구에 따르면, 꼭 그렇지만은 않다. 오히려 음식을 적게 먹거나 배가 고플 때 뇌의 특정 기능이 더 좋아질 수 있다는 연구 결과도 있다. 배고플 때 분비되는 호르몬인 그렐린은 해마의 시냅스 연결을 늘리고, 기억 형성의 핵심 과정인 장기 강화(LTP)를 돕는 것으로 알려져 있다. 실제로 쥐 실험에서도 해마 시냅스가 약 30% 수준으로 유의미하게 증가하는 결과가 관찰됐다.

즉, 우리가 흔히 믿고 있는 '배고프면 머리가 나빠진다'는 생각은 일부 상황에서는 틀릴 수 있으며, 적절한 공복 상태가 오히려 기억력 향상에 도움이 될 수 있다는 것이 뇌과학의 실제 이야기다.

알츠하이머는 '베타 아밀로이드'라는 독이 제거되지 못하고 오랫동안 쌓여, 뇌가 위축되어 나타나는 질병이다. 최근 발표된 연구에 따르면, 복합적인 자극을 지속적으로 받는 '환경 풍부화(enriched environment)'에서 자란 쥐의 뇌에서는 베타-아밀로이드(Aβ)를 분해하는 효소인 네프릴라이신(neprilysin)의 활성도가 증가하는 것으로 확인되었다. 이로 인해 Aβ 축적이 현저히 감소하는 결과가 나타났다. 독서나 카드놀이처럼 뇌에 자극을 주는 게 중요하다.

뇌 건강을 생각한다면, 술은 가능한 한 피하는 것이 좋다. 하지만 어쩔 수 없이 술을 마시는 자리라면, '이건 건강에 안 좋을 텐데…' 하고 부정적인 생각을 하기보다는, '이건 잠시 이성을 쉬게 해주는 신기한 물이네. 하하, 기분이 좀 풀리지 않아?'처럼 긍정적인 마음가짐으로 마시는 편이 낫다.

술을 스트레스 해소에 도움을 주는 방법이라고 믿는다면 간접적으로나마 도움이 된다고 한다. 스트레스를 해소하는 것보다 중요한 것은 해소하는 방법을 알고 있다고 생각하는 것이다. 흔히 기억력이 예전 같지 않을 때 '다 나이가 들어서 그래!', '늙으면 어찌 할 수 없는 거다'라는 식으로 이야기를 하는데, 이케가와 유지 작가는 여러가지 근거를 들면서 나이와는

무관하게 두뇌의 기억 용량의 문제라고 말하고 있다.[20]

두뇌 기능의 저하가 아니라, 기억의 총량이 탄생에서부터 시간이 지남에 따라 증가한 것이다. 컴퓨터로 치면 저장공간에 저장된 데이터 자체가 많으니, 그것을 찾아내어 해석하고, 적용하는 데 시간이 오래 걸리는 것이다. 반대로 어린아이의 경우 비상한 기억력을 가지는 경우가 많은데, 물론 두뇌 활동이 활발한 이유도 있겠지만, 기억 데이터의 총량 자체가 적으니 금방 기억하고, 빨리 찾아내는 것이다.

마치 두꺼운 책에서 한 문장을 찾아내는 것과 얇은 홍보용 팜플렛에서 찾아내는 것은 당연히 전자가 불리하니 자연스러운 현상이다. 두뇌 기능의 저하는 너무 걱정할 필요 없고 당연한 것이다.

2장
움직임과 정신 건강의 비밀

■ 뇌과학이 밝혀낸 움직임과 정신 건강의 비밀[21]

신체의 움직임은 뇌와 정서, 인지 기능에 깊은 영향을 미친다. 몸과 마음을 별개의 영역으로 나누던 기존의 관점에서 벗어나, 뇌와 신체가 긴밀히 연결되어 있다는 과학적 이해가 확산되고 있다. 특히 아이들의 경우, 신체 활동의 부족이 단순히 체력 저하에 그치지 않고 집중력, 감정 조절 능력, 사회성 발달에까지 부정적인 영향을 미친다는 연구 결과가 존재한다. 실제로 성장기 아이들이 충분히 움직이지 않으면, 뇌의 특정 부위 활성도가 저하되고, 이는 전반적인 학습 능력과 정서 발달을 위축시키는 원인으로 작용할 수 있다.

자녀 양육에 있어 움직임은 단순한 신체 건강 차원을 넘어, 아이의 두뇌 발달과 정서적 안정에 필수적인 요소로 인식할 필요가 있다. 말 그대로 잘 움직이게 돕는 것이 곧 잘 키우는 일이다. 과학 저널리스트 캐럴라인 윌리엄스는 저서 『움직임의 뇌과학』에서 움직임과 뇌 사이의 밀접한 관계를 설명하고 있으며, 그 핵심 내용을 요약하면 다음과 같다.

현대인들은 과거보다 신체 활동량이 크게 줄어들었다. 현대 사회는 인간의 몸을 점점 더 가만히 머물게 만든다. 최근 통계에 의하면, 오늘날 사람들은 1960년대에 비해 신체 활동량이 약 30% 가량 감소한 것으로 나타난다. 어른들은 대부분의 시간을 앉거나 누운 채 보내고, 아이들도 여가 시간의 절반 이상을 정적인 상태로 보내며, 노년층의 경우 깨어 있는 시간 대부분을 거의 움직이지 않고 지낸다.

이처럼 움직이지 않는 삶이 보편화된 데에는 이유가 있다. 무엇보다 편리하다. 인간은 지난 한 세기 동안 몸을 거의 쓰지 않아도 되는 각종 기술을 발명해 왔다. 이제 음식을 구하거나, 즐길 거리를 찾거나, 심지어 연애 상대를 만나는 일까지도 단 몇 번의 손가락 움직임이면 충분하다.

움직임이 멈추었기에, 뇌의 움직임도 멈출 수밖에 없다. 편리함이 뇌의 건강을 해치는 요소가 되고 있다. 건강하지 않은 뇌는 건강하지 않은 인생으로 이어진다. 이런 건강의 불균형을 막기 위해 움직여야 한다.

걷기는 어떻게 우리의 창의력을 높일까?

걷기는 가장 좋은 운동 중 하나다. 걷는 동안 신체는 중력에 저항하며 뼈에 체중을 실어 움직이게 된다. 이때 분비되는 오스테오칼신이라는 호르몬은 기억력과 인지 능력을 향상시키고, 불안감을 완화하는 데 도움을 준다. 또한 걷는 동안 발바닥에 가해지는 압력은 혈액순환을 촉진해 뇌에 신선한 자극과 활력을 공급한다.

즉, 걷기는 단순한 신체활동을 넘어 인간의 사고, 정서, 창의성, 전반적인 삶의 질을 지탱하는 가장 본질적인 힘이라고 할 수 있다.

운동이 창의력을 향상시키는 이유는 전전두피질과 관련이 있다. 전전두피질은 성인이 되기 전까지 다른 뇌 영역과 완전히 연결되지 않는다. 이 때문에 어린아이가 자유분방한 창의력을 보이거나, 청소년이 충동을 억제하는 데 어려움을 겪는 현상을 설명할 수 있다.

성인이 되면 전전두피질이 통합되어 사고의 틀 역할을 수행한다. 생각의 브레이크가 생기는 것이다. 물론 유연한 발상이 제한되는 이유이기도 하다. 하지만 창의적 사고를 불가능하게 만드는 것은 아니다. 전전두피질의 활동을 잠시 누그러뜨리는 방법이 존재하는데, 바로 걷기와 같은 운동이다.

특히 빠르지 않은 속도로 자율적으로 걷는 동안, 뇌는 사고보다 움직임과 방향 탐색에 집중하게 된다. 그 결과 전전두피질의 활동이 일시적으로 줄어들고, 사고의 고정 틀에서 벗어나 새로운 연결이 형성될 수 있다.

전전두피질은 우리의 정신을 안정적으로 유지하고, 사고와 기억이 지나치게 방만하지 않도록 조절하는 역할을 한다. 하지만 이 틀을 느슨하게 풀면, 생각은 자유롭게 이리저리 흩어지며, 뇌 안의 여러 인지적 조력자들이 상호작용하면서 이전에는 떠올릴 수 없었던 새로운 아이디어를 만들어 낸다.

결국 걷기는 단순한 신체활동을 넘어, 전전두피질의 활동을 유연하게 조정하고, 창의적 사고를 촉진하는 자연스러운 뇌 훈련 방법이라고 할 수 있다.

집중력이 강한 사람의 경우 일의 추진력은 뛰어날 수 있지만, 창의성을 높이기는 어렵다. 어느 것이 더 중요한 것이 아니라, 집중력이 뛰어나면서 창의력이 높다는 것은 불가능하다.

　창의력은 한 가지 일에 집중하지 못하다가 전혀 다른 대안을 찾거나, 이른바 엉뚱한 상상력을 발휘해야 나오는데, 이런 사람은 산만하기 그지없다. 산만해야 창의적이다. 집중력이 뛰어나서 주변환경에 전혀 개의치 않고 오로지 한 가지 일에만 전념한다면 창의성이 발휘되기 힘들다.

　반짝이는 아이디어 맨이 되고 싶다면 적극적으로, 어쩌면 의도적으로 산만해야 한다. 위대한 발명가, 과학자들은 대부분 책상 정리, 자기 연구실 정리가 안되고 엉망이다. 타인이 봐서는 이렇게 어지럽고, 주변정리도 잘 못하는 사람이 어찌 이렇게 뛰어난 발명을 하는지 이해가 안 된다고 하지만, 뇌과학자의 입장에서는 지극히 당연한 결과다.

메타인지

　인간이 가진 가장 큰 강점 중 하나는 메타인지 능력이다. 이는 자신의 행동, 사고, 감정을 객관적으로 돌아보고 개선하려는 능력이다. 예를 들어, 자신의 자세를 의식하고 스스로 교정하려는 노력은 뇌에 긍정적인 신호를 보내는 데에도 영향을 미친다.

　뉴질랜드 오클랜드대학교의 건강심리학자 엘리자베스 브로드벤트(Elizabeth Broadbent)는 자세가 스트레스 처리 방식에 어떤 영향을 미치는지 연구했다. 그녀의 실험에 따르면, 구부정한 자세로 앉은 참가자들은 부정적인 단어를 더 잘 기억한 반면, 바르게 앉은 참가자들은 긍정적인 단어를 더 잘 기억하는 경향을 보였다. 이는 신체 자세가 스트레스에 대한 심리적 완충 역할을 할 수 있음을 시사한다.

　같은 상황에서 바른 자세를 유지한 사람들은 긍정적인 정서를 더 많이 경험했고, 구부정한 자세의 사람들은 부정적인 정서를 더 많이 보고했다. 발표 장면 분석에서도, 바른 자세의 사람들은 일인칭 표현 사용이 적었는데, 이는 내면에 과도하게 집중하지 않는 성향을 보여 준다. 과도한 자기 집중은 우울감과 반복적 자책과 밀접한 관련이 있음을 고려하면, 중요한 발견이라 할 수 있다.

결론적으로, 바른 자세를 유지하는 습관은 단순한 외형 문제가 아니라, 스트레스 조절과 정서적 안정감 향상에도 긍정적인 영향을 미친다. 우리의 신체는 단순히 두뇌를 담는 그릇이 아니라, 두뇌와 함께 작동하는 동반자다. 두뇌 역시 사고를 위한 기관이기보다, 행동과 이동을 지원하기 위해 진화해 왔다.

일상 속 움직임을 늘리기 위해서는, 억지로 움직이는 결심보다, 움직이지 않을 수 없는 생활 구조를 만드는 것이 가장 효과적이다. 즉, 환경과 습관을 설계해 신체 활동을 자연스럽게 유도하는 것이 중요하다.

신체와 마음은 서로 긴밀히 연결되어 있다. 작은 습관의 변화가 정신적 안정과 창의력, 회복력까지 영향을 줄 수 있다. 예를 들어, 하루 10~15분이라도 규칙적인 걷기를 습관화하면, 전전두피질의 과도한 통제를 잠시 느슨하게 하여 새로운 사고 연결이 가능해진다. 걷는 동안 뇌는 움직임과 공간 탐색에 집중하며, 이전에 놓쳤던 아이디어가 떠오르기 쉽다.

또한, 바른 자세로 앉고, 서고, 걷는 습관을 의식적으로 실천하면, 부정적인 감정과 스트레스에 대한 반응을 조절할 수 있다. 구부정한 자세는 신체적 신호를 통해 부정적 정서를 강화하지만, 바른 자세는 긍정적인 신호를 보내 마음의 균형을 잡는다. 이러한 작은 신체적 조정이 쌓이면, 장기적으로 자기 통제력과 감정 회복력을 높이는 기반이 된다.

■ 나를 만든 힘: 유전자, 환경, 그리고 선택의 환상[22]

사람은 누구나 자신을 안다고 생각하지만, 실제로는 스스로의 행동이나 반응을 이해하지 못해 혼란을 겪는다. 말과 생각, 행동이 엇갈릴 때 우리는 당혹감을 느끼고, 그 이유를 찾아 헤매곤 한다.

인디애나대학교 의대의 빌 설리번 교수는 『나를 나답게 만드는 것들』에서 유전학, 미생물학, 심리학, 신경과학을 바탕으로, 인간이라는 존재가 어떻게 지금의 나로 살아가게 되는지를 흥미롭게 풀어낸다. 그는 우리 몸속 수많은 세균과 박테리아가 마음과 행동에 어떤 영향을 미치는지, 세대 간의 경험과 유전적 특성이 어떻게 연결되는지, 이른바 '살인 유전자' 같은 극단적 성향이 존재할 수 있는지를 연구 사례를 통해 보여 준다.

인간은 비슷한 생물학적 기반을 가지고 태어나지만, 성장하는 과정 속에서 각기 다른 성격과 가치관, 행동 특성을 만들어 간다. 겉으로는 크게 다르지 않아 보여도, 내면 깊숙이 자리 잡은 정체성과 취향은 모두 다르다. '나다움'을 이루는 바탕은 저절로 생긴 것도, 오로지 개인의 선택만으로 결정된 것도 아니다.

빌 설리번 교수는 인간의 취향, 생각, 행동에 이르기까지, 유전자와 미생물, 환경의 미묘한 상호작용이 복합적으로 얽혀 있음을 강조한다. 우리의 독특함과 다름은 그저 우연이나 의지의 결과가 아닌, 보이지 않는 작은 생명체들과 생물학적 설계, 환경의 영향을 통해 형성된다는 사실을 과학적으로 설명하는 것이다.

우리는 정말 스스로를 통제하고 있는가?

많은 사람들은 개인의 성공이 전적으로 그 사람의 노력과 선택에 달려 있다고 믿는다. 하지만 인간의 행동은 종종 눈에 보이지 않는 여러 영향에 의해 조종되듯 작동한다. 그중 하나는 유전자의 작용이고, 또 다른 하나는 후성유전적 요인이다. 여기에 장내 미생물 군집과 무의식의 힘까지 더해지며, 이 외에도 아직 밝혀지지 않은 다양한 생물학적 메커니즘이 인간의 선택과 행동에 큰 영향을 미친다.

이를테면, 충동적으로 음식을 과하게 먹거나, 우울감에 빠지거나, 심지어 범죄를 저지르는 행동들조차 단순히 의지 부족으로 치부할 수 없다. 생물학적 배경과 심층적 요인을 이해하게 되면, 그러한 행동들의 이면에 어떤 어려움이 있는지 조금은 공감할 수 있다. 이러한 복잡한 배경을 고려하지 않고, 단순한 잣대로 누군가를 비난하거나 훈계하는 것은 오히려 성급하고 왜곡된 판단이 될 수 있다.

고수는 대표적인 호불호 향신료이다. 어떤 사람에게는 비누 냄새처럼 느껴지는 역겨운 향을 풍기지만, 또 어떤 사람에게는 음식의 풍미를 살리고 비린내를 없애 주는 매력적인 향신료가 된다. 모두 같은 식물을 먹지만 이렇게 다른 반응을 보이는 이유는, 고수 속 특정 화학 성분(알데히드)에 민감하게 반응하는 유전자의 차이 때문이다.

흥미로운 것은, 이런 유전자나 미생물 같은 눈에 보이지 않는 생물학적 요소들이 단순히 입맛의 차이를 넘어, 우리의 감정과 사고방식, 성적 취향, 자유의지에 대한 믿음, 정치적 성향, 종교적 태도, 심지어는 세계관까지 영향을 미친다는 점이다. 다시 말해, 우리가 '자유롭게 선택하고 결정했다'고 믿는 수많은 생각과 행동들조차 어느 정도는 생물학적 배경에 뿌리를 두고 있다.

더욱 놀라운 것은, 유전자의 본질이 바뀌지 않더라도 후성유전학적 변화나 뇌의 신경가소성처럼, 환경과 경험을 통해 유전자 발현의 방식이 달라질 수 있다는 점이다. 결국 '나는 왜 이런 사람일까'라는 물음에 대한 답은 단순히 성격이나 교육, 경험의 차원에 그치지 않는다. 생물학, 심리학, 신경과학의 교차점에서, 인간이라는 존재의 본질을 다시 들여다볼 필요가 있다.

최근 연구에 따르면, 우리가 섭취하는 음식이 태아의 DNA 발현 방식에 장기적으로 영향을 줄 수 있으며, 경우에 따라서는 그 변화가 되돌릴 수 없는 것일 수도 있다는 가능성이 제기되고 있다. 이는 우리가 식습관을 보다 현명하게 선택해야 할 중요한 이유가 된다.

이러한 영향은 어머니에게만 국한되지 않는다. 아버지 역시 일상에서의 선택과 생활 방식이 자녀에게 유전될 유전자 발현에 후성유전학적으로 영향을 미칠 수 있다. 다시 말해, 아버지의 식습관과 건강 상태도 다음 세대의 유전적 건강에 직결될 수 있다.

또한, 서로의 입맛 차이를 이해한다면 가족 식사 자리는 훨씬 더 평화롭고 따뜻한 시간이 될 수 있다. 누군가가 내가 만든 요리나 추천한 음식을 선호하지 않더라도, 그것이 단순한 기호의 문제가 아니라 생물학적·유전적 요인에 기인할 수 있다는 점을 기억한다면, 그 차이를 존중하는 데 더 여유로워질 수 있다. 우리의 입맛에는 각자의 유전적 역사와 생물학적 배경이 스며 있는 것이다.

아이들의 행동 역시 마찬가지다. 때로는 부모의 눈에 쉽게 고쳐야 할 문제로만 보이지만, 그 뒤에는 유전적 기질, 뇌 발달의 단계, 호르몬 변화, 그리고 환경적 요인들이 겹겹이 얽혀 있을 수 있다. 아이가 짜증을 내거나 집중하지 못할 때, 그것을 단순히 '게으름'이나 '버릇없음'으로 단정하기보다, 그 안에 숨어 있는 생물학적·심리학적 배경을 이해하려는 태도가 필요하다.

결국 부모의 역할은 아이를 즉시 바꾸려 하기보다, 아이가 가진 고유한 조건과 배경을 이해하고 그에 맞는 환경을 만들어 주는 것이다. 이는 곧 비난과 훈육의 영역에서 이해와 공감의 영역으로 이동하는 과정이다. 그 순간 부모와 자녀의 관계는 더 깊고 건강해지며, 아이는 스스로의 속도로 성장할 수 있는 힘을 얻는다.

다이어트는 의지의 문제가 아니다: 체중과 식습관을 둘러싼 유전과 생물학의 진실

체형과 체중은 단순히 의지나 생활 습관의 산물이 아니다. 우리가 통제할 수 없는 다양한 생물학적 요인들이 깊숙이 작용한다. 최근 연구에 따르면, 일부 사람들은 병적 비만으로 이어질 수 있는 유전적 소인을 타고날 수 있다. 이는 비만을 개인의 나약함으로만 해석하기보다, 의학적·과학적 탐구가 필요한 상태로 이해해야 한다.

그럼에도 사회는 여전히 비만을 도덕적 결함으로 낙인찍는다. 그래서 다이어트를 결심하는 순간부터 이미 실패의 그림자가 드리운다. 제한된 식사는 '마지막 만찬'처럼 느껴지고, 운동을 마친 뒤에는 보상 심리로 고칼로리 음식을 찾게 된다. 흔히 다이어트는 식이조절 80%, 운동 20%라고 알려져 있지만, 실제로는 많은 사람들이 반대로 실천하며 좌절을 경험한다.

왜 이런 패턴이 반복될까? 생물학적 관점에서 보면, 자제력과 충동 조절 능력조차 유전적 요인의 영향을 받는다. 여기에 성장 배경, 생활 환경, 문화적 습관이 더해져 각자의 체중과 식습관을 형성한다. 그렇기에 자신을 다른 사람과 단순 비교하며 자책하는 것은 무의미하다. 우리는 각자 다른 유전적 토대 위에서, 서로 다른 환경 속에서 살아왔기 때문이다.

그렇다고 해서 우리는 무력하게 운명에 휘둘려야만 하는 것은 아니다. 비록 유전적 소인이 체중과 식습관에 영향을 미치지만, 환경과 생활 구조를 어떻게 조성하느냐에 따라 그 발현은 충분히 달라질 수 있다. 이는 후성유전학이 보여 주는 중요한 통찰이다. 같은 유전자를 지녔더라도, 어떤 음식과 환경을 접하느냐에 따라 건강 상태와 체중 조절 능력은 전혀 다른 방향으로 흘러간다.

다이어트의 관건은 단순히 '강한 의지'를 다짐하는 것이 아니라, 움직일 수밖에 없는 생활 구조, 건강한 음식을 선택할 수밖에 없는 환경을 만드는 것이다. 예를 들어, 가까운 거리를 걸어 다니도록 생활 반경을 바꾸거나, 집안의 식재료를 건강한 것으로 채워 두는 것은 강제적 결심이 아니라 자연스러운 선택으로 이어진다.

무엇보다 중요한 것은 자신을 다른 사람과 비교하지 않는 것이다. 타인의 몸은 타인의 유전자와 환경 위에 형성된 결과물이다. 비교 대신 자기 자신을 이해하고, 자기 몸의 언어에 귀 기울일 때 비로소 지속 가능한 변화가 시작된다.

■ 인지 과부하 시대의 생존 전략:
뇌의 작동 원리를 이해하고 삶을 정리하는 법[23]

디지털 기술이 눈부시게 발전하면서 우리는 더 편리하고 여유로운 삶을 기대했다. 그러나 현실은 그 반대다. 정보는 넘쳐나고, 해야 할 일은 오히려 늘어났으며, 뇌는 과거 어느 때보다도 피로하다.

하루 동안 접하는 정보의 양은 30년 전과 비교해 몇 배나 늘었다. 뉴스, 광고, 메시지, 업무, SNS까지, 우리의 뇌는 쉬지 않고 정보의 파도에 휩쓸린다.

이뿐만이 아니다. 과거에는 전문가가 대신해 주던 일들, 이를테면 비행기표 예약이나 제품 선택 같은 것도 이제는 개인이 직접 선택하고 결정해야 한다. 이렇게 우리도 모르게 떠안게 된 그림자 노동은 생활을 복잡하게 만들고, 기대했던 여유는 점점 줄어들고 있다.

선택의 폭이 넓어질수록 뇌는 더 많은 에너지를 소모한다. 슈퍼마켓에서 장을 볼 때, 몇십 년 전보다 훨씬 많은 물건 속에서 선택해야 하는 일상만 봐도 그렇다. 겉으로는 풍요로워 보이지만, 뇌의 피로는 깊어 간다.

문제는 뇌의 작동 방식이 여전히 원시시대 수렵·채집 환경에 맞춰져 있다는 점이다. 현대의 방대한 정보와 선택, 빠른 속도에 뇌가 버겁게 반응할 수밖에 없는 이유다. 결국 주변은 정돈되지 않고, 중요한 물건을 어디에 뒀는지 잊어버리기 일쑤이며, 잘못된 정보에 휘둘리거나 실수를 반복한다. 이 혼란을 벗어나는 열쇠는 바로 뇌의 작동 원리를 이해하고, 일상 속 작은 습관을 통해 환경과 생각을 정리하는 것이다.

정리는 단순히 물건을 치우는 문제가 아니다. 집중력, 의사결정력, 기억력까지 좌우하는 핵심 전략이다. 일상의 물건에 약간의 규칙을 부여하거나, 행동유도장치를 활용하면 뇌의 부담을 크게 덜 수 있다. 책을 꺼냈다가 제자리에 바로 놓을 수 있는 작은 표시, 자주 사용하는 물건을 정해진 위치에 두는 습관만으로도 사고의 혼란을 줄일 수 있다.

주의력은 자원이다: 정보 과부하 시대의 집중력 관리 전략

무엇보다 정보가 넘치는 시대에 중요한 것은 주의력 관리다. 뇌는 주의 필터를 통해 쓸데없는 정보를 걸러 내고, 꼭 필요한 일에 에너지를 집중한다. 하지만 정보가 폭발적으로 늘어나면 이 필터 기능이 과부하에 걸려 집중력 저하, 기억력 손실, 실수를 부른다.

전전두엽 피질에 위치한 수백만 개의 신경세포는 끊임없이 주변 환경을 감시하며, 우리가 집중해야 할 정보만을 의식으로 선별해 전달하는 주의 필터 역할을 한다. 레비틴 교수는 열쇠나 지갑을 자주 잃어버리거나 중요한 약속을 깜빡하는 현상이 주로 이 주의 시스템에 과부하가 걸릴 때 발생한다고 설명한다.

효율적인 사람들은 이 주의 시스템을 외부 환경에 위임한다. 비서나 동료가 대신 일정을 관리하고, 불필요한 결정은 미리 정해 둔다. 비슷한 원리를 일반인도 적용할 수 있다. 사소한 일상의 선택을 줄이고, 정돈된 환경을 만드는 것만으로도 뇌는 더 중요한 일에 집중할 수 있다.

우리의 뇌에는 주의를 조절하는 여러 시스템이 있으며, 이를 기능에 따라 구분하면 몽상 상태를 담당하는 모드, 전반적인 인지 흐름을 조율하는 중앙 관리자 모드, 정보의 중요도를 판단해 걸러 내는 주의 필터, 그리고 주의를 특정 대상에 전환하도록 돕는 주의 스위치 등으로 나눌 수 있다.

이 중에서도 우리는 평소 한 가지 일에 집중하는 상태(중앙 관리자 모드)와 이런저런 잡생각이 떠오르는 상태(몽상 모드)를 오가게 된다.

성공적인 사람들은 이런 순간을 그냥 흘려보내지 않는다. 대부분 펜과 메모지를 늘 가지고 다니며, 머릿속을 어지럽히는 잡생각이나 떠오르는 일들을 모두 적어 둔다. 일종의 마음 청소인 셈이다. 매일 정해진 시간에 메모를 다시 살펴보고, 관련된 내용끼리 묶거나 정리하는 습관을 들인다. 이렇게 하면 혼란스럽거나 불필요한 생각을 계속 뇌에 남겨 두는 대신, 외부로 꺼내 정리할 수 있어 마음이 훨씬 가벼워지고, 현재 집중해야 할 일에 더 깊이 몰입할 수 있다.

정돈된 공간과 체계적인 정보 관리, 주의력 훈련을 통해 우리는 정보의 홍수 속에서도 중심을 잃지 않을 수 있다. 과부하 시대의 뇌를 위한 실질적인 생존 전략이 바로 '정리'라는 점을 기억해야 한다.

주의력은 의지의 문제가 아니다: 뇌과학이 밝히는 집중의 진실

호모 사피엔스는 '주의력을 스스로 통제할 수 있다'는 착각에 빠지기 쉽다. 집중하는 일이 어렵다고 여기면서도 한편으로는 주의력이라는 것이 단순히 마음먹기에 달린 문제라고 생각하는 경우가 많다. 주의력이 흔들리는 것은 개인의 의지 부족 때문이라는 인식도 그 연장선에 있다.

신경과학 분야의 연구 결과에 따르면, 이러한 생각은 사실상 완벽한 착각에 가깝다. 주의력은 촛불을 끄는 것보다도 더 쉽게 흔들릴 수 있다. 가장 큰 이유 중 하나는, 뇌가 어떤 일에 몰두하고자 할 때에도 여전히 시각, 청각, 촉각 등 다양한 감각 자극에 끊임없이 영향을 받기 때문이다.

뇌는 자극을 받을 때마다 약 0.25초 이내에 그 자극에 주의를 기울일지 말지를 판단한다. 따라서 아주 짧은 시간 안에도 뇌는 수많은 주의력 관련 결정을 반복적으로 내려야 한다. 또 다른 이유는 뇌가 사용할 수 있는 주의력의 총량이 제한적이라는 점에 있다. 뇌의 무게는 약 1.4킬로그램으로 전체 체중의 2%에 불과하지만, 소모하는 에너지는 전체 에너지의 20%에 이른다.

뇌는 이러한 높은 에너지 소모를 감당하기 위해 선택적 집중이라는 전략을 사용한다. 즉, 가장 중요하다고 판단되는 정보에만 주의를 집중하고, 그 외의 자극은 자동으로 걸러 낸다.

만약 모든 정보에 똑같이 주의를 쏟는다면 뇌는 엄청난 에너지를 소비해야 하므로 효율적인 선택과 집중이 필수적이다. 이 때문에 멀티태스킹이 어렵고, 동시에 여러 일에 고도의 집중력을 유지하기란 현실적으로 불가능하다.

뇌의 궁극적인 목적은 에너지 절약이다. 뇌는 본능적으로 게으르며, 한정된 자원을 아끼기 위해 반드시 필요하다고 판단되는 일에만 주의를 기울인다. 이러한 뇌의 절약 본능은 의사결정 과정에도 영향을 미친다. 복잡하고 불확실한 상황에서 뇌가 최선을 다해 모든 가능성을 분석하고 완벽한 결정을 내릴 것이라 기대하기 쉽지만, 실제로는 뇌가 해야만 하는 최소한의 사고만 수행한다. 불확실한 상황을 대략적으로 파악해 느슨한 계획을 세우고, 이후 돌발 상황이 발생하면 그때그때 빠르게 계획을 수정하고 적응하는 방식으로 에너지를 아낀다.

이러한 뇌의 작동 원리를 이해하면, 주의력과 집중력이 단순한 의지의 문제가 아님을 분명히 알 수 있다.

멀티태스킹은 뇌를 해치는 습관이다

멀티태스킹은 약이 아니라 독이다. 그 이유는 분명하다. 멀티태스킹은 원시 시대의 생존 반응에서 비롯된 투쟁-도피 본능을 자극하여 아드레날린과 코르티솔 같은 스트레스 호르몬을 증가시킨다. 이 상태가 반복되면 뇌는 과도하게 각성되고 사고는 혼란스러워진다. 동시에 도파민이 분비되면서 외부 자극에 중독되는 악순환에 빠진다. 더 큰 문제는 사소한 판단을 반복하다가 정작 중요한 결정에서는 집중력이 떨어진다는 점이다. 특히 이메일이나 메시지를 수시로 확인하는 행동은 일종의 '가짜 성취감'을 만들어 내어 뇌를 성취 중독 상태로 몰아넣는다.

이를 해결하기 위한 실천적 방법은 두 가지다. 첫째, 이메일 확인 시간을 하루 두세 번으로 제한한다. 둘째, '생산성 시간'을 설정해 이 시간만큼은 어떠한 방해도 허용하지 않는다.

전전두엽 피질은 인간에게 충동 억제와 만족 지연 능력을 선물했다. 이는 더 큰 목표를 위해 당장의 유혹을 이겨 내게 한다. 그러나 멀티태스킹은 이러한 기능을 마비시킨다. 끊임없는 자극이 '새로움 추구 시스템'을 자극해 장기적 목표 대신 눈앞의 보상에 몰두하게 만들기 때문이다. 따라서 우리는 의도적으로 미래의 보상을 추구하는 훈련을 해야 한다. 장기 과제를 작은 단계로 나누고, 실행과 계획을 균형 있게 조정하며, 유사한 작업을 묶어 처리하는 방식은 효과적인 전략이 된다.

또한 뇌의 한계와 특성을 이해하는 것도 중요하다. 뇌는 한꺼번에 많은 정보를 담아 두기 어렵고, 기억을 왜곡하거나 착각을 만들어 내기도 한다. 따라서 생각을 분류하고, 정기적으로 검토하며, 외부로 기록하는 습관이 필요하다. 이렇게 하면 불필요한 정보에 휘둘리지 않고 중요한 일에 에너지를 집중할 수 있다.

　뇌를 쉬게 하는 방법 중 하나는 독서다. 독서는 뇌를 천천히 백일몽 모드로 이끌며, 스스로 질문하고 사유하게 한다. 이는 단순한 지식 습득을 넘어, 생각을 정리하고 삶의 방향을 재정비하는 훈련이다. 지친 뇌에 휴식과 사색을 허락할 때 창의성은 비로소 살아난다.

　결국 뇌를 정돈하는 과정은 우리를 다음 단계로 이끌어 준다. 익숙한 것을 과감히 비워 낼 때, 새로운 것이 들어올 자리가 만들어진다. 멀티태스킹의 유혹을 넘어 집중과 정리, 그리고 사색의 힘을 회복하는 것. 그것이 변화와 성장을 이끄는 가장 확실한 길이다.

3장
인간 발달을 이끄는 뇌과학의 통찰

■ 게으른 뇌를 움직여라

우리가 하는 모든 일, 말, 생각에는 늘 뇌가 함께한다. 뇌를 배우고 잘 보살피는 일은 곧 나 자신을 이해하고 돌보는 일이라 할 수 있다. 흔히 '지피지기면 백전불태'라 말하듯, 뇌라는 대상을 제대로 알지 못하면 어떻게 나 자신을 제대로 돌볼 수 있겠는가? 언제 뇌가 나를 돕기 위한 올바른 신호를 보내는지, 또는 언제 오류를 일으켜 잘못된 선택을 하게 만드는지를 아는 것은 매우 중요하다. 그래야만 우리는 순간순간의 선택 앞에서 더 현명하고 주도적으로 대처할 수 있다.

흔히 뇌는 우리 몸 전체를 통제하고 조절하는 기관이니, 당연히 나를 위한 역할만 수행할 것이라 생각하기 쉽다. 이 생각은 절반만 맞다. 뇌는 나를 보호하고 돕기도 하지만, 때로는 내가 원하는 방향과는 다른 방식으로 작동하기도 한다.

먼저 뇌가 우리를 돕는 대표적인 경우를 살펴보자. 가장 잘 알려진 예가 바로 '뇌 가소성'이다. 그렇다면 뇌가 우리의 성장을 방해하는 부분은 무엇일까? 바로 게으름이다. 배움의 욕구를 자극하는 뇌가 오히려 우리를 더 게으르게 만든다는 것이 다소 의외로 느껴질 수 있지만, 이는 뇌의 본능적인 특성과 깊은 관련이 있다.

뇌는 기본적으로 우리가 힘들지 않기를 원한다. 몸을 움직이기보다 가만히 앉아 있기를 선호하게 만들고, 많은 에너지와 집중을 요구하는 일은 될 수 있으면 피하도록 유도한다. 새로운 도전을 주저하게 만드는 것도 뇌가 불필요한 에너지 소모를 꺼리는 성향 때문이다. 결국 뇌는 인간의 성장을 돕는 동시에, 때로는 가장 큰 방해 요인이 되기도 한다.

결국 우리가 몸을 움직이고 운동에 집중하려는 노력은, 본능적으로 게으름을 추구하는 뇌의 성향에 맞서는 일이다. 뇌에 대해 공부한다는 것은, 뇌가 나에게 유익하게 작동하도록 방향을 잡아주고, 동시에 뇌가 무의식적으로 나를 방해하는 요소들을 통제하기 위한 과정이라 할 수 있다.

뇌 가소성과 그 한계, 그리고 가능성

과거에는 뇌가 성장기를 지나면 더 이상 변화하지 않는다고 여겨졌지만, 오늘날의 신경과학은 뇌가 나이와 상관없이 새로운 변화를 지속할 수 있다는 사실을 명확히 보여 준다. 대표적인 예가 기억과 학습에 중요한 역할을 하는 해마(hippocampus)다.

연구에 따르면, 해마에서는 매일 약 700개의 새로운 뉴런이 생성된다. 덕분에 우리는 새로운 냄새를 학습하고 기억하며, 여러 향이 섞여 있더라도 미묘한 차이를 구분해 낼 수 있다. 이처럼 새로운 경험과 반복을 통해 뉴런 경로가 점차 단단해지고, 자주 사용하는 경로는 더욱 빠르고 효율적으로 작동하게 된다. 학습과 반복을 통해 특정 능력이 익숙해지고, 시간이 흐르면 마치 자동으로 수행되는 무의식적 능력으로 자리 잡는다.

하지만 뇌 가소성에도 한계가 있다.

첫째, 사용하지 않는 뉴런의 연결은 시간이 지날수록 약해지거나 완전히 해체된다. 필요 없는 연결을 없애는 시냅스 가지치기 현상 때문이다. 때로는 뉴런 자체가 죽기도 한다.

둘째, 뇌 가소성이 늘 활발하게 이루어지는 것은 아니다. 뇌는 변화와 안정성 사이의 균형을 유지하려는 특성이 있어, 아무 때나 쉽게 리모델링을 허용하지 않는다.

셋째, 뇌 가소성 역시 노화의 영향을 받는다. 나이가 들수록 새로운 연결을 만드는 속도는 느려지고, 기존 경로에만 의존하는 경향이 강해진다.

그럼에도 불구하고 나이가 들어서 뇌의 건강과 유연성을 유지하는 방법은 분명 존재한다. 균형 잡힌 식단을 통해 뇌에 필요한 영양을 충분히 공급하고, 독서나 학습, 새로운 취미 같은 인지적 자극을 지속적으로 주는 것이 중요하다. 여기에 규칙적인 운동을 병행하면 혈류와 산소 공급이 원활해져 뇌 건강을 지키는 데 큰 도움이 된다.

즉, 뇌 가소성은 단순히 뇌의 성장 가능성을 넘어, 평생 동안 뇌를 건강하고 활력 있게 유지하는 핵심 열쇠라 할 수 있다. 환경과 습관을 어떻게 관리하는지에 따라, 우리는 나이가 들어서도 뇌의 유연성과 학습 능력을 충분히 키워 갈 수 있다.

움직이고 연결하고 확장하라

적당한 수준의 운동은 집중력과 주의력 향상에 긍정적인 영향을 미친다. 그러나 지나치게 강도 높은 운동은 오히려 근육과 인지 자원을 소모시켜 순간적인 쾌감만을 남긴다. 운동을 시작하면 몇 분 안에 스트레스 호르몬인 코르티솔이 분비되지만, 시간이 흐르면서 그 수치는 감소하고 대신 아드레날린과 노르아드레날린이 분비된다. 우리가 운동 후 기분이 좋아지고 불안이 사라지는 이유가 여기에 있다.

운동은 단순히 몸을 단련하는 활동에 그치지 않는다. 뇌에 산소가 풍부하게 공급되어 사고가 맑아지고, 정서가 안정된다. 또한 장과 뇌는 혈관과 미주신경을 통해 끊임없이 신호를 주고받는데, 이 과정에서 우리의 감정과 사고는 더욱 유기적으로 조율된다. 즉, 신체와 정신은 분리된 것이 아니라 하나의 네트워크로 긴밀히 연결되어 있는 것이다.

이러한 맥락에서 창의성 또한 신체적·정신적 자극의 상호작용 속에서 발현된다. 창의성은 특정한 '우뇌의 선물'이 아니라, 뇌의 가소성에 기반한 학습 가능한 역량이다. 선천적으로 주어진 재능이 아니라, 경험과 훈련을 통해 길러지는 능력이라는 점에서 누구나 창의성을 확장할 수 있다.

그렇다면 창의성을 키우기 위해 무엇이 필요할까? 여행은 낯선 환경 속에서 새로운 자극을 주어 뇌의 연결망을 확장시킨다. 독서는 사고의 지평을 넓혀 뇌가 처리할 수 있는 정보의 폭을 키워 준다. 이처럼 다양한 경험은 뇌의 에너지를 더 많이 소모하도록 자극한다. 뇌는 본래 최소한의 에너지만 쓰려는 경향이 있지만, 창의적 사고는 그 습관을 깨뜨리고 더 많은 자원을 사용하도록 요구한다. 바로 그 과정에서 새로운 아이디어와 통찰이 탄생한다.

게으른 뇌를 움직임으로써 우리가 얻는 것은 무엇인가. 바로 스스로를 이해하는 일이다. 내가 변할 수 있음을 깨닫고, 지금의 상태에서 다음의 목표로 이동할 수 있다는 믿음이 생긴다. 그 과정에 운동도 하고, 창의력도 개발한다. 우리의 뇌는 변화가 가능하다.

■ 예측하는 뇌와 양육의 힘: 인간 발달을 이끄는 뇌과학적 통찰

아기는 세상에 태어날 때 뇌가 거의 아무것도 형성되지 않은 상태로 태어난다. 이후 약 25년에 걸쳐 주요 신경 배선이 점차 완성되면서, 비로소 성인의 뇌는 온전한 구조와 기능을 갖춘다.

긴 발달 과정에서 가장 큰 영향을 미치는 존재는 바로 양육자다. 양육자의 말투, 행동, 감정 표현 방식 등은 아이의 뇌 회로에 고스란히 각인되며, 이러한 반복된 경험은 아이가 뇌를 어떤 방향으로 발달시켜 나갈지를 결정짓는 핵심 요소가 된다.

뇌는 주변 세계를 단순히 받아들이는 수동적인 기관이 아니다. 거의 모든 행동과 반응은 뇌의 '예측'을 기반으로 이뤄진다. 뇌는 과거의 경험을 토대로 미래를 예측하고, 그에 따라 행동을 준비하거나 반응한다. 하지만 문제는, 과거의 경험이 왜곡되거나 부정확하다면 뇌의 예측 역시 틀릴 수 있다는 점이다. 그 결과 잘못된 선택이나 비효율적인 행동이 반복될 수 있다. 그렇기 때문에 아이의 성장 과정에서 올바른 환경과 긍정적인 경험을 제공하는 것이 무엇보다 중요하다.

널리 퍼진 뇌에 대한 잘못된 상식도 바로잡을 필요가 있다. 대표적인 예가 두 가지다. 하나는 "인간의 뇌는 오직 이성적 사고를 위해 존재한다"는 주장이다. 현대 뇌과학에 따르면 뇌는 이성뿐만 아니라 생존, 감정, 본능, 사회적 소통 등 다양한 기능을 종합적으로 수행하는 복합적인 기관이다.

다른 하나는 흔히 삼위일체의 뇌(triune brain) 이론으로 알려진 개념이다. 이 이론은 20세기 중반 신경과학자 폴 매클린(Paul MacLean)에 의해 제안된 것으로, 인간의 뇌를 세 부분으로 나누어 설명한다. 가장 오래된 부분인 파충류의 뇌(뇌간)는 본능과 생존을 담당하고, 그 위에 포유류의 뇌(변연계)가 감정을 관장하며, 마지막으로 인간의 뇌(대뇌피질)가 이성과 논리를 담당한다는 구조다.

이 개념은 대중적으로 널리 알려졌지만, 현재 뇌과학계에서는 과학적 근거가 부족하다는 이유로 받아들여지지 않는다. 현대 연구에 따르면 뇌는 이러한 뚜렷한 구분 없이 모든 영역이 유기적으로 연결되어 작동하며, 감정과 이성, 본능이 서로 분리된 채 기능하는 것이 아니라 긴밀히 상호작용하는 것으로 밝혀지고 있다.

자녀 양육과 뇌 발달을 이해할 때, 오래된 상식이나 단순화된 이론에 의존하기보다, 최신 뇌과학적 관점을 바탕으로 뇌의 복잡성과 유연성을 정확히 이해하는 것이 필요하다. 그래야만 아이의 뇌가 건강하고 균형 있게 성장할 수 있도록 돕는 올바른 환경과 경험을 제공할 수 있다.

뇌는 복잡해진 신체를 운영하기 위해서 있는 것이다[24]

뇌의 가장 근본적인 역할은 몸을 관리하고 유지하는 데 있다. 흔히 뇌는 생각하고, 느끼고, 상상하고, 창의력을 발휘하는 도구로만 여겨지지만, 그 모든 기능의 토대가 되는 것은 바로 생명 유지다. 뇌는 끊임없이 몸의 상태를 감시하고, 필요한 에너지를 예측하며, 신체 각 기관을 조율하는 역할을 한다.

이와 관련해 '왜 뇌가 지금의 형태로 진화했는가'라는 물음은 어쩌면 방향 자체가 잘못된 것일 수도 있다. 진화는 특정 목적을 염두에 두고 계획된 과정이 아니기 때문이다. 다만 현재의 뇌가 실질적으로 가장 집중하는 기능이 무엇인지를 살펴보면, 뇌의 본질을 이해할 수 있다.

뇌는 단순히 사고나 감정에만 관여하는 것이 아니다. 뇌의 핵심 임무는 생존과 직결된다. 끊임없이 몸의 에너지 수요를 계산하고, 환경 변화에 따라 신체 내부를 미세하게 조정하는 메커니즘을 작동시킨다. 이러한 생리적 조절 능력을 '알로스타시스(allostasis)'라고 한다. 알로스타시스 덕분에 인간의 몸은 환경과 상황에 유연하게 대응할 수 있으며, 이것이 뇌가 가장 먼저 수행하는 본질적인 기능이다.

알로스타시스란, 몸이 필요로 하는 자원을 예측하여 미리 준비하고 자동으로 조절하는 생물학적 메커니즘을 뜻한다. 당신의 뇌가 수행하는 가장 중요한 일은 '생각'이 아니라, 매우 복잡해진 신체를 효율적으로 운영하는 것이다. 인간의 뇌는 곤충과 같은 단순한 생명체에서 진화해 왔으며, 점차 복잡해진 신체를 효과적으로 관리하고 유지하는 방향으로 발전해 온 것이다.

뇌는 당신의 거의 모든 행동을 예측한다

인간의 뇌는 단순히 세상에 반응하는 기관이 아니다. 뇌는 단순히 외부 자극에 반응하지 않고, 미리 예상하고 준비하는 예측 엔진처럼 작동하며, 경험에 맞춰 스스로 연결망을 조율한다. 우리는 어제와는 다르게 예측하는 뇌를 스스로 길러 낼 수 있는 자유를 지니며, 동시에 그 결과에 대해 책임을 져야 하는 존재다.

뇌는 스스로 질문을 던짐으로써, 기억을 바탕으로 과거를 재구성한다. 외부 세계로부터 들어오는 감각 정보와, 뇌 내부에서 생성된 정보들을 결합해 보고, 듣고, 냄새 맡고, 맛보고, 느끼는 모든 감각적 경험을 만들어 낸다.

과학자들은 인간의 뇌가 빛의 파동이나 화학 물질과 같은 감각 정보가 도달하기 전에, 이미 외부 세계의 실시간 변화를 감지하기 시작한다는 사실을 밝혀냈다. 몸의 내부에서 발생하는 변화 역시 마찬가지다. 뇌는 장기와 호르몬을 비롯한 다양한 신체 시스템의 정보를, 그것이 도달하기도 전에 예측하기 시작한다.

목이 마를 때 물을 마셨던 경험을 떠올려 보자. 물을 다 마시고 몇 초 이내에 갈증이 줄어들었을 것이다. 이 현상은 지극히 자연스럽게 느껴지지만, 실제로 수분이 혈류에 도달하려면 약 20분이 걸린다. 물을 마신 직후 갈증이 해소된 것처럼 느낀 이유는 바로 뇌의 예측 기능 때문이다. 뇌는 마시고 삼키는 행위를 계획하고 실행하면서, 그 결과를 미리 예측하여, 혈액에 수분이 도달하기 훨씬 전에 갈증을 줄이도록 몸을 조절한다.

자유의지는 예측하는 능력의 연장선이다. 자유의지에 대한 논의는 오랜 세월 철학자들과 학자들 사이에서 이어져 왔다. 이 글이 그 논쟁을 끝맺지는 못하겠지만, 자주 간과되는 중요한 사실 하나는 짚고 넘어갈 수 있다.

우리는 자유롭게 결정하고 행동한다고 믿지만, 실제로 많은 경우 우리의 행동은 이미 형성된 예측 회로에 의해 자동으로 개시된다.

자신도 모르게 손톱을 물어뜯거나, 말실수를 하거나, 영화에 몰입한 채 간식을 다 먹어 버린 경험이 있을 것이다. 이처럼 무의식적으로 이루어진 행동들에서도, 뇌는 사전에 예측을 실행했다. 우리는 단지 그 예측이 자동적이었기 때문에, 그것이 내 행동이라는 자각을 하지 못했을 뿐이다. 그렇다면 이런 행동에도 책임이 따를까? 그렇다.

뇌는 아무 이유 없이 행동을 예측하지 않는다. 손톱을 물어뜯는 습관은 어린 시절 형성되었을 가능성이 높고, 특정 표현을 사용하는 언어 습관이나, 특정 음식에 대한 욕구 역시 과거의 반복된 경험을 통해 예측 회로로 자리 잡는다. 뇌는 과거를 기반으로 행동을 예측하고 준비하며, 우리가 그 과거를 바꿀 수 있었다면, 오늘의 예측도 달라졌을 것이다. 이처럼 인간의 뇌는 스스로를 예측하고 수정할 수 있는 존재이며, 그만큼 책임 또한 수반된다.

뇌는 바뀔 수 있다, 그래서 책임도 내 몫이다. 만약 인간의 뇌가 단순히 반응하는 존재가 아니라 세상을 예측하고, 신경 배선까지 스스로 바꿀 수 있는 존재라면, 우리가 저지른 행동에 대한 책임은 누구에게 있는가?

그 책임은 바로 자신에게 있다. 여기서 말하는 책임이란, 삶에서 겪는 고통이나 비극, 정신질환에 대한 책임을 의미하는 것이 아니다. 인간은 자신의 삶에서 벌어지는 모든 사건을 통제하거나 선택할 수 없다. 우울증, 불안, 질병과 같은 문제에 처한 사람들이 그 고통을 스스로 자초했다고 말할 수는 없다. 그러나 때로 우리는 잘못했기 때문이 아니라, 그 상황을 바꿀 수 있는 유일한 사람이기 때문에 책임을 져야 한다.

당신의 초기 뇌 배선을 만든 것은 당신이 아니다. 그것은 아기였던 당신을 돌보던 양육자의 역할이었다. 당신은 자신이 태어난 환경이나 주변 사람들, 문화와 신념 체계를 선택할 수 없었다. 당신이 유사한 사람들—같은 옷을 입고, 같은 신념을 지니고, 비슷한 외모를 한 사람들— 속에서 성장했다면, 뇌는 그러한 유사성 속에서 사람이란 이런 존재라고 예측하도록 조정되었을 것이다. 예측은 행동이 되고, 행동은 예측을 만든다.

중요한 것은, 오늘의 행동이 내일의 예측을 형성한다는 점이다. 이 예측들은 다시 자동적으로 다음 행동을 이끌어 낸다. 그렇기에 지금의 선택이 미래의 뇌 회로를 바꾸는 씨앗이 되는 셈이다. 성인이 된 우리는 더 이상 정해진 적소 안에 머물 필요가 없다. 우리는 다양한 사람들과 관계를 맺을 수 있고, 과거의 믿음에 도전할 수도 있으며, 자신만의 새로운 적소를 만들어 갈 수 있다. 즉, 우리는 새로운 방식으로 예측하는 뇌를 만들 수 있는 자유를 가지고 있으며, 그 자유의 결과에 대한 책임도 함께 져야 하는 존재다.

물론 모두가 폭넓은 선택을 가진 것은 아니지만, 누구에게나 어느 정도의 선택 여지는 존재한다. 예측하는 뇌를 가진 우리는, 자신이 생각하는 것보다 훨씬 더 많은 행동과 경험을 스스로 조절할 수 있고, 동시에 더 많은 책임도 지고 있다.

만약 당신이 이러한 책임을 기꺼이 감수할 준비가 되어 있다면, 다음 질문을 스스로에게 던져 보아야 한다.

"그렇다면, 나는 앞으로 어떤 삶을 만들어 갈 수 있을까?"

우리가 가진 자유는 무한하지 않다. 그러나 뇌가 가진 예측의 유연성을 이해하는 순간, 인간은 단순한 반응적 존재가 아니라 자기 삶을 설계할 수 있는 창조적 존재로 거듭난다. 뇌의 회로는 오늘의 작은 선택으로도 달라질 수 있으며, 이는 곧 내일의 나를 바꾸는 토대가 된다. 결국 자유란 주어진 운명 속에서 새로운 가능성을 길어 올리는 능력이고, 책임이란 그 가능성의 무게를 기꺼이 떠안는 용기다.

4장
불안에서 성장으로

■ **우울과 불안의 진짜 원인: 단절된 사회에서 다시 연결로 나아가기**[25]

요한 하리는 『벌거벗은 정신력』에서 불안과 우울의 근본 원인을 '단절'에서 찾는다. 오늘날 사회는 끊임없이 더 많이 소유하라고 요구하며, 우리로 하여금 스스로를 부족하고 무가치하게 느끼도록 만든다. 매체와 광고는 소비를 통해 자아를 증명하라고 부추기고, 고립을 독립으로 포장하지만, 이러한 풍조가 오히려 불안과 우울을 심화시키는 토양이 된다. 하리는 이에 대한 대안으로 '연대'를 제시한다. 우리가 서로 연결되어 있고, 소통하며, 공동체 속에 속해 있다는 감각을 회복할 때 우울증에 걸릴 확률이 낮아진다는 것이다.

우울증은 결국 사회적 성격을 지닌다. 인간은 본질적으로 타인과 관계 맺으며 집단 속에서 살아가는 존재다. 공동체 없이 살아가기 어려운 종이기에, 단절은 필연적으로 고통과 불안을 낳는다. 치유와 회복의 가능성도 결국 '연결' 속에서 열린다. 사회과학자들이 공동체 회복과 사회적 구조 개선을 위해 노력하는 이유도 여기에 있다. 비록 그들의 연구가 직접적인 금전적 이익과 연결되지 않더라도, 우리 삶의 질을 근본적으로 바꿀 수 있는 중요한 열쇠를 쥐고 있기 때문이다.

우울증은 단순히 뇌 화학물질의 불균형으로만 설명할 수 없다. 생물학적 요인과 더불어 심리적·사회적 요인이 중첩된 복합적 현상이다. 세로토닌 불균형이나 항우울제만을 강조하는 시각은 지나치게 협소하다. 오히려 사회 구조, 권력의 불균형, 공동체 붕괴와 같은 집단적 문제에 주목해야 한다. 불안과 우울은 우리가 잘못된 방식으로 살아가고 있다는 신호일 수 있다. 따라서 우리는 상처 입은 이들과 연대하고, 단절된 공동체를 회복해야 한다. SNS 사용을 줄이고, 광고의 메시지에서 거리를 두며, 삶에서 진정으로 의미 있는 활동을 찾아야 한다. 물질 소비와 지위 경쟁은 일시적 충족을 줄지 몰라도 결국 더 큰 고립과 허무를 낳을 뿐이다.

정신건강은 더 이상 개인의 내면에만 국한될 수 없다. 한때는 약물이나 개인적 적응이 유일한 해법처럼 여겨졌지만, 이제는 사회적·구조적 요인을 함께 고려하는 접근이 확산되고 있다. 경쟁과 고립을 조장하는 사회에서 우울을 개인의 책임으로만 돌리는 것은 해결을 왜곡한다. 오히려 상호 돌봄과 공동체적 관계 회복, 의미 있는 사회적 참여를 통해 개인과 사회 전체가 함께 건강해질 수 있다. 상처 입은 이들이 서로를 지지하고, 문제의 구조적 원인을 인식하며 변화를 위한 실천에 나설 때 비로소 진정한 회복이 가능하다.

끊어진 것은 다시 연결될 수 있다. 우리는 약물에 의존해 '정상'처럼 보이는 빠른 해결책에만 몰두해서는 안 된다. 그것은 함정일 뿐이다. 인간은 진화생물학적으로 사회적 동물이자 협력하는 종이다. 고립은 곧 파멸을 의미한다. 우울증은 단순한 증상이 아니라, "이 환경은 잘못되었다"는 우리의 몸과 마음이 보내는 강력한 메시지다. 그렇기에 우리는 다시 연결되어야 하고, 잃어버린 연대를 회복해야 한다.

공포를 직면하고 극복하는 심리적 성장의 여정

때때로 인생의 패배자처럼 느껴지며 무기력함에 빠지고, 타인과 자신을 끊임없이 비교하며 늘 무언가 부족하다는 감정에 사로잡힌다. 이 감정들의 핵심에는 하나의 감정, 바로 공포가 자리하고 있다.

문명이 존재하지 않던 시절, 인간에게 공포는 생존의 핵심 도구였으며, 우리는 이 감정을 통해 포식자로부터 도망치고 더 안전한 환경을 선택함으로써 살아남았기에, 공포는 인간의 삶을 근본적으로 형성해 온 결정적인 감정이라 할 수 있다. 하지만 오늘날의 공포는 더 이상 맹수를 피하기 위한 감정이 아니다. 공포는 패배감, 무기력함, 비교, 결핍감 등으로 심리적인 부작용을 야기한다.

심리학자 피파 그레인지는 『나를 단단하게 만드는 심리학』에서, 공포의 역할을 인정하면서도 그 영향력을 줄일 수 있다면 삶이 완전히 바뀔 수 있다고 말한다.[26] 그녀는 말한다. "공포는 없앨 수 있는 감정이 아니다. 하지만 우리는 공포를 대면하고, 그려보고, 바라볼 수 있다."

즉, 공포와 불안은 지극히 자연스러운 감정이며, 그 존재를 부정하거나 회피하는 대신 그 감정을 인지하고 받아들이는 태도가 필요하다는 것이다. 내가 느끼는 두려움, 결핍감, 공포, 이 모든 감정은 내가 열정을 쏟고 싶은 영역의 그림자일 수도 있다. 피파 그레인지는 우리가 마주하는 공포

의 구체적인 사례들을 이렇게 설명한다:

성취감을 느끼지 못하는 순간. 아무리 성공하고 사회적 지위를 얻어도 여전히 충분하지 않다고 느껴지는 순간. 질투심에 휩싸이거나, 타인을 비판하고 싶을 때, 그리고 완벽주의 강박에 시달릴 때 공포를 느낀다. 동료를 짓밟고 싶다는 충동이 올라올 때도 마찬가지다.

이 모든 순간들이 바로 우리 마음속 깊은 곳에 도사리고 있는 공포의 흔적들이다. 공포는 나를 무너뜨릴 수도 있지만, 제대로 바라볼 수 있다면 나를 다시 세울 수도 있는 감정이다. 이 공포를 마주해야 한다. 질투나 비판을 멈추고 긍정으로 바라보며, 완벽주의 대신 하나씩 만들어 가겠다는 마음이 필요하다. 그렇게 했을 때 공포가 조금씩 줄어든다.

자기 수용과 연결을 통한 '깊은 승리'

공포는 순간적으로 위협에 반응하는 일시적인 공포와, 결핍이나 부족함에서 비롯되어 지속적으로 마음을 지배하는 만성적 공포의 두 가지 유형으로 나뉜다.

먼저, 순간의 공포(in-the-moment fear)는 아드레날린이 솟구치고 숨이 막히는 듯한 감정으로, 강한 스트레스 상황에서 즉각적으로 나타난다. 이 공포는 위협을 피하게 해 주고, 몸과 마음을 즉시 반응하도록 준비시키는 생존 본능의 일부다.

더 깊고 지속적인 공포가 있다. 바로 '부족함 공포(not-good-enough fear)'다. 이 공포는 나의 삶을 좌우하고, 부정적인 선택을 하게 만들며, 성취감을 느끼지 못하도록 나를 묶어 두는 감정이다.

이 공포가 다음과 같은 형태로 나타나는 것을 자주 경험한다. 타인과 거리를 두며 스스로를 고립시키거나, 내 가치를 왜곡되게 평가하며 자존감을 깎아내릴 때 일어난다.

이 공포는 단순한 불안감이 아니다. 실패에 대한 두려움, 기대만큼 성취하지 못할까 걱정하는 마음, 그리고 사랑받지 못하거나 거절당할지도 모른다는 불안함, 이 모든 감정은 결국 '나는 충분하지 않다'는 느낌, 즉 부족함에 대한 공포에서 비롯된다.

이러한 공포에 휘둘린 채 살아가면, 종종 혐오나 타인 비하를 통해 얕은 만족감을 얻으려 하게 된다. 이것이 바로 '얕은 승리(winning shallow)'다. 얕은 승리는 찰나의 우월감은 줄지 몰라도, 진정한 기쁨이나 만족으로 이어지지 않는다.

내가 지향해야 할 것은 공포가 아닌 자기 수용과 연결의 감정을 바탕으로 살아갈 때 비로소 가능해지는, 진정한 기쁨과 유대감, 소속감을 안겨주는 삶의 방식인 '깊은 승리(deep winning)'이다. 깊은 승리의 목적은 인간적인 열정과 열망을 추구하고, 그 과정 속에서 성취감을 느끼며, 마침내 '나는 지금의 나로도 충분하다'는 존재적 만족감에 도달하는 것이다.

진정한 승리를 추구하는 삶이란 공포에 지배당하지 않고 살아가는 것이며, 그 공포에서 벗어나는 길은 자신을 받아들이고 타인과 연결되는 순간부터 시작된다.

공포를 시각화하고 마주할 용기 - 무의식의 힘으로 삶을 다시 그리기

공포를 다룰 때 가장 먼저 중요한 것은, 그것을 시각화하는 일이다.[27] 내가 지금 겪고 있는 공포가 어떤 색인지, 어떤 향인지, 어떤 형태인지 구체적으로 그려 보는 일이 필요하다. 그 감정을 마음속에만 묻어 두지 말고, 바깥으로 꺼내어 표현하고 직면해야 한다. 공포와 마주하려면 그것을 언어 이전의 이미지로 형상화해야 한다. 이미지는 곧 무의식으로 들어가는 창문이기 때문이다.

우리는 오랫동안 무의식을 어둡고, 광활하며, 통제할 수 없는 본능의 영역으로만 여겨 왔다. 하지만 최근의 심리학은 무의식을 강력한 심리적 자원과 가능성이 숨어 있는 영역으로 다시 보게 한다. 무의식은 판단하고, 예측하며, 감정을 느끼고, 동기를 부여하는 방식으로 삶을 끊임없이 작동시키고 있다. 그럼에도 불구하고 지금까지 무의식의 힘을 충분히 이해하지 못했고, 그 힘을 통해 스스로를 더 잘 이해하거나 치유하는 데 활용하지 못했다.

하지만 이제는 다르다. 상상력이라는 도구를 통해 무의식에 접근할 수 있다는 사실을 배웠다. 물론 이 작업은 쉽지 않다. 우리가 익숙하게 길들여진 이성 중심의 사고방식과는 전혀 다른 방식이기 때문이다.

공포를 조급하게 밀어내지 말고, 시간을 두고 찬찬히 들여다보면, 어느 순간 그 공포를 설명하는 이미지가 내 머릿속에 떠오르기 시작한다. 공포는 단지 나의 머릿속에만 있는 것이 아니다. 그것은 사회와 문화 전반에 만연해 있는 감정이기도 하다. 공포로부터 완전히 자유로운 사람은 없으며, 그것은 삶 속에서 다양한 모습으로 위장되어 나타난다. 사람들과 거리두기를 선택하면서 실은 거절당할까 봐, 상처받을까 봐 두려워한다. 이 공포에서 벗어나기 위해서는 무엇보다도 그 공포를 정면으로 바라보는 용기가 필요하다. 보지 않으면 결코 벗어날 수 없다.

부족함 공포를 겪는 이들의 공통점은, 무조건석인 사랑을 충분히 경험하지 못했다는 점, 그리고 있는 그대로의 자신이 절대적인 가치를 지닌 존재라는 확신이 부족하다는 점이다. 있는 그대로의 모습을 드러냈을 때, 사람들이 사랑해 주지 않을까 봐, 버릴까 봐 두려워한다. 자신이 남보다 부족해 보일까 봐, 능력이 없어 보일까 봐 질투한다. 자신을 보호하기 위해 완벽을 추구하고, 괜찮지 않은 사람일까 봐 두려워서 스스로를 끝없이 깎아내린다.

하지만 이 공포를 이미지로, 상상으로, 무의식의 언어로 드러내어 마주 볼 수 있다면, 더이상 그 감정에 끌려 다니지 않고, 오히려 그것을 통해 새로운 나의 이야기를 써 내려갈 수 있다. 공포는 나를 짓누르는 힘이 아니라, 나를 다시 그릴 수 있는 기회이기도 하다.

■ 걱정과 분노, 실존을 흔드는 감정들과 철학의 동행

철학은 처음부터 쉽게 다가오는 주제가 아니다. 철학이라는 단어만 들어도 어렵고 난해하다는 인상이 먼저 떠오르고, 그로 인해 일상과는 멀리 떨어진 학문처럼 느껴지기 마련이다. 실제로 철학은 대중적으로도 친숙하지 않다. 일반인이 철학을 접할 기회가 많지 않을 뿐 아니라, 내용 자체도 추상적이고 복잡해 쉽게 다가가기 어렵다. 그래서 철학은 종종 소수의 전문가들만을 위한 학문으로 오해되곤 한다.

이러한 인식은 철학의 본질을 제대로 보지 못한 결과다. 철학은 결코 머리 속 이론에만 머무르지 않는다. 오히려 개인과 사회가 던지는 본질적인 질문에 답을 찾을 수 있도록 돕는, 현실과 밀접한 지적 자원이다.

이를테면, 동물 실험은 허용해도 되는가? 사형제도의 부활은 정당한가? 이런 질문들은 단순히 과학적이거나 법적인 차원에서만 논의할 수 없는 문제다. 그 이면에는 정의란 무엇인지, 인간의 생명은 어디까지 보호해야 하는지, 공공의 선과 개인의 권리는 어떻게 균형을 이루어야 하는지와 같은 철학적 고민이 자리 잡고 있다.

철학은 결코 거창한 주제에만 머무르지 않는다. 오히려 일상의 사소한 걱정조차도 철학의 대상이 될 수 있다. 우리는 하루에도 수차례 다양한 걱정을 떠올리는데, 그 대부분은 아직 일어나지 않은 미래에 대한 불안에서 비롯된다.

'혹시 실패하면 어쩌지?', '실수하면 모든 게 무너질 거야' 같은 부정적인 상상이 마음을 짓누르는 것이다. 바로 이 지점에서 철학은 조용히 질문을 던진다.

"그 걱정은 실체가 있는가?", "지금 이 순간, 무엇이 진짜로 존재하는가?"

이런 질문을 마주하게 되면, 우리는 걱정이라는 감정과 일정한 거리를 둘 수 있다. 그리고 점차 깨닫게 된다. 삶의 본질은 아직 일어나지 않은 일에 휘둘리는 것이 아니라, 지금 이 순간을 충실히 살아 내는 데 있다는 사실을.

결국 철학이란, 삶을 깊이 들여다보며 왜 그런 생각을 하는지, 어떻게 살아야 하는지를 스스로에게 묻는 태도다. 그것은 꼭 책상 위의 이론에서 시작되지 않는다. 불안할 때, 분노할 때, 사랑할 때, 망설일 때, 그 모든 감정의 순간 속에 철학은 이미 우리 곁에 존재한다. 철학은 멀리 있는 것이 아니다. 지금 이 순간, 마음 깊은 곳에서 삶을 이해하려는 질문들과 함께 존재하고 있다.

걱정과 분노, 실존을 흔드는 감정들과의 철학적 동행

여기도 걱정, 저기도 걱정, 말을 해도 걱정이고, 안 해도 걱정이다. 실행을 해도 걱정이고, 하지 않아도 걱정이다. 직장생활은 바쁘고, 현대사회는 번잡하기만 한데, 이런 세상 속에서 과연 걱정이 전혀 없는 사람이 존재할 수 있을까?

이 끝없는 걱정은 어디서 비롯되는가? 그리고 이 걱정을 어떻게 다뤄야 할까? 독일 철학자 마르틴 하이데거는 이에 대해 깊이 있는 통찰을 제시했다. 그는 걱정은 인간 본성의 일부이며, 무엇을 걱정하는지 명확하게 인식하기만 해도, 진정으로 걱정할 것은 사라진다고 했다.

하이데거는 우리가 번뇌를 단순 오류로만 보지 않고, 그것을 넘어서 존재의 기초로 삼을 수 있다고 말했다. 즉, 걱정은 우리의 존재를 자각하게 하는 통로라는 것이다. 걱정이 단순히 제거해야 할 감정이 아니라, 자기 존재를 추구하고, 뛰어넘을 수 있는 실존적 동력이라는 그의 주장에 공감한다.

걱정을 뜻하는 한자 번(煩)은 머리(頁) 옆에 불(火)이 타고 있는 형상으로, 이는 걱정에 사로잡힌 상태를 절묘하게 묘사한다. 생각은 복잡하게 얽히고, 머릿속은 마치 불타는 듯 뒤죽박죽이 된다. 동양 사상에서는 이러한 번뇌를 해소하기 위해 수많은 선(禪)의 길이 논의되어 왔다. 반면 서양 철학, 특히 신학을 제외한 영역에서는 이런 감정들을 해소하기 위한 실천적 논의가 드물었다. 하지만 하이데거는 달랐다.

그는 걱정을 인간의 가장 본질적인 실존 상태로 보았고, 이를 통해 인간은 세계와의 관계, 그리고 자기 존재에 대한 물음을 비로소 시작한다고 했다.

하이데거에 따르면, 걱정이 있다는 것은 최소한 두 가지 의미를 가진다.

첫째, 우리는 외롭지 않다. 걱정을 불러일으키는 대부분의 대상은 나 이외의 타자이기 때문이다.

둘째, 걱정은 우리가 세상의 가치 체계 속에 있다는 증거다. 내가 걱정하는 대상은, 내가 중요하게 여기는 것이라는 뜻이기도 하다. 이렇게 본다면, 걱정은 나의 세계관, 가치관, 인간관계를 비추는 거울과도 같다.

불안도 마찬가지다. 불안은 공포와는 다르다. 공포는 분명한 대상이 있어야 하지만, 불안은 구체적 이유 없이도 마음을 짓누른다. 대상이 뚜렷하지 않아도, 우리 안에 자리 잡는 감정이다. 그저 막연한 가능성, 떠오르는 상상, 실현되지 않은 미래 앞에서 자유로우면서도 동시에 불안을 느낀다.

그리고 자유와 불안의 관계를 가장 예리하게 포착한 철학자는 사르트르였다.

"퇴사할 것인가, 말 것인가."

이 질문은 단지 직장인만의 고민이 아니라, 누구나 선택의 기로에서 마주하게 되는 불안과 책임의 문제이다. 사르트르는 퇴사처럼 큰 결정을 할 때, 무엇이 옳고 그른지보다 '내가 책임질 수 있는가'가 중요하다고 말한다. 설령 결정이 잘못되어도, 다시 선택할 수 있다는 자유가 우리의 곁에 있다.

이 말은 내게 큰 위안이 되었다. 인생은 한 번 정해지면 돌이킬 수 없는 길이 아니라, 언제든 새롭게 펼쳐질 수 있는 다양한 가능성으로 가득하다는 믿음 때문이었다.

그리고 또 하나 마음에 남은 것은 우리가 일상에서 가장 자주 마주하는 감정, 바로 분노였다. 나 역시 직장생활을 하면서 거의 하루 걸러 분노를 느꼈고, 그 감정은 주로 누군가의 무책임함이나 부주의, 또는 나를 이해하지 못하는 태도에서 비롯되었다. 그럴 때면 나도 모르게 감정의 온도가 올라갔다. 하지만 스스로에게 물었다. 이 분노는 불필요한 것인가, 아니면 합당한 것인가?

맹자는 "합당한 분노는 의로운 분노이며, 반드시 필요한 것이다."라고 말했다. 그 말처럼, 분노는 반드시 억제해야 할 부정적인 감정만은 아니며, 삶의 부조리와 마주했을 때 정의롭고 존엄하게 반응하고자 하는 내면의 의지일 수 있다.[28] 걱정, 불안, 분노 이 모든 감정들은 내가 살아 있다는 증거이고, 세상과 관계 맺고 있다는 표시이며, 나 자신에 대해 질문을 던질 수 있는 실존의 힘이다. 그 감정들에 휘둘리지 않고, 그 감정들을 하나하나 성찰의 언어로 바꾸는 삶. 철학이 그런 삶으로 나를 이끈다.

의로운 분노, 세상을 바꾸는 감정의 힘

분노가 전적으로 나쁜 감정만은 아니라는 것을 조금씩 이해했다. 문제는 분노 자체에 있는 것이 아니라, '어떻게 분노하느냐'에 있다. 분노는 배를 띄울 수도 있지만, 반대로 배를 뒤집을 수도 있는 물과 같다. 우리가 언제, 왜, 그리고 어떻게 분노해야 하는지를 명확히 안다면, 분노는 파괴의 감정이 아니라, 예상치 못한 창조적 결과를 가져다줄 수 있다.

분노라는 감정이 절절하게 표현되고 분출될 때, 오히려 심리적 건강에 이롭다는 점을 실감한 적이 있다. 분노할 줄 모르는 사람은 거의 없으며,

그렇지 않다면, 그는 이미 감정을 억누르다 내면의 균형이 무너진 상태일 수도 있다.

중요한 것은 화를 내느냐 마느냐가 아니라, 그 분노가 합리적인가, 즉 정당한가이다. 사람들은 흔히 유가 전통에서 분노를 무조건 억제하고 나무랐다고 생각하지만, 맹자는 불합리한 분노를 경계했을 뿐, 의로운 분노에 대해서는 그 정당성과 필요성을 인정하였다.[29]

맹자는 말한다. "의(義)란 마땅함이다." 이 마땅함이란 사람이나 사물이 있어야 할 자리, 즉 존재의 타당한 위치를 뜻한다. 맹자는 사회적 부조리 앞에서 느끼는 분노를 정의로운 감정이라 보았다. 그가 보기에, 분노는 단순한 감정이 아니라 의로움이 기준이 되어야 한다고 했다. 즉 어디에 의가 있는지를 기준으로, 분노의 가치가 정해진다.

무엇에 분노하는가는 곧 어떤 사람인지를 드러내는 기준이 된다. 직장 안에서도 분노할 수 있다. 그 분노는 반드시 의로운 분노, 혹은 이치에 합당한 분노여야 한다. 감정적인 분노는 사람을 떠나가게 만들고, 나 자신도 스스로의 입지를 약화시킨다. 훗날 어려운 처지에 놓였을 때, 누군가가 손을 내밀어 줄지는 내 분노의 정당성에 달려 있다. 분노를 표출하기 전에, 스스로에게 먼저 묻는다.

"정말 분노할 만한 일인가?" 혹은 "이건 단지 기분이 나쁜 것일 뿐 아닌가?"
맹자라면 말할 것이다. "그런 감정적 분노는 본질적으로 필요하지 않다."

내 분노가 과연 합리적이고 정당한지 되돌아보는 성찰은 직장 내 인간관계를 원만히 하는 데 그치지 않고, 내면의 감정을 통제하며 감정에 휘둘리지 않는 성숙한 자아로 나아가는 중요한 과정이기도 하다. 그럴 때 비로소 좋은 동료가 되고, 신뢰받는 직원이 되고, 책임 있는 한 사람으로 가장이라는 위치에 서 있을 수 있다.

맹자는 용기와 분노를 따로 보지 않았다. 용기는 의로운 분노가 행동으로 옮겨질 때 나타나는 감정이다. 내가 부당함을 견디지 못하고, 불합리에 분노하며, 두려움을 딛고 행동하려는 순간 그것이 바로 용기의 시작이다. 분노는 내면에서 용기의 불꽃을 일으키고, 그 불꽃은 결국 세상을 바꾸는 변화의 출발점이 된다.

■ 미루기의 심리학: 게으름이 아닌 감정, 불안, 완벽주의의 문제[30]

할 일을 계속 미루는 사람들은 미룰 수 있는 데까지 미루다가 마침내 더 이상 미룰 수 없는 시점이 되어야 비로소 움직인다. 마치 지금 안 하면 죽는다는 절박한 마음으로 벼락치기를 하듯 일을 처리한다.

하지만 우리는 알고 있다. 지금 일을 미루면 결국 나중에 더 큰 스트레스를 받게 되고, 결과물의 질은 떨어지며, 마음의 평정 또한 무너진다는 사실을. 그런데도 사람들은 여전히 미룬다. 그것은 단지 능력이 부족하거나 의지가 없어서가 아니라, 마음속 깊은 두려움이나 완벽주의, 혹은 실패에 대한 불안이 그 이면에 자리하고 있기 때문이다. 오히려 능력도 있고, 어떻게든 해보려는 의지도 있지만, 이상하게도 이러면 안 된다는 걸 알면서도 행동으로 옮기지 못한다.

이런 사람들은 겉으로 보기에 게을러 보일 수 있다. 실제로 미루는 당사자도 스스로를 게으른 사람이라며 자책한다. 하지만 정말 게으름이나 절

체력 부족 때문일까? 그렇지 않다. 오히려 이들은 너무 잘하고 싶은 부담감에 눌려 시작을 못 하는 사람들이다. 모든 것을 완벽하게 해내야 한다는 압박감이 오히려 출발을 방해하는 것이다.

미루는 행동은 종종 게으름이나 시간 관리 능력 부족으로 오해되지만, 심리학자 헤이든 핀치 박사는 그 근본 원인이 감정 조절과 관련되어 있다고 말한다. 다시 말해, 미루는 행동은 단순히 게으르기 때문이 아니라, 완벽주의 성향이나 불안감, 우울 증상, 주의력 결핍 과잉행동장애(ADHD), 낮은 자존감, 또는 가면 증후군과 같은 심리적 배경에 기반을 두는 경우가 많다.

이 습관을 극복하기 위해서는 감정을 이해하고 다루는 심리적 접근이 필요하다. 미루기란 단순히 과업을 일정 뒤로 미루는 것을 뜻하는 것이 아니라, 정당한 이유 없이 해야 할 일을 의도적으로 연기하거나 회피하는 모든 행위를 포함하는 심리적 회피 전략이다. 단순히 마감일을 넘기는 것만이 아니라, 전화 걸기, 서류 작성, 이력서 작성과 같은 취업 준비, 조사 및 연구 수행, 또는 타인에게 도움을 요청하는 일까지도 모두 미루기의 한 형태로 볼 수 있다.

즉, 미루기는 행동 자체의 문제가 아니라, 그 행동을 둘러싼 감정의 압박과 심리적 저항이 만들어 낸 결과인 것이다.

미루기 극복을 위한 심리적 대처법과 실천 전략

미루기의 핵심에는 감정이 있다. 어떤 일을 앞두고 불안, 두려움, 피로감, 자기혐오가 올라올 때, 억누르기보다는 그것을 정확히 인식하는 것이 중요하다. 감정에 이름을 붙이면 그 감정과 거리를 두고 자기비난을 자기 이해로 전환할 수 있다.

예를 들어 "이 일을 하려니 막막하고 두려워.", "결과가 완벽하지 않으면 비난받을 것 같아."라고 표현해 보면, 막연했던 불편감이 구체적인 감정으로 드러나고 덜 위협적으로 다가온다.

특히 완벽주의는 시작을 어렵게 만든다. 이럴 때는 결과가 아닌 시작 자체에 집중해야 한다. "딱 5분만 해 보자", "첫 문장만 써 보자"와 같은 접근은 심리적 부담을 낮추고, 뇌를 행동 모드로 전환시킨다. 감정이 행동을 결정하는 것 같지만, 실제로는 행동이 감정을 이끌어 낸다.

또한 결과보다 과정에 집중하는 태도가 필요하다. "완벽해야 한다"는 집착은 미루기의 뿌리지만, "과정 자체가 의미 있다"는 인식은 심리적 문턱을 낮춘다. 실수나 미흡한 결과도 학습의 일부라 받아들이면 시작에 대한 두려움이 줄어든다.

자기효능감을 높이려면 성취 기록을 남기는 것이 효과적이다. 하루가 끝날 때, 오늘 시도한 작은 일들을 적어 보자. 완성도와 상관없이 시도 자체를 기록하면, '나는 할 수 있다'는 자신감이 조금씩 쌓인다. 이는 이후의 행동에도 긍정적인 동력이 된다.

내면의 자기비난을 자기대화로 바꾸는 연습도 필요하다. "왜 또 안 했어? 너는 게을러."라는 말은 뇌를 방어적으로 만들고 더 회피하게 만든다. 대신 "지금 하기 싫은 이유가 뭘까?", "내가 무엇을 두려워하고 있지?", "완벽하지 않아도 괜찮아."와 같은 대화는 자신을 이해하고 앞으로 나아가도록 돕는다.

결국 미루는 습관은 나약함의 증거가 아니다. 오히려 내면의 불안과 두려움으로부터 자신을 지키려는 심리적 방어 기제이며, 지금 나의 상태를 알려 주는 중요한 신호다. 그 신호를 부정하지 않고 받아들이는 순간, 이미 변화의 문은 열린 것이다.

왜 나는 지금도 미루고 있을까?

미루기는 단일한 원인에서 비롯되지 않고, 여러 심리적 요인이 복합적으로 작용해 형성되는 습관이다. 나 역시 무언가를 시작하려 할 때 가장 먼저 떠오르는 감정은 불안이다. 사람은 종종 지금 당장 적은 양의 일을 처리하기보다, 나중에 훨씬 큰 부담을 안고 처리하는 쪽을 택한다. 이는 과업을 시작할 때 느껴지는 불확실성, 무기력감, 짜증 등과 깊이 관련되어 있다. 우리는 미래의 감정보다는 지금 이 순간의 불편함을 피하는 데 집중하게 된다.

여기에는 회피라는 감정 대응 전략이 크게 작용한다. 해야 할 일을 떠올리는 순간 압박감, 지루함, 무력감, 부담감과 같은 불편한 감정이 밀려오고, 이를 효과적으로 견디거나 처리해 본 경험이 부족한 경우 회피 행동이 반복된다. 결국 미루기는 이러한 악순환 속에서 습관처럼 자리 잡는다.

또 다른 요인은 실패에 대한 두려움이다. '며칠 하다 말겠지'라는 회의적 사고나, '완벽하지 않으면 시작할 수 없어'라는 강박적 기준은 행동을 가로막는 대표적인 심리적 장애물이다. 그 결과, 다이어트를 시작하지 못하거나 이력서를 제출하지 못하는 등 기회가 지나가기도 한다.

실패에 대한 두려움은 불확실성에 대한 불안과 연결된다. 사람은 긍정적인 결과가 확실히 보장되어야만 행동을 시작하려 한다. 그러나 그런 확실함은 대부분 존재하지 않으며, 완벽한 타이밍을 기다리는 것은 현실적으로 불가능하다.

따라서 미루기 패턴을 바꾸려면, 감정을 회피하지 않고 직면하는 용기와 결과가 아닌 시작 그 자체에 가치를 두는 태도가 필요하다. 시작만으로도 행동이 감정을 이끌고, 반복적 실천을 통해 자신감과 성취감으로 이어질 수 있다.

바쁜데 중요한 건 안 하고 있어 - 미루기의 심리학과 자기기만의 기술

미루는 행동은 누구에게나 익숙하다. 꼭 해야 할 일을 앞두고 있을 때, 사람들은 종종 그 일 외의 다른 활동을 먼저 찾는다. 시험 공부를 시작해야 할 때 책상 정리를 하고, 업무를 처리해야 할 때 갑자기 방 청소에 몰두하는 것도 그런 예다. 이는 단순한 게으름이라기보다, 중요하고 부담스러운 일을 피하기 위해 덜 중요한 일을 선택하는 자연스러운 심리 반응이다. 이러한 행동 뒤에는 스스로를 합리화하는 경향도 자리한다.

'나는 미루는 게 아니라 바쁜 거야.'

실제로 하루가 끝나면 해야 할 일 대신 자잘한 일들로 시간을 채우고, 어쩐지 뿌듯한 기분마저 느끼게 된다. 그러나 조금만 냉정하게 돌아보면, 정말 중요한 일은 손도 대지 못한 채 시간이 흘러간 사실을 마주하게 된다.

더 큰 문제는 미루기의 순간적인 편안함 뒤에 따라오는 대가다. 일이 몰려서 허둥대는 스트레스, 목표를 이루지 못한 좌절감, 쌓여 가는 과업을 보며 느끼는 무력감, 그리고 결국 주변 사람에게까지 피해를 주었다는 자책감이 반복된다. 이로 인해 자존감은 떨어지고, 삶의 만족도 역시 낮아진다.

미루는 습관은 단순히 행동의 지연에 그치지 않고, 신체적·정서적 건강에도 악영향을 미칠 수 있다. 이는 만성적인 스트레스를 유발하고, 그 결과 면역 기능이 약화되거나 수면의 질이 저하되며, 다양한 신체적 불편으로 이어질 수 있다. 결국 단순한 습관처럼 보이는 이 행동이, 신체 건강까지 잠식하는 것이다.

사람마다 미루는 원인은 다르다. 우울감에 시달리는 사람은 시작할 의욕조차 쉽게 잃고, 주의 집중이 어려운 사람은 해야 할 일에 몰입하지 못한다. 불안이 높은 사람은 일을 떠올리는 것만으로도 압박감을 느끼며, 자존감이 낮은 사람은 '내가 해낼 수 있을까'라는 의심에 주저하게 된다. 완벽주의 성향이 강한 사람은 완벽하지 않을 바에야 차라리 시작을 미루는 선택을 하기도 한다.

이처럼 미루기는 단순히 하기 싫어서 나타나는 행동이 아니다. 그 안에는 감정, 심리, 신념이 복합적으로 얽혀 있다. 그렇기에 스스로를 비난하거나 억지로 밀어붙이기보다는, 미루는 이유를 있는 그대로 바라보고, 현실적인 대처 전략을 세우는 것이 필요하다.

미루는 습관은 극복할 수 있다

미루는 습관을 바꾸는 일은 단순한 의지력만으로 해결되지 않는다. 많은 사람들이 "그냥 시작해!"라는 말을 동기부여처럼 사용하지만, 실제로 이런 조언은 상황을 오히려 더 어렵게 만들 수 있다. 이유는 간단하다. 미루는 행동의 이면에는 종종 복잡한 감정과 심리적 부담이 자리 잡고 있기 때문이다.

해야 할 일이 있음에도 쉽게 손이 가지 않는 이유는 각기 다르다. 어떤 사람은 실패에 대한 두려움, 어떤 사람은 부담감, 또 어떤 사람은 완벽을 기대하는 마음에 스스로를 주저하게 만든다. 이처럼 내면의 감정 상태를 무시한 채 억지로 행동을 밀어붙이면, 일시적으로는 해결되는 듯 보여도 결국 더 큰 스트레스와 자책으로 돌아오기 마련이다.

따라서 미루는 습관을 바꾸기 위해서는, 먼저 스스로에게 질문을 던질 필요가 있다.

"왜 이 일을 피하고 싶은가?"

"시작을 방해하는 감정은 무엇인가?"

"그 감정이 어디서 비롯됐는가?"

이런 질문을 통해 미루기의 근본적인 원인을 살펴보면, 단순히 게으르거나 의지가 약해서가 아니라, 불안·완벽주의·시간 감각의 왜곡 등 보다 깊은 심리적 요인이 작용하고 있음을 알 수 있다. 원인을 제대로 인식한 뒤에는, 자신을 비난하거나 억누르기보다는 그 감정을 인정하고 구체적인 전략을 세워야 한다.

큰 과업을 작은 단위로 나누거나, 부담을 줄이기 위한 환경을 정리하는 등의 실질적인 접근이 도움이 된다. 중요한 것은, 감정을 무시한 채 억지로 밀어붙이는 것이 아니라, 스스로를 이해하고 현실적인 방법을 찾는 과정에 집중하는 것이다.

미루는 습관을 고치는 것은 단기간의 힘으로 해결할 문제가 아니다. 하지만 자신의 마음을 제대로 살피고, 감정을 다루는 방식을 바꿔 나간다면, 누구나 충분히 극복할 수 있는 문제다.

미루는 습관은 단순한 나약함이 아니라, 뇌의 작동 방식, 감정, 습관, 사고패턴이 얽힌 결과다. 미루는 이유를 정확히 이해하고, 그에 맞는 현실적인 심리 전략을 적용하는 것이 습관을 바꾸는 출발선이 될 수 있다.

- **공감은 기술이다:**
  감정의 이해, 유연한 적용, 그리고 피로를 넘는 연습[31]

때때로 남을 배척하거나, 우리 편이 입은 작은 피해에 과도하게 반응하면서 그것을 공감이라 착각했던 적이 있다. 하지만 그것은 진정한 의미의 공감이 아니다. 지나치게 감정에 휘둘리거나, 공감에 지쳐 결국 타인의 고통에 무관심해지는 나 자신을 보며, 공감이란 무엇인지 다시 생각하게 된다.

자밀 자키는 『공감은 지능이다』에서 공감은 유전적인 성향이 있지만, 동시에 학습, 경험, 습관과 같은 비유전적 요소를 통해 발달시킬 수 있는 기술이라고 말한다. 공감이 타고나는 것이 아니라 연습하고 다듬을 수 있다는 점에서, 나 스스로도 더 나은 공감의 주체가 될 수 있다는 가능성을 보았.

자키가 말하는 친절이란, '대가를 치르더라도 타인을 도우려는 성향'이다. 그리고 공감은 이러한 친절한 행동의 기반이 되는 감정적 반응이다. 나도 공감을 단지 감정의 공유라고만 생각했었는데, 이 책을 통해 공감이 훨씬 더 복합적인 작용이라는 점을 알게 되었다.

연극이나 영화, 문학 작품을 감상하는 것도 공감 능력을 키우는 훌륭한 도구라고 한다. 타인의 삶을 간접적으로 체험하고, 다양한 감정에 노출되며 스스로를 타인의 입장에 놓아 보는 경험이 반복될수록, 공감 능력도 성장한다고 한다. 문학을 읽을 때 느끼는 감정의 깊이가 바로 이러한 공감의 근육을 키우는 훈련이 된다고 생각한다.

공감은 단일한 개념이 아니다. 자키는 공감을 크게 세 가지 범주로 나누어 설명한다.

첫째는 인지적 공감으로, 타인의 감정을 이해하고 생각하는 능력이다.

둘째는 정서적 공감으로, 타인의 감정을 함께 느끼고 공유하는 것이다.

셋째는 공감적 배려로, 타인의 고통에 반응하여 실제로 도우려는 행동으로 이어지는 감정이다.

이 세 가지가 서로 얽혀서 진정한 공감을 이룬다고 한다. 공감은 인간에게 실질적인 영향을 미친다. 자키는 공감이 개인의 생존에 도움이 되는 유익한 감정이라고 말한다. 공감은 타인과의 친밀한 관계를 형성하는 데 도움을 주며, 이는 스트레스를 완화하고 위기 상황에서는 든든한 심리적 지지망 역할을 한다.

오늘날 우리는 점점 공감하기 어려운 시대를 살아가고 있다. 기술의 발달은 사람들을 서로 단절된 채 살아가게 만들었고, 1인 가구의 증가와 핵가족화는 일상에서의 접점을 더욱 줄였다. 이 같은 현실은 외로움과 고립감을 심화시키며, 자연스럽게 공감 능력까지 약화시키고 있다.

그렇기 때문에, 지금 우리에게 필요한 것은 공감을 단순한 감정이 아닌 능력으로 인식하는 일이다. 공감은 저절로 생기는 감정이 아니라, 의식적으로 훈련하고 다듬어야 할 삶의 기술이다. 내가 느끼는 감정이 진정한 공감인지, 아니면 분노나 편견에서 비롯된 감정은 아닌지 스스로 돌아볼 필요가 있다. 그리고 무엇보다 중요한 것은, 진정한 공감이란 단지 타인의 감정을 느끼는 것을 넘어 함께 아파하고, 함께 나아가려는 의지에서 비롯된다는 사실을 잊지 않는 것이다. 나 역시 더 나은 공감의 주체가 되기 위해, 오늘도 작은 연습을 거듭해 보려 한다.

그렇다면 공감은 어떻게 효율적으로 활용할 수 있을까?

공감이 단순한 감정의 반응을 넘어서, 의도적이고 전략적으로 조절하고 활용해야 하는 기술이다. 지나친 공감은 소진을 낳고, 무관심은 인간성의 붕괴를 초래한다. 이 사이에서 균형 잡힌 공감의 태도를 실천하기 위해 몇 가지 방향을 생각해 본다.

첫째, 편견을 줄이기 위한 다른 생각을 가진 집단과의 접촉해야 한다. 쉽게 말해 다른 사람과 많이 만나 봐야 한다. 자밀 자키가 제시한 '접촉 이론'은 서로 다른 신념과 태도를 가진 사람들이 직접 접촉할 때 편견이 줄어들고 공감이 증진된다는 것이다. 예컨대 정치적 이념이 다른 집단이 서로를 향한 혐오를 극복하기 위해서는 직접 접촉하며 경험을 공유하는 노력이 필요하다. 이런 상호작용이 서로를 이해하는 단초가 된다.

둘째, 문학과 예술을 통한 공감의 확장이다. 연극, 영화, 소설과 같은 문학과 예술은 타인의 삶을 간접적으로 체험할 수 있게 해주는 중요한 도구다. 이들을 통해 다양한 사람들의 내면을 이해할 수 있고, 그로 인해 자신의 공감 능력 또한 성장시킬 수 있다. 예술은 단순한 감상의 대상이 아니라, 인간의 감정을 훈련시키는 장치이다.

셋째, 지나친 공감의 위험성 인식이다. 공감은 반드시 긍정적인 감정만은 아니며, 특히 돌봄 종사자나 의료인처럼 타인의 고통에 지속적으로 노출되는 이들에게는 지나친 공감이 오히려 해롭고, '공감 피로'라는 심리적 소진을 초래할 수 있다.

감정 전문가이자 공감 연구자로 잘 알려진 칼라 조인슨(Karla McLaren)은 공감 피로란 타인의 고통에 지나치게 몰입한 결과로 생기는 심리적·신체적 소진 상태라고 말한다. 그녀는 오랫동안 감정의 기능과 공감의 역기능을 연구해 왔으며, 감정을 단순히 조절해야 할 것이 아니라 '이해하고 활용해야 할 정보'로 보는 독창적인 관점을 제시한 인물이다. 이 공감 피로라는 개념이 공감의 한계를 명확히 보여 준다고 생각한다.

넷째, 친절이 보상되는 사회적 시스템을 구축한다. 물론 시스템을 바꾼다는 것은 쉽지 않은 일이다. 그러나 공감이 지속 가능하려면 친절이 실질적인 보상을 받는 시스템이 필요하다. 일상의 작은 친절이 존중받고, 사회적으로 인정되는 문화를 만드는 것이 공감이 확산되는 토양이다. 보상이 단지 금전적인 것일 필요는 없다. 인정, 감사, 연결감 같은 정서적 보상이 더욱 강력한 지속 동력이 된다.

마지막, 디지털 환경의 양면성을 이해해야 한다. 디지털 환경은 공감을 강화할 수도, 약화시킬 수도 있다. 온라인상에서의 익명성, 단절감, 댓글 문화 등이 오히려 공감을 마비시키는 부정적 요인으로 작용할 수 있음을 실감한다. 하지만 동시에, 디지털은 동호회처럼 공통된 관심사를 가진 사람들을 연결해 주며 공감의 장을 열어 주기도 한다. 중요한 것은 디지털 공간을 어떻게 활용하는가의 문제다.

인간의 감정은 어떻게 결정될까? 감정은 단지 외부 자극에 의해 자동적으로 발생하는 것이 아니라 그 자극을 해석하는 생각에 의해 달라진다. 곰을 봤을 때 그것이 동물원 안인지 숲속인지에 따라 호기심과 공포라는 전혀 다른 감정이 유발된다. 햄릿의 말처럼, "좋은 것도 없고 나쁜 것도 없는 데, 생각이 좋거나 나쁘게 만들 뿐"이다.

감정은 바꿀 수 없는 것이 아니라, 생각을 조정함으로써 다르게 선택할 수 있다. 심지어는 현재의 상황에 유리하게 작용할 수 있는 특정 감정을 의도적으로 불러올 수도 있다. 예를 들어 권투 선수가 링에 오르기 전에 분노를 끌어올리는 것이 그 대표적인 사례다.

이제 공감을 무작정 끌어올리는 것이 아니라, 상황과 맥락에 맞게 조율하는 능력을 더 중요하게 여기게 되었다. 무조건적인 감정 이입이 아니라, 타인을 위한 현실적 배려이자, 자신을 지키는 기술로서의 공감. 그것이 지금 이 시대에 필요한 새로운 공감의 형태이다.

5장
자기 이해와 감정 조절

■ **감정의 힘**[32]

우리가 살아가는 데 있어 감정을 빼놓고 삶을 논할 수는 없다. 감정은 단순한 일시적 반응이나 충동이 아니다. 그것은 인간이라는 존재를 구성하는 핵심 요소이며, 삶의 질을 결정짓는 중요한 토대다.

감정을 다스리는 이유 역시 단순하지 않다. 그것은 타인에게 잘 보이기 위한 목적이나 사회적 규범에 맞추기 위한 행동 통제가 아니다. 본질적으로 감정 조절은 스스로의 삶을 보다 안정적이고 만족스럽게 만들어 가기 위한 노력이다. 다시 말해, 감정을 이해하고 조율하는 일은 곧 내 삶을 주체적으로 이끌어 가기 위한 필수적인 과정이다.

흥미로운 사실은, 많은 심리학 연구들이 행복이 성공을 이끄는 주요한 원인이라는 점을 보여 준다는 것이다. 우리는 흔히 성공을 이루면 그 결과로 행복이 따라온다고 생각하지만, 실제로는 그 반대다. 내면의 안정감과 긍정적 감정이 축적될 때, 우리는 더 높은 성취를 이룰 가능성이 높아진다. 감정이란 내 삶의 분위기를 결정짓는 색채와 같다. 이를 잘 이해하고 다루는 사람은 스스로를 더 깊이 이해할 뿐 아니라, 타인과의 관계 속에서도 더 건강하고 조화롭게 살아갈 수 있다.

 정서와 감정의 차이에 대해 생각해 보면, 우리는 이 두 개념을 구분할 필요가 있다. 정서는 순간적으로 일어나는 심리적 반응이라면, 감정은 보다 지속적이고 깊은 심리 상태를 뜻한다. 기분은 특정 상황이나 자극에 따라 그때그때 변하는 마음의 상태로 볼 수 있다. 이 구분이 중요한 이유는, 우리가 스스로의 마음을 들여다보고 해석하는 방식이 곧 삶의 방향을 결정하기 때문이다. 긍정적인 정서를 경험하고 이를 제대로 해석할 수 있을 때, 우리는 더 나은 선택을 하고, 더 건강한 행동을 이어 갈 가능성이 높아진다.

 우리의 뇌 역시 정서와 감정에 깊이 관여한다. 이는 단순히 생물학적 반응을 넘어, 인간이 사회적 존재로 살아남기 위한 생존 전략의 일부다. 감정을 제대로 인식하고 조율하는 능력은 개인의 행복뿐 아니라, 인간관계와 삶의 성취를 결정짓는 핵심적인 힘이다.

정서의 두 얼굴: 개인의 성장을 이끄는 힘, 집단의 방향을 결정하는 힘

 살아가며 크고 작은 감정의 물결을 마주하게 되고, 그때마다 정서를 어떻게 다루느냐에 따라 삶의 질이 달라진다는 것을 실감하게 된다.

 정서 조절은 자기 성장의 기반이다. 정서를 조절한다는 것은 단지 감정을 억누르는 것이 아니라, 그것을 이해하고 수용하며 적절한 방식으로 표현하는 것이다. 이는 내 평판을 유지하거나 사회적 관계에서 갈등을 줄이기 위한 수단이기도 하지만, 궁극적으로는 내 심리적 성장과 행복을 위한 기초 작업이다.

심리학에서는 정서 지능(Emotional Intelligence)이 높은 사람이 그렇지 않은 사람보다 더 건강한 대인관계를 유지하고, 직업적·개인적 삶에서도 더 높은 성취를 이룰 수 있다고 말한다. 반복적으로 긍정적인 정서 경험을 축적하는 것이 정서 지능을 기르는 핵심적인 방법이다. 중요한 것은 감정을 억제하는 일시적인 조치보다, 나의 감정이 편안하게 흐를 수 있는 '정서적 안전지대'를 만드는 것이다.

예를 들어, 나와 대화가 잘 통하고, 감정을 비난 없이 수용해 주는 사람과의 관계는 나에게 큰 힘이 된다. 감정을 털어놓고 공감받는 경험은 내 마음을 정화시키고 자기이해를 촉진한다. 하지만 그런 관계가 여의치 않다면, 글쓰기를 택하는 것도 좋은 방법이다. 글을 통해 감정을 표현하면, 감정의 실체가 선명해지고, 그 감정을 객관적으로 바라볼 수 있게 된다. 이는 곧 정서 조절의 중요한 도구가 된다. 감정을 억누르는 것이 아니라 이해하고 다루는 능력, 그것이 진정한 자기 성장의 핵심이다.

집단과 정서

정서는 집단을 하나로 묶거나 갈라놓는 힘이다. 정서는 결코 개인의 내부에만 머무르지 않는다. 그것은 쉽게 전염되고, 집단 전체에 확산되며, 때로는 하나의 사회적 흐름이나 문화적 분위기를 형성하기도 한다. 이는 사회심리학에서 말하는 '정서의 사회적 전이(social contagion)' 개념과 맞닿아 있다. 집단 구성원들이 공통의 정서를 공유할 때, 집단 정체성이 강화되고, 구성원들은 하나의 목표나 방향으로 결속된다.

대표적인 예로, IMF 외환위기 당시의 '금 모으기 운동'은 한국 사회가 하나의 정서를 바탕으로 집단적 위기를 극복하려 했던 상징적인 사례다. 우리는 IMF라는 단어만 들어도 단순한 경제 위기 이상의 무언가를 느낀다. 그것은 바로 '그때 다 함께 견뎌 냈던 기억', 그리고 '함께여서 가능했던 연대의 감정'이다. 이처럼 집단 정서는 공동체를 하나로 묶고, 위기 속에서도 희망을 만들어내는 강력한 힘이 된다. 2002년 월드컵 당시의 열광 역시 마찬가지다. 낯선 이들과도 거리낌 없이 어깨를 나란히 하고 태극기를 흔들며 기쁨을 나누었던 그 감정은, '대한민국'이라는 공동체에 소속되어 있다는 뿌듯함과 긍지를 강화시켰다.

모든 집단 정서가 긍정적으로 작용하는 것은 아니다. 때때로 증오, 분노, 공포 같은 부정적인 정서가 집단 전체에 확산되면 사회는 극단적 선택을 향해 나아가기도 한다. 테러, 학살, 전쟁은 단지 몇몇 개인의 충동이 아니라, 잘못된 집단 정서가 구조화된 결과다. 이런 질문이 떠오른다. "사람은 어떻게 테러를 하도록 설득당할 수 있을까?"

그 답은 감정과 정서의 속성에 있다. 감정은 이성보다 빠르게 반응하며, 특히 집단 안에서는 생존이나 정체성이라는 이름으로 더욱 강하게 작동한다. 사회심리학에서는 이를 '집단 동일시(group identification)'나 '내집단 편향(in-group bias)'으로 설명한다. 이 과정에서 타인에 대한 혐오나 공포가 정당화되고, 급기야 폭력으로 이어질 수도 있다.

그렇기에 우리는 정서가 집단 내에서 어떻게 생성되고 유통되는지를 민감하게 살펴보아야 한다. 감정은 개인을 성장시키는 원천이기도 하지만, 통제되지 않은 정서의 흐름은 사회를 파괴할 수도 있다. 나와 사회를 건강하게 지키기 위해서라도, 우리는 감정을 인식하고 조율하는 능력을 길러야 한다.

행복은 외적 조건이 아니라, 자기 감정의 주인이 되는 것에서 비롯된다

행복이 어디에서 비롯되는지 고민하게 된다. 많은 이들이 돈, 명예, 사회적 지위 같은 외적인 조건에서 행복을 찾으려 하지만, 정작 그 안에는 진정한 만족이 담겨 있지 않다. 행복은 결국 자기 감정의 주인이 되는 것, 다시 말해 내 정서를 이해하고 다룰 수 있는 힘에서 비롯된다고 믿는다.

긍정심리학자 스티븐 조셉(Stephen Joseph)과 앨릭스 린리(Alex Linley)는 '삶의 행복은 긍정적인 감정에서 부정적인 감정을 뺀 것'이라는 공식을 제시한다. 이는 행복이 단순히 기분 좋은 상태가 아니라, 자신의 감정을 얼마나 인식하고 긍정적으로 관리하는지에 달려 있다는 의미다. 즉, 행복은 외부에서 주어지는 것이 아니라, 자기 내부에서 길어 올리는 감정적 자율성의 결과다.

행복은 개인이 느끼는 주관적 심리적 안녕감(subjective psychological well-being)으로 정의된다. 이는 단순한 기분 좋음을 의미하는 것이 아니라, 삶에 대한 전반적인 만족감, 정서적 균형, 의미 있는 관계 등으로 구성되는 보다 복합적인 개념이다.

특히 현대사회는 과도한 경쟁(hyper-competition)과 비교의 압력 속에서 살아가고 있기 때문에, 외적 가치에 의존한 행복은 지속 가능하지 않다. 돈이나 명예, 권력 같은 외부의 조건들은 순간적인 만족은 줄 수 있지만, 그로 인해 진정한 행복이 지속되지는 않는다. 반면, 나에게 진정한 행복은 감정을 통해 온다. 내가 경험하는 감정이 긍정적일수록, 그것은 내 기억 속에 행복한 기억으로 저장된다. 결국 우리는 스스로에게 행복했다고 말할 수 있는 이야기들을 축적해 가며 삶을 구성해 나간다. 이는 행복이 감정적 경험의 총합이라는 사실을 보여 준다. 그리고 그러한 기억을 타인과 나누고 공유하는 행위 자체가, 삶의 의미를 확장시키는 방법이 되기도 한다.

이제 인간의 평균 기대수명이 점점 늘어나고 있다. 삶이 길어진다는 것은 단지 생존의 시간이 연장된다는 의미가 아니다. 더 길어진 인생을 어떻게 '행복하게' 채워 갈 것인가에 대한 고민이 필요하다. 그러기 위해서는 감정의 주인이 되어야 하며, 감정의 흐름을 잘 이해하고 조율할 수 있는 힘을 길러야 한다. 행복은 나의 감정 안에 있고, 내가 그것을 어떻게 마주하는지에 달려 있다.

정서 지능과 감정 조절의 핵심 요소

다양한 상황 속에서 감정을 조절함으로써, 더 건강한 방식으로 타인과 관계를 맺고, 업무 수행 능력 또한 높일 수 있다고 믿는다. 감정을 조절할 수 있다는 것은 단지 감정을 억누른다는 의미가 아니다. 오히려 이는 나의 내면을 깊이 이해하고, 그에 적절히 반응하며, 타인과 조화롭게 소통하는 능력에 가깝다.

심리학자 대니얼 골먼(Daniel Goleman)은 『감성지능』에서 정서 지능의 중요성을 강조하며 이를 구성하는 네 가지 핵심 요소를 제안했다.[33] 그것은 자기 인식, 자기 관리, 감정 이입, 사회적 기술이다.

자기 인식(self-awareness)은 내가 지금 어떤 감정을 느끼고 있는지를 정확하게 인지하는 능력이다. 즉, 내 마음의 정서를 외면하거나 왜곡하지 않고, 있는 그대로 들여다보는 것이다.

자기 관리(self-regulation)는 인식한 감정을 바람직한 방식으로 조절하는 능력을 말한다. 단순히 화를 참는 것이 아니라, 감정의 원인을 파악하고 그것을 긍정적 에너지로 전환하는 과정을 포함한다.

감정 이입(empathy)은 상대방이 느끼는 감정을 공감하고 이해하려는 태도다. 이는 단순한 동정심이 아니라, 타인의 정서 상태를 인식하고, 그에 따라 적절히 반응하려는 능력이다. 감정 이입은 관계의 갈등을 줄이고, 더 나은 해결책을 모색하는 데 필수적이다.

사회적 기술(social skills)은 타인과의 상호작용에서 갈등을 조율하고, 협력적인 관계를 유지하며, 공동의 목표를 향해 나아가는 능력이다. 의견을 조율하고 소통을 통해 문제를 해결하려는 자세가 여기에 포함된다.

그렇다면, 왜 우리는 감정을 조절해야 할까? 감정을 조절하지 못하면 심리적 불쾌감이 누적되고, 이는 나의 일 수행 능력을 떨어뜨릴 뿐 아니라, 인간관계를 손상시킬 수 있다. 우리는 타인의 평가를 어느 정도 의식하며 살아간다. 감정 표현이 사회적 맥락에서 어떻게 받아들여질지를 고민하는 이유이기도 하다.

이러한 맥락에서 등장하는 개념이 바로 정서 규범(Emotional norms)이다. 정서 규범이란 특정 사회나 조직, 문화 내에서 감정을 인식하고 표현하는 방식에 대해 사회적으로 기대되는 기준을 말한다. 웃음을 요구받는 서비스 직종의 경우, 실제 감정과 무관하게 감정을 연기해야 하는 상황이 자주 발생한다. 이를 '표면적 감정노동(surface acting)'이라고 하며, 반복될 경우 심리적 소진(burnout)이나 자아존중감의 저하로 이어질 수 있다. 특히 감정노동이 빈번한 직종에 종사하는 사람들은, 사회가 요구하는 감정 표현을 따르기 위해 자신의 진짜 감정을 억누르며 일하게 된다. 이는 심리적 위협감을 높이고, 직무 만족도와 삶의 질을 저하시킬 수 있다. 그렇기 때문에 정서 지능은 단순한 개인적 능력이 아니라, 현대 사회에서 건강하게 살아가기 위한 심리적 생존 전략이라고 할 수 있다.

감정은 훈련할 수 있는 기술이다

내 삶을 구성하는 수많은 요소들 가운데, 가장 밀접하고 총체적으로 삶의 질을 결정짓는 것은 다름 아닌 매일 느끼는 감정의 상태, 즉 감정의 질이다. 내가 어떤 감정 상태에서 하루를 시작하고 마무리하는지가 곧 삶에 대한 만족도와 직결된다. 그렇기 때문에 감정을 가능한 한 최적의 상태로 유지하려는 노력을 기울여야 한다.

마크 브래킷(Marc Brackett)은 『감정의 발견(Permission to Feel)』이라는 책에서 감정이 무엇이며, 우리가 왜 감정을 이해하고 다뤄야 하는지를 구체적으로 설명한다.[34] 그는 감정을 단순히 철학적이거나 종교적, 명상적인 차원에서 해석하지 않는다. 대신 감정을 기술적 문제로 간주하며, 그에 맞는 접근법을 제안한다. 이는 감정을 훈련 가능한 역량으로 보는 시각이며, 이 점에서 매우 실용적이고 실제적인 시도라 할 수 있다.

브래킷은 감정을 순간적인 반사 작용으로만 보지 않고, 마음속 깊은 곳에서 일어나는 변화를 알려 주는 중요한 단서로 간주했다. 즉, 감정은 내 삶에서 무언가가 잘 작동하고 있는지, 혹은 그렇지 않은지를 알려 주는 신호체계이다. 감정은 외부가 아닌 내 안에서 발생하기 때문에, 그 자체에 공간성은 없다. 감정과 의식은 본질적으로 내면에서 일어나는 심리적 상태이기에, 우리는 그 흐름을 제대로 인식하고 다루는 법을 배워야 한다.

감정을 인식하고 표현하며 이를 적절히 조절할 수 있는 능력을 갖추게 되면, 단지 감정을 덜 느끼거나 억제하는 것이 아니라, 협력, 관계 형성, 의사결정, 성과 향상 등 삶의 다양한 영역에서 긍정적인 결과를 이끌어낼 수 있다. 나아가, 이는 내가 더 큰 행복으로 나아가는 문을 여는 열쇠가 된다.

자전거 타기나 자동차 운전처럼, 감정 조절도 의도적인 훈련이 필요하다. 지금까지 우리는 감정이라는 것을 타고나는 성향이거나, 경험을 통해 저절로 형성되는 것으로 여겨 왔다. 하지만 감정은 훈련을 통해 익혀야 하는 기술이다.

브래킷은 감정을 기술적 문제로 볼 때 반드시 따르게 되는 세 가지 전제를 제시한다.

첫째, 의도적인 훈련(intentional training)이 필요하다. 감정은 그냥 저절로 조절되는 것이 아니라, 반복적이고 계획적인 훈련을 통해 익혀야 하는 대상이다. 감정을 다루는 데에도 목표와 계획이 있어야 한다.

둘째, 정확한 평가(accurate assessment)가 이루어져야 한다. 나의 감정 상태를 인식하고, 어떤 감정을 얼마나 자주 경험하는지, 그것이 나의 삶에 어떤 영향을 미치는지를 구체적으로 분석해야 한다. 막연한 인식이 아닌, 구체적인 언어와 체계로 감정을 다뤄야 한다.

셋째, 효율성의 기준(efficiency)을 항상 고려해야 한다. 감정 조절 전략이 실제로 효과가 있는지, 나의 삶에 긍정적인 변화를 가져왔는지를 측정하고 판단하는 기준이 필요하다. 이는 감정을 단순한 반응이 아닌, 삶의 방향을 바꾸는 자원으로 바라보게 만든다.

감정은 피하거나 억누를 대상이 아니라, 배우고 훈련할 수 있는 기술이다. 이제는 감정을 느끼는 것에만 머무르지 않고, 그것을 다루는 방법을 계획적으로 익혀야 한다. 깨달음은 곧 삶의 질을 스스로 높일 수 있는 단초가 된다.

감정은 해소의 대상이 아니라 해석의 대상이다

감정을 더 이상 단순히 풀어야 할 문제로 여기지 않아야 한다. 감정은 억누르거나 제거해야 할 대상이 아니라, 해석하고 이해해야 할 중요한 신호다. 내면에서 발생한 심리적 반응이 왜 생겼고 무엇을 의미하는지 파악하는 것이 핵심이다.

많은 사람들이 감정 문제로 후회를 경험한다. "왜 그렇게 말했을까?", "왜 그런 행동을 했을까?"라는 생각은 감정을 평가한 결과다. 그러나 감정을 평가하려는 태도는 종종 감정을 억누르고, 그 본질을 놓치게 만든다. 후회는 감정을 심판한 결과이며, 그 순간 우리는 감정의 평가자가 된다.

나는 이제 감정에 대해 두 가지 태도를 갖는다.

첫째, 감정의 심판관이 되지 않는다.

어떤 감정도 '좋다'거나 '나쁘다'로 단정하지 않는다. 부정적 감정이 들어도 잘못된 것으로 여기지 않고, 있는 그대로 두는 연습을 한다. 감정을 억누르거나 제거하려 애쓰기보다, 흐름을 관찰하는 것이 더 건설적일 수 있다. 다른 사람이 힘들어할 때도 조언보다는 먼저 귀 기울이려 한다. 감정은 해결해야 할 문제가 아니라, 먼저 들어야 할 이야기다.

둘째, 감정의 관찰자이자 과학자가 된다.

감정은 단순한 기분이 아니다. 정신과 신체 상태를 알려 주는 중요한 정보다. 특정 상황에서 떠오르는 감정을 관찰하면, 내 판단과 선택이 단순한 순간적 기분에 좌우되지 않고, 무의식과 과거 경험, 가치관이 얽힌 흐름 위에서 이루어진다.

부정적 감정이 지속되면 정신뿐 아니라 신체에도 영향을 준다. 스트레스가 쌓이면 코르티솔이라는 호르몬이 분비되어 전전두엽 피질의 기능을 떨어뜨리고, 집중력과 학습 능력을 약화시킨다. 장기적 정서적 긴장은 위장 질환, 수면 장애, 면역력 저하 등으로 연결된다. 반대로 긍정적 감정은 면역력을 높이고 심혈관 건강과 전반적 회복 능력을 강화한다.

감정은 나의 방향을 알려 주는 정서적 나침반이다. 바늘을 억지로 돌리기보다, 왜 그 방향을 가리키는지 관찰하고 의미를 해석하는 것이 중요하다. 감정을 억누르거나 단순히 해소하려는 시도는 일시적 편안함만 줄 뿐이다. 진정한 자기 이해와 삶의 변화는 솔직하게 감정을 관찰하고 해석하는 과정에서 시작된다.

성의(誠意)에 대한 아버지의 노트

아버지로 살아오며 '성의(誠意)'라는 말의 무게를 뒤늦게 실감하게 되었다. 단순한 진심이나 정성의 차원이 아니라, 존재 전체가 한 방향으로 모아질 때 비로소 시작되는 성의의 깊이를 오랫동안 제대로 이해하지 못했다. 아이에게 무언가를 가르치고 싶을 때마다 마음을 돌아보기보다, 습관처럼 혹은 순간의 감정에 휘둘려 말을 던진 적이 많았다. 그 말들이 진심에서 비롯된 것이었는지, 아니면 불안과 조급함을 감추려는 반사적인 반응이었는지조차 깊이 들여다보지 못했다.

그렇게 무심히 건넨 말들이 아이의 마음에 남긴 상처나 흔적을 떠올릴 때면, 뒤늦은 자책감이 밀려온다. "정말 성의를 다했는가?"라는 질문 앞에 자신 있게 대답할 수 없었다. 이의 마음을 제대로 살피지 못한 채 말이 어떤 영향을 줄지 깊이 생각하지 않고 내뱉었던 순간들이 선명히 떠오르며, 그것이 곧 나의 부족함이었음을 깨닫고 부끄러움을 느꼈다. 하지만 그 부족함을 인정하는 순간, 비로소 뒤늦게라도 다시 성의를 다져야 한다는 진실을 마주하게 된다. 지금이라도 늦지 않았다. 가정을 책임지는 자리에서, 그리고 한 인간으로서 다시 성의를 다하는 길 위에 서고자 한다.

1. 마음을 모으는 훈련

마음에 여유가 없던 시기에는 쉽게 산만해졌고, 때로는 아이와 대화 중에도 마음 한쪽은 딴 생각에 빠지곤 했다. 그런 순간조차 스스로를 붙잡으려 하지 않았고, 겉으로는 듣는 척했지만 마음은 이미 다른 곳에 가 있었으며, 그 사실을 외면한 채 지내온 시간도 길었다. 돌아보면, 마음을 흩뜨리지 않고 지금 이 순간, 이 아이에게 온전히 집중하는 일이 성의의 첫 걸음이었다. 그 첫 걸음을 너무 오랫동안 미뤄 두었다. 이제라도 늦지 않기를 바라는 마음으로, 다시 나를 붙잡으려 한다.

2. 감정을 넘어 행동으로 이어지는 진심(감정의 진심)

가정을 책임지는 자리에서 진심을 다했다고 믿었던 순간들이 많았다. 하지만 돌이켜 보면, 그 진심은 때때로 감정에 치우친 반응으로 흐트러지기도 했고, 말과 행동이 일치하지 못한 채 흔들리기도 했다. 순간의 화를 애써 참았다가도, 다른 날에는 사소한 일에 폭발하며 아이에게 상처를 주는 모습을 반복해 왔다.

나는 감정을 인식하고 반성하는 데에서 그치곤 했다. 하지만 성의란 단지 감정을 자각하는 데서 멈추는 것이 아니라, 그 감정이 관계에 어떤 영향을 주었는지를 돌아보고, 이후의 행동으로 그 진심을 증명해 내는 것이어야 했다. 아이에게 미안하다고 말하면서도 또다시 같은 실수를 반복한 나 자신을 보며, 말보다 더 중요한 것은 결국 일관된 태도와 책임 있는 실천임을 뒤늦게 깨달았다.

진심은 말로 표현되는 것이 아니라, 반복되는 일상 속에서 드러나는 것이다. 아이 앞에서의 나의 말투, 표정, 반응 하나하나가 진심의 무게를 보여 주는 것이었는데, 그 무게를 감당하지 못하고 감정에 휘둘릴 때가 많았다. 감정을 다스리는 것이 아니라, 순간을 모면하려는 방식으로만 대했던 것이다.

성의란 감정에 충실한 척하는 것이 아니라, 그 감정에 성실하게 책임지는 태도라는 것을 이제야 알게 되었다. 진심은 한순간의 감정이 아니라, 매일의 선택과 반응 속에서 꾸준히 드러나는 것이다. 가족 앞에서 나는 어떤 사람으로 존재하고 있는가? 이 질문 앞에 솔직해지는 것, 그 정직한 성찰에서 비로소 성의는 시작된다.

3. 정답 대신 진심을 선택하기

아버지라는 자리에서 나는 늘 아이에게 정답을 주고 싶어 했다. 무엇이 옳은지, 어떻게 해야 하는지를 가르치려는 마음이 앞섰다. 그러나 말로 주입하는 정답보다 삶의 태도로 보여 주는 진심이 훨씬 더 깊은 울림을 남긴다는 사실을 이제야 깨닫는다. 그 진실을 알면서도 정작 실천하지 못했던 순간이 많았다. 아이의 말을 충분히 듣기보다 내 생각을 앞세웠고, 판단보다는 오래 바라봐야 했지만 그러지 못했다. 그것이 결국 성의를 지키지 못한 모습이었다. 이제라도 그 부족함을 인정하고, 아이와의 관계 속에서 진심과 성의를 다시 세워 가려 한다.

4. 성의에서 시작되는 변화

오랫동안 아이를 바꾸려는 마음에만 사로잡혀 있었다. 아이만 달라지면 모든 것이 나아질 거라 믿었고, 정작 스스로를 돌아보는 일은 미뤄 두었다. 그러나 시간이 흐르며 점점 더 뼈저리게 다가온 진실이 있다. 정작 바뀌어야 했던 건 아이가 아니라, 바로 나 자신이었다. 삶에 진심을 담는 순간, 아이도 언젠가는 그 변화를 느낄 수 있을 것이다. 성의는 결국 타인을 움직이기에 앞서 자기 자신을 움직이는 일임을, 아버지가 되고도 한참을 지나서야 비로소 실감하게 되었다.

5. 마음을 다해 살아가는 연습

아버지로서 내가 부족하다는 사실을 인정하기까지 오랜 시간이 걸렸다. 실수를 가볍게 넘기고, 잘못을 그럴듯하게 포장하며 스스로를 위로한 적도 많았다. 겉으로는 책임을 다하는 듯 보였지만, 정작 내 말과 행동이 아이에게 어떤 영향을 주는지는 깊이 돌아보지 못했다. 아버지 역할을 해내는 데만 바쁘게 몰두하다 보니, 정작 진심이 담긴 태도는 자주 놓치고 있었다.

그러다 아이를 키우는 일은 단지 누군가를 돌보는 일이 아니라, 스스로를 성장시키는 과정이라는 것을 문득 깨닫게 되었다. 그리고 그 성장은 성의(誠意), 즉 마음을 다하는 태도 없이는 불가능하다는 진실을 이제야 알게 되었다. 그래서 매일 나에게 묻는다. "오늘, 나는 마음을 다했는가?" 그 짧은 질문은 하루를 되돌아보게 하고, 부족한 날에도 다시 용기를 내어 본다.

3
정심(正心)
— 아버지의 마음으로 중심을 세우다

『대학(大學)』에서 말하는 수양의 길은 마음을 다스리는 일에서 시작해 가정과 사회, 더 나아가 평화로운 세상을 이루는 것을 목표로 하는 과정이다. 그 시작에는 반드시 "격물(格物) → 치지(致知) → 성의(誠意) → 정심(正心)"이라는 내면을 가다듬는 단계가 먼저 이루어져야 한다.

그 가운데 '정심(正心)'은 흩어진 감정과 흔들리는 생각, 불안정한 태도를 바로잡아 마음의 중심을 되찾는 일로, 감정이나 생각에 끌려가지 않고 주체적으로 살아가기 위해 꼭 필요한 마음의 바탕이다. 정심은 그것은 곧 삶을 살아가기 위해 마음을 제대로 준비하는 상태이다.

성의에서 정심으로: 진심이 중심이 될 때

『대학』에서는 성의가 정심에 앞선다고 말하는데, 이는 단순한 절차상의 순서를 말하는 것이 아니라 그만큼 성의가 마음을 바르게 세우는 데 필수적인 기반임을 의미한다. 성의(誠意)는 거짓 없음의 마음이고, 자기 존재 전체를 걸고 타인과 세상에 임하는 태도라고 생각한다.

진심은 내면의 흐름을 정화하고 삶의 방향을 제시하지만, 그 진심이 실제 삶 속에서 구현되기 위해서는 반드시 정심(正心)의 과정을 거쳐야 하며, 정심이란 곧 진심을 실천 가능한 마음의 구조로 다듬고, 감정과 생각이 그 진심과 조화를 이루도록 조정하는 심리적 기반이다. 성의가 '왜 살아야 하는가'라는 물음이라면, 정심은 그 물음에 대한 '어떻게 살아야 하는가'라는 응답이며, 성의가 삶의 방향을 제시하는 것이라면, 정심은 그 방향을 따라 흔들림 없이 나아가게 하는 내면의 추진력이라 할 수 있을 것이다.

정심은 마음의 과학이자 회복의 기술이다. 현대 심리학은 인간의 감정,

사고, 행동, 동기를 이해하려는 학문이며, 이러한 이해는 단순한 진단에 그치지 않고 삶의 균형을 회복하고 중심을 잡는 데 도움이 되는 실질적인 도구로 작용한다. 흔히 우리는 마음이 흐트러졌을 때 그것을 단순히 기분 탓으로 넘기곤 하지만, 마음의 구조와 작동 원리로 그 이유를 이해하는 순간, 우리는 스스로를 회복하는 구체적인 힘을 얻게 된다.

나는 아버지가 되며, 정심을 처음으로 배웠다
아버지가 된 후에 비로소 내면의 중심을 지킨다는 것이 어떤 의미인지 실감하게 되었다. 정심은 결국 아버지라는 자리에서 내가 날마다 감당해야 했던 정신적 준비였다.

이 장에서 다루는 모든 이야기는 가정을 책임지는 자리에서, 동시에 한 인간으로서 중심을 잃지 않고 살아가고자 했던 과정에서 겪은 경험들이다.

마음의 구조를 이해하는 것에서 시작하다
1. 인간의 모든 생각과 행동은 심리학

우리가 겪는 대부분의 어려움은 외부 상황 자체보다 그것을 해석하고 반응하는 내면의 방식에서 비롯된다. 여기서 말하는 내면이란 감정, 사고, 신념, 무의식적 반응 등 우리 마음속에서 일어나는 모든 심리적 과정을 의미한다. 심리학은 이러한 내면을 들여다보는 도구이며, 정심은 그 도구를 통해 자신의 마음을 올바르게 이해하고 다스리려는 태도이다.

2. 회복의 심리학

누구나 무너질 수 있다. 그러나 정심이란 무너진 다시 중심을 세우고 일어설 수 있는 힘이다. 심리학에서 말하는 회복 탄력성, 자기 효능감, 감정 조절력은 그 회복의 구체적 조건들이다. 정심은 그 조건들을 삶 속에서 의식적으로 반복하고 실천할 수 있도록 하는 내면의 과정이다.

3. 마음의 성장과 심리적 전환

정심은 자아의 고정된 틀을 깨고 더 깊고 넓은 존재로 나아가게 한다. 자아의 확장 뿐만아니라 방향 전환까지 가능하게 한다. 변화를 두려워하지 않게 하고, 내면의 질서를 바로 세움으로써 스스로를 다시 빛나게 한다.

전심(全心)을 향한 삶의 나침반

정심은 단순한 순간적 집중이나 잠깐의 명상에 그치지 않는다. 그것은 삶 전체를 바라보는 태도이자, 매일 나 자신을 다시 정돈하는 자기 수련의 과정이다. 우리가 겪는 갈등, 혼란, 관계 속 좌절은 어쩌면 온전한 마음, 즉 '전심(全心)'을 잃었다는 신호일지도 모른다.

전심을 회복하려는 이들에게, 심리학은 마음의 지도를 제공하는 나침반 역할을 한다. 정심은 그 지도를 따라 살아가는 태도이며, 이러한 삶의 실천은 우리를 더 온전하고 단단한 존재로 이끌어 줄 것이다.

1장
인간의 모든 생각과 행동은 심리학

■ **심리학은 자기이해와 삶의 변화를 위한 실천적 도구이다**

독일의 심리학자 레온 빈트샤이트는 "심리학은 공구함이다"라고 표현한 바 있다.[35] 이 말이 전하는 의미는 상당히 깊다. 각자의 '심리적 공구함'에는 사람마다 서로 다른 도구들이 들어 있다. 어떤 사람은 다양한 형태의 정서적 도구와 인지적 자원을 갖추고 있지만, 또 어떤 사람은 단순하거나 왜곡된 도구만을 가지고 있을 수 있다.

이 공구함이 얼마나 다양하고 잘 갖춰져 있는지가 곧 삶의 질과 행복을 좌우하는 핵심 요소다. 그리고 그 공구를 풍부하고 정교하게 마련해 가는 과정이 바로 심리학을 배우는 과정이라 할 수 있다.

심리학을 학문적으로 깊이 파고들면 끝이 없겠지만, 일반인이 심리학에 관심을 갖고 배우고자 하는 근본적인 목적은 결국 삶에 유용하게 적용하기 위해서다. 나 역시 학문적 이론보다는 일상에서의 적용 가능성과 통찰에 더 큰 관심을 두고 있다.

내게 큰 인상을 남긴 개념 중 하나는 바로 '자기충족예언(self-fulfilling

prophecy)'이다. 이는 처음에는 단순한 기대나 믿음에 불과했던 것이, 반복되는 암시와 행동을 통해 결국 현실로 실현되는 현상을 의미한다.

이 메커니즘은 특히 부모가 자녀를 양육할 때 무의식적으로, 혹은 본능적으로 자주 작용한다. 만약 부모가 관대하고 이해심이 깊으며, 공감 능력과 지식이 풍부하다면, 이 자기충족예언은 자녀의 잠재력을 긍정적으로 이끌어 낼 수 있다. 그러나 부모가 편협하고 부정적이며 냉소적인 태도를 가지고 있다면, 자기충족예언은 자녀의 인생에 심각한 왜곡과 손상을 초래할 수 있는 위험한 도구가 된다. 백지 상태로 태어난 아이를 부정적인 믿음으로 검은색으로 물들이는 결과를 낳을 수도 있는 것이다.

내가 어떤 사람을 문제가 있는 사람이라고 여긴다면, 나는 그 기대에 부합하는 방식으로 그 사람을 대한다. 그러한 나의 태도는 상대방에게도 영향을 주어, 결국 내 기대에 부합하는 반응을 유도해 낼 가능성이 커지는 것이다. 이 자기충족예언은 상대방이 나로부터 인정받고 싶어 하거나 칭찬받고 싶어 할 때 더욱 강하게 작용한다. 특히 자녀나 후배, 부하직원처럼 내가 영향을 줄 수 있는 위치에 있는 사람들에게는, 내가 건네는 말이나 품는 기대가 그들의 행동 방식이나 자아 정체성 형성에 깊은 영향을 미칠 수 있다는 점을 인식해야 한다.

반대로, 내가 타인의 기대가 무엇인지 명확히 인지하고 있다면, 그 기대에 의식적으로 저항하거나 다른 방식으로 반응할 수 있는 힘도 생긴다. 이는 자기 인식과 주체성의 중요한 출발점이기도 하다.

심리학을 공부한다는 것 나 자신과 타인을 더 깊이 이해하고, 더 나은 관계를 만들기 위한 도구를 갖추는 일이다. 나아가 더 나은 삶과 건강한 사회를 실현하기 위한 실천적 도구를 내 손에 쥐는 과정이기도 하다. 그래서 배움을 멈출 수 없다. 세상에는 갖춰야 할 공구가 많고, 그 공구를 갖추기 위해 우리는 끊임없이 배우는 것이다.

심리학의 일상 적용과 인간 이해

사람이 있는 곳에 심리학이 있다. 이 말처럼 심리학은 인간이 살아가는 거의 모든 영역에 스며 있는 폭넓은 학문이다. 작게는 개인의 감정 조절과 대인 관계에서부터, 크게는 영업이나 장사, 사업과 같은 실제 경제 활동에 이르기까지, 심리학은 우리의 삶 전반과 밀접하게 맞닿아 있다.

심리학을 공부하면 무엇보다도 자신에 대해 더 깊이 이해할 수 있게 된다. 내 행동의 이면에 어떤 심리적 배경이 존재하는지, 나의 개성과 성격은 어떤 과정을 통해 형성되었는지를 알아 가는 과정은 매우 의미 있는 경험이다.

이와 마찬가지로, 심리학은 타인의 행동에 숨어 있는 심리적 맥락을 이해하도록 도와주며, 인간관계에 대한 인식의 폭을 넓혀 준다. 심리학에 대한 이해가 깊은 사람은 상황에 맞는 말과 침묵의 타이밍을 직관적으로 잘 파악하며, 그로 인해 관계에서 보다 유리한 위치를 점할 수 있다. 상대방의 말과 표정을 주의 깊게 살피는 것만으로도 중요한 기회를 읽어 낼 수 있고, 경솔한 언행으로 상대를 자극하지 않도록 스스로를 조절할 수 있는 힘을 가지게 된다.

『매일 심리학 공부』라는 책에서는 다음과 같은 메시지를 전하고 있다.
"책 속의 심리학 지식을 생활 속에서 실천하고, 행동을 통해 그 내용을 체화한다면, 어느 순간부터 삶이 변하고 있음을 스스로 느끼게 될 것이다."
[36] 단순한 이론적 이해에 머무르지 않고, 생활 속에서 반복적으로 적용하고 실천함으로써 얻는 통찰은 분명히 존재한다. 심리학은 결국, 더 나은 삶을 위한 이해와 공감, 성찰의 기술이 된다.

인지 부조화와 심리적 방어 기제

인지 부조화(cognitive dissonance)는, 내가 생각하는 바와 실제 행동이 어긋날 때, 마음이 불편해져서 이를 줄이기 위해 자연스럽게 이유를 덧붙이거나 사실을 재해석하는 심리 과정이다. 내가 흡연이 건강에 해롭다는 사실을 잘 알고 있으면서도 계속 흡연을 하는 경우, 그 불일치를 정당화하기 위해 이렇게 생각할 수 있다.

"누구는 담배를 많이 피워도 장수했다."

"담배를 피우면 마음이 안정되니 정신 건강에는 좋을 것이다."

이러한 해석은 자신의 기존 행동을 유지하기 위한 심리적 방어 메커니즘이다. 어떤 사이비 종교 집단이 '지구 멸망의 날'을 예언했는데, 그날 아무 일도 일어나지 않았다고 한다. 이 경우 합리적인 사람이라면 예언이 틀렸음을 받아들여야겠지만, 집단의 신봉자들은 "우리의 기도 덕분에 세상이 구원받았다"라고 생각함으로써 기존 신념을 유지하려는 심리적 자기보호를 시도한다.

이처럼 인간은 자신의 원래 생각을 수정하지 않으려는 경향이 매우 강하다. 그러나 건강한 사고를 위해서는 나의 태도와 의견을 비판적으로 점검하는 습관이 필요하다. 심리치료에서도 이와 같은 접근이 적극적으로 활용된다. 거식중 환자를 치료할 때는 그들이 가진 '미의 기준'이 과연 적절한지를 다양한 역할극이나 인지 재구성 기법을 통해 점검하게 함으로써, 그들이 스스로 자기 생각을 객관적으로 바라볼 수 있도록 돕는다. 심리적 방어 기제를 인식하고, 인지의 왜곡을 바로잡는 일은 자기 성찰의 핵심이자 정신 건강 회복의 기초가 된다.

몰입, 내면의 소음을 잠시 끄는 법

몰입은 도전과 능력의 균형에서 탄생하며, 순간을 즐길 줄 아는 태도에서 완성된다.

몰입이란 도전 과제와 나의 능력이 균형을 이룰 때 비로소 생겨나는 심리 상태이다. 만약 과제가 나의 능력을 초과하면 실망과 좌절을 느끼고, 반대로 그 요구가 지나치게 낮으면 금세 지루함과 권태를 느끼게 된다. 결국 몰입은 이 둘 사이의 섬세한 균형 위에서 발생하는 것이다.

기업의 입장에서 보면, 업무에 몰입하는 직원보다 더 귀중한 자산은 없다. 몰입은 직원의 능률과 업무 만족도를 극대화시키기 때문이다. 하지만 몰입은 단지 직장에서만 필요한 것이 아니다. 악기를 연습하는 사람이나, 시험을 준비하는 수험생, 강의를 준비하는 교수 모두에게 몰입은 목표를 달성하는 데 있어 결정적인 열쇠가 된다. 복잡한 동작과 높은 집중력이 요구되는 프로 운동선수들조차도 좋은 지도자와 따뜻한 격려 속에서 몰입 상태에 이르러야 최고의 기량을 발휘할 수 있다.

몰입이란, 과도한 부담과 따분함 사이를 교묘하게 피하며 균형을 맞추는 '심리적 줄타기'와 같다. 그리고 그 줄타기는 연습을 통해 충분히 배울 수 있다.

어떻게 몰입을 배울 수 있을까? 가장 중요한 것은 내면의 소음을 잠시 끄는 법을 익히는 것이다. 물론 우리는 완전히 생각을 멈추는 것이 불가능하다는 사실을 잘 알고 있다. 그러나 헝가리 출신의 심리학자 미하이 칙센트미하이는 이렇게 말한다.

"자기 자신에 대한 생각이 사라질 때 비로소 몰입에 도달할 수 있다."[37]

이 말은 곧, 결과를 의식하기보다는 감정의 흐름과 현재의 순간에 집중하라는 의미로 받아들여야 한다. 또한 몰입을 경험하기 위해서는, 각 단계별로 명확한 목표를 설정하는 것이 필요하다. 목표가 구체적이고, 그 달성 여부를 스스로 검토할 수 있을 때, 우리는 몰입할 수 있는 동기와 방향을 동시에 얻게 된다.

무엇보다도, 완전한 몰입에 도달하기 위해 중요한 조건은 순간을 즐길 줄 아는 능력이다. 시간에 얽매이지 않고, 지금 여기에 온전히 집중하는 태도, 그것이 진정한 몰입의 완성이라 할 수 있다.

■ 현대 사회에서 심리학의 역할과 인간 행동에 대한 인지적 통찰

생각한 대로 일이 잘 풀리지 않을 때가 있으며, 때로는 마음에도 없는 말을 내뱉고 계획하지 않은 행동을 반복하기도 한다. 왜 원래 의도했던 방향과 전혀 다른 곳으로 마음이 흘러가는지 모를 때, 그 이유를 분명하게 이해하지 못하면 계속해서 내 마음에 휘둘릴 수밖에 없다.

이런 현상은 인간관계에서도 동일하게 나타난다. 우리는 종종 상대방과 원활하게 대화를 이어 가며 원하는 목표를 이루고자 하지만, 현실에서는 오히려 상대방의 말이나 태도에 이끌려 가는 자신을 발견한다. 특히 상대방이 인간 심리의 원리와 메커니즘을 잘 이해한 상태에서 접근한다면, 단순히 마음이 가는 대로 대응하다가 원하는 결과를 얻지 못하고 오히려 휘둘릴 위험이 크다. 이러한 이유로 심리학은 현대 사회에서 필수적인 도구로 자리 잡았으며, 최근 심리과학의 급속한 발전은 인간 심리의 작동 원리와 그 이면에 숨겨진 비밀을 점점 더 명확히 밝혀내고 있다.

장원청의 『심리학을 만나 행복해졌다』는 우리가 일상에서 자주 경험하지만 미처 인지하지 못했던 다양한 심리 현상들을 잘 설명해 주고 있다. 일상에서 겪는 수많은 심리 현상은 때로 우리도 모르게 관계와 선택에 영향을 미친다. 사람들은 썸을 타는 관계 속에서 상대방에 대한 호감의 실체를 혼란스러워하거나, 상대 역시 같은 마음인지 헷갈려 하는 경우가 많다. 심리학은 이러한 상황을 해석하는 유용한 도구를 제공한다.

조직 내에서도 심리학적 통찰은 실질적인 도움이 된다. 구성원들은 단순한 금전적 보상뿐 아니라 정서적 지지와 존중을 중시하며, 이로 인해 조직의 생산성과 분위기가 크게 달라질 수 있다. 감정의 관리와 효과적인 소통 방식은 조직의 성과와 더불어 개인의 만족도에도 중요한 영향을 미친다. 또한 심리학을 바탕으로 상대방의 심리를 읽고, 상황에 맞는 접근 방식을 선택하는 것은 대인 관계에서 실질적인 전략이 될 수 있다.

이를 통해 보다 명확한 의사소통이 가능해지고, 긍정적인 관계 형성과 사회적 성취로도 이어질 수 있다. 심리학적 지식을 실생활에 적용하면 자신의 의도를 분명히 하고, 타인의 심리를 보다 잘 이해할 수 있게 되며, 이는 곧 개인적 행복과 사회적 성취에 한 걸음 더 다가갈 수 있는 기반이 된다.

삶아져 죽은 청개구리 효과

서서히 다가오는 위험을 느끼지 못하면, 결국 큰 위기에 빠지게 된다. 문제를 외면하는 것이 가장 위험한 일이다. 최근 '삶아져 죽은 청개구리 효과'에 대해 생각해 보았다. 이 효과는 뜨거운 물에 갑자기 들어가면 놀라서 튀어나오는 개구리도, 천천히 온도가 올라가는 물에서는 온도의 변화를 눈치채지 못하고 결국 죽고 만다는 이야기이다. 이것은 위기가 명백하지 않을 때 쉽게 무시해 버리는 인간의 심리를 잘 나타낸다.

가장 나쁜 상황이란 단순히 위험에 직면한 상태가 아니라, 위험이 닥쳤을 때 스스로를 구할 수 있는 능력을 상실한 상태이다. 진정한 위기는 겉으로 드러나는 커다란 재난보다 오히려 자신도 모르게 천천히 퇴화하고 잠식되어, 결국 깨달았을 때는 이미 돌이킬 수 없을 정도로 늦어 버린 상태에서 나타난다.

위험은 결코 갑자기 나타나지 않는다. 작은 위험 요소들이 쌓이고 누적되면서 결국 심각한 위기가 된다. 따라서 평소에 이러한 작은 신호들을 감지하고, 미리 준비하고 대비하는 습관을 기르는 일이 무엇보다 중요하다. 작은 위험 인자가 무엇인지 정확히 인지하고, 상황마다 어떻게 대처해야 하는지를 미리 안다면 위기가 닥쳤을 때 훨씬 더 효율적으로 대응할 수 있다.

안타깝게도 많은 사람들은 사소한 변화나 작은 신호들을 무시하고 지나쳐 버린다. 이렇게 방치된 작은 위험들이 쌓여 돌이킬 수 없는 큰 위기를 만들어 낸다. 이런 상황을 피하려면 순간순간 깨어 있고, 예민한 시각과 판단력을 유지해야 할 필요가 있다. 현명한 사람은 작은 변화도 쉽게 지나치지 않고 세심하게 관찰하고 대처할 수 있는 능력을 키워, 삶 속에서의 진정한 위기를 예방한다.

퇴행 효과와 자기 혁신의 심리학: 제너럴 모터스의 파산에는 이유가 있다

퇴행 효과(regression effect)란, 어떤 성과나 현상이 일시적으로 정점에 이르렀다가 시간이 지나면서 평균 수준으로 되돌아가는 경향을 의미한다. 이는 개인이나 조직이 발전을 멈추고 안주할 때 나타나는 현상으로, 결과적으로 성과의 하락이나 정체를 초래할 수 있다.

퇴행 효과의 근본 원인은 바로 혁신 동력의 부족이다. 실제로 제너럴 모터스와 같은 거대한 기업도 혁신이 정체되면서 결국 파산에 이르게 되었다는 점에서 큰 교훈을 얻을 수 있다. 주위를 둘러보면 이러한 퇴행 효과에 빠진 사람들을 흔히 볼 수 있다. 그들은 "어떻게 되든 상관없다"는 태도로 삶을 대하며 자신의 잠재력을 키우는 데 전혀 관심이 없다. 그저 현재 상태에 안주하며 더 나은 미래를 위한 노력을 하지 않는다. 결국 이들은 아무런 성취도 없이 적당히 하루하루를 보내며 인생을 소모한다.

빌 게이츠는 마이크로소프트의 위기를 경고하며 "마이크로소프트의 파산은 단지 18개월 만에도 일어날 수 있다"고 여러 차례 언급한 바 있다. 이 말을 통해 언제나 위기의식을 가지고 살아가야 한다는 사실을 깨달았다. 첨단기술산업뿐만 아니라 전통 제조업을 포함한 많은 산업 분야에서도 위기의식이 필수적인 요소로 자리 잡고 있다.

그렇다면 퇴행 효과를 어떻게 피할 수 있을까? 내가 생각하는 가장 좋은 방법은 제자리걸음 하지 않고 스스로 목표를 설정하여 달리는 것이다. 단순히 노력하는 것이 아니라, 항상 최고를 목표로 삼고, 최고의 사람들과 경쟁하면서 달려야 한다. 이러한 환경에서 누구보다 빠르게 성장하지 않으면 자연스럽게 퇴행 효과에 빠질 수밖에 없다. 경쟁에서 이기려면 다른 사람들보다 빠르고 뛰어나야 한다. 스스로 혁신을 추구하고 항상 위기의식을 갖추는 것이야말로 퇴행 효과로부터 자신을 지키는 가장 강력한 전략이다.

■ 심리학으로 풀어 보는 세일즈 성공 전략

세일즈 분야는 사람의 마음을 움직이지 않고는 단 한 발짝도 나아갈 수 없다. 『심리학으로 팔아라』는 그런 세일즈 현장에서 실제로 써먹을 수 있는 심리학의 원리들을 정리한 실전형 책이다.[38]

세일즈의 핵심은 "물건을 파는 것이 아니라 사람을 이해하는 것"이다. 보통 우리는 제품 설명만 줄줄 늘어놓는다. 차를 팔 때도, 스마트 스토어에서 상품을 홍보할 때도, 내 제품이 얼마나 좋은지에만 몰두한다. 하지만 대부분의 고객은 부담을 느끼고 결국 돌아서게 된다. 그 이유는 분명하다. 사람의 심리를 고려하지 않은 세일즈는 결코 사람의 마음을 움직일 수 없기 때문이다. 세일즈는 더 이상 기술의 문제가 아니라 '심리의 언어'를 구사할 수 있느냐의 문제이다.

고객은 설명을 듣고 사지 않는다. 이해받고 있다고 느낄 때, 자신의 욕망이 실현될 수 있다고 믿을 때, 그리고 안심할 수 있을 때 지갑을 연다. 심리학은 영업의 도구가 아니라, 사람과 사람 사이의 교감의 언어다.

구매 후 인지부조화와 심리 방어기제

고객은 자신의 선택이 틀렸다는 사실을 무엇보다도 싫어한다. 고객은 항상 옳은 결정을 내리고 싶어 한다. 아니, 단순히 옳은 선택을 하고 싶어 하는 수준을 넘어 이미 내린 선택이 옳았다고 믿고 싶어 하는 존재다. 손목시계를 하나 샀다고 가정해 보자. 그 시계를 살 때 크기, 디자인, 브랜드 인지도, 고장 확률, A/S 가능 여부, 가격 대비 성능 등을 고려했을 것이다. 이 모든 요소를 종합적으로 따져 본 뒤 나름 최선이라고 판단한 선택이었을 것이다.

그런데 구매 후, 주변에서 누군가가 "그거 짝퉁이야", "비슷한 성능인데 10만 원 더 싸게 산 사람도 있어", "그 브랜드 요즘 별로야"라는 말을 한다면 어떤 감정이 들까?

순간적으로 드는 생각은 "괜히 샀나…", "망했다…", "속았네…"일 것이다. 그리고 곧이어 "아냐, 디자인은 얘가 제일 낫잖아", "그래도 난 만족해" 같은 심리적 방어가 작동한다. 이처럼, 고객은 자신의 선택이 틀렸다는 사실을 받아들이는 것을 극도로 싫어한다. 왜냐하면 인간은 자기 합리화의 동물이기 때문이다. 이 심리적 불편함을 심리학에서는 '구매 후 인지부조화(Post-purchase dissonance)'라고 부른다.

구매를 마친 후에도 마음 한 켠이 찜찜한 이유는, 이미 비용을 지불하고 손에 넣은 물건이 '내 선택은 과연 옳았을까?'라는 질문을 스스로에게 던지게 만들기 때문이다. 이 불편함은 감정적으로 매우 불쾌하기 때문에 사람은 즉각적으로 자신의 선택을 합리화하거나, 반박하거나, 방어하려는 심리기제를 작동시킨다.

이 지점을 세일즈에선 반드시 주목해야 한다. 고객이 제품을 구매한 이후에는 그 선택을 뒷받침해주는 경험, 정보, 정서적 지지가 필요하다. 이때 누군가가 그 선택을 정면으로 공격하거나 깎아내리면, 고객은 판매자에게 적대감을 품거나, 제품을 방어하려 하면서 스트레스를 느끼게 된다. 하지만 반대로, 판매자나 브랜드가 '당신의 선택은 현명했습니다'라는 메시지를 은근하고 세련되게 전달한다면, 고객은 오히려 더 깊은 만족감과 충성도를 형성하게 된다.

구매 후 발송되는 이메일에 "당신의 안목에 박수를 보냅니다."
후속 마케팅에서 "이 제품을 선택한 고객 중 95%가 만족을 표현했습니다."
SNS 콘텐츠로 "이 제품을 고른 이들의 후기가 쏟아지고 있습니다."

이런 메시지는 모두 고객의 인지부조화를 해소시키는 '심리적 방어 도우미' 역할을 한다. 고객은 제품을 사는 게 아니라, '자기 선택의 정당성'을 사고 있는 것이다. 그러므로 훌륭한 세일즈란, 고객이 결제를 마친 뒤에도 "잘 샀다"는 확신을 심어 주는 일이다. 그 확신이 다음 구매의 시작이 되고, 브랜드와의 관계를 신뢰로 연결하는 심리적 고리다.

사회적 증거의 힘과 실전 활용법: 후기와 피드백이 만드는 신뢰와 구매 결정
사회적 증거라는 개념은 누군가의 사용 후기나 증언 같은 것이다. 사실 우리의 일상에서도 아주 쉽게 볼 수 있다. 스마트 스토어에 들어가서 어떤 물건을 살까 고민할 때, 습관처럼 후기부터 먼저 살펴본다. 다른 사람들이 이 제품을 실제로 사용했을 때 어땠는지를 보고 그 반응을 참고해서 구매

의사를 결정하는 것이다.

막상 이 사회적 증거를 실제로 어떻게 활용할 수 있을지에 대해선 감이 잘 안 잡힐 때가 많다. 사회적 증거라는 심리 효과가 크다는 건 알겠는데, 구체적인 방법이 막막하다. 이럴 때 필요한 것이 바로 피드백이다.

고객에게 제품을 사용해 본 후 느낌을 글로 남겨 달라고 요청하거나, 음성이나 영상으로도 남겨줄 수 있는지 물어본다. 물론 대부분 쉽게 해 주진 않는다. 그래서 그에 대한 보상도 어느 정도 필요하다. 예를 들면 후기 작성 시 추가 할인 쿠폰을 제공한다든가, 사진 리뷰를 올리면 사은품을 준다든가 하는 식으로 말이다.

리뷰 남기는 데 들어가는 고객의 수고에 대해 정당한 대가를 제시해야 한다는 이야기다. 피드백을 꾸준히 요청해서 리뷰를 계속해서 모으는 것이 중요하다. 고객 한 명의 말보다 수십, 수백 명의 후기가 더 강력한 신뢰를 만든다. 이는 단순한 마케팅 기법이 아니라, 신뢰를 쌓는 본질적인 방식이다. 리뷰는 곧 신뢰이며, 신뢰는 판매의 마지막 문을 열어 주는 열쇠다.

그러니 반드시 기억해야 한다. 내가 아무리 좋은 제품을 만든다고 해도 그걸 직접 사용해 본 사람들의 목소리를 들려주지 않으면 다른 사람의 선택은 쉽지 않다. 그리고 그 목소리를 모으는 것이 결국 내 몫이라는 것도 말이다.

신뢰와 호감이 만드는 세일즈의 힘: 관계 기반 판매 전략

호감이 없으면 사람은 쉽게 동의하지 않는다는 점을 생각해 보자. 길에서 처음 만난 사람이 갑자기 뭔가를 부탁하는 상황과, 평소 친하게 지내고 좋아하는 사람이 뭔가를 부탁하는 상황 중 어느 쪽이 수락 확률이 높을까?

당연히 후자다. 사람은 신뢰와 호감이 있는 대상에게 훨씬 더 유연하고 관대해진다.

물건을 판매할 때도 마찬가지다. 평소 자주 마주치고 인사를 나누던 세일즈맨이 어느 날 제품을 소개하며 구매를 권하면, 그 말을 꽤 진지하게 듣게 된다. 그 사람이 어떤 사람인지 알고 있고, 기본적인 신뢰가 쌓여 있기 때문이다.

반대로, 오늘 처음 본 사람이 갑자기 다가와 제품을 설명하며 구매를 유도한다면, 아무리 좋은 말과 혜택을 이야기해도 먼저 의심부터 드는 것이 사람 마음이다. 온라인에서도 마찬가지다. 블로그나 SNS, 상세페이지에서 그 사람의 글을 읽고, 태도나 말투, 진심이 느껴졌을 때, 그 상품에 대한 신뢰도 함께 따라오게 된다.

세일즈는 결국 관계다. 믿을 수 있는 사람에게서, 호감이 가는 사람이 권유할 때, 비로소 구매라는 결정이 일어난다. 세일즈에 성공하고 싶다면, 고객과의 관계를 먼저 생각해야 한다. 단순한 말 한마디, 꾸준한 인사, 정직한 후기 하나에서 시작될 수 있다는 걸 절대 잊지 말자.

인간의 모든 생각과 행동에는 심리학이 자리한다

인간의 심리 현상은 약 1,000억 개의 신경세포와 1,000조 개의 시냅스로 이루어진 복잡한 신경망, 즉 뇌의 활동 결과로 설명할 수 있다. 이러한 방대한 연결 구조는 단순한 반응 체계를 넘어, 창조적 사고, 사회적 관계 형성, 상상력 기반의 세계 구성 같은 고차원적 기능까지 가능하게 한다.

이 과정의 핵심에는 복잡계가 지닌 특성인 창발성(emergence)이 작용한다. 창발성이란 개별 요소들의 단순한 합을 넘어, 전체 시스템 차원에서 새로운 질서나 속성이 나타나는 현상을 의미한다. 예를 들어, 신경세포가 단순히 연결되어 있다고 해서 고차원적 인지 기능이 바로 설명되지는 않는다. 그러나 이들이 상호작용하며 형성하는 복잡한 네트워크는 예측할 수 없는 수준의 인지적 결과를 만들어 낸다. 인간의 정서 표현, 언어 사용, 창의성 등이 바로 이 창발성에서 비롯된 대표적인 사례다.[39]

심리학은 일상에서 나타나는 인간 행동을 이론, 실험, 통계적 접근을 통해 구조적으로 설명하는 데 초점을 둔다. 반복되는 선택 패턴이나 특정 언행의 동기는 심리학적 틀 안에서 분석할 수 있으며, 이러한 분석은 인간 이해에 실질적인 기여를 한다. 심리학은 단편적 행동 해석에 그치지 않고, 그 배경에 있는 심리적·신경학적 요인까지 함께 고찰한다.

이러한 통합적 접근을 통해 우리는 인간의 의사결정, 대인 관계, 감정 조절 등 삶의 여러 영역을 보다 체계적이고 깊이 있게 이해할 수 있다.

인간 기억의 왜곡과 디지털 시대의 인지 능력 저하

때때로 믿고 있는 기억이 정말 사실이었는지 의심스러울 때가 있다. 분명히 생생하게 떠오르는 장면인데, 시간이 지나면서 누군가의 말이나 감정에 따라 조금씩 달라지고 왜곡된다는 느낌이 든다. 사실, 그것은 뇌가 만들어 낸 거짓 기억일지도 모른다.

사람의 기억은 사진처럼 그대로 남아 있는 것이 아니다. 우리는 종종 "그때 그렇게 했잖아"라며 분명한 장면처럼 기억을 말하지만, 실제로 기억은 지금의 나에 의해 끊임없이 바뀌고 다시 만들어지는 이야기일 뿐이다.

추억이 아름답게 느껴지는 것도, 당시의 고통과 혼란을 무의식적으로 필터링한 결과일 수 있다. 처음엔 작았던 왜곡이 시간이 지나며 점점 더 사실처럼 굳어지고, 그 왜곡을 진실로 믿게 되는 순간이 찾아온다.

기억이 왜곡되기 쉬운 인간의 구조도 문제지만, 요즘 더 우려되는 것은 디지털 시대가 인지 능력 전반에 미치는 영향이다. 기술의 발전으로 정보에 손쉽게 접근할 수 있게 되었지만, 그만큼 그 정보를 '내 것'으로 만드는 과정이 필요하다. 그러나 생각하고 해석하고 내재화하는 시간은 점점 사라지고 있다. 정보는 넘쳐나지만, 이해와 숙고의 시간은 사라졌다.

무언가를 배울 때 원리를 스스로 터득하기까지의 소화 과정 없이, 결론만 복사해 외우고 넘기는 일이 반복되다 보면, 어느 순간부터 깊이 생각하지 않아도 되는 자신을 당연하게 여기게 된다.

정보 기술의 발달은 개인이 이용할 수 있는 선택지의 범주를 기하급수적으로 확대시켰으며, 이는 과거의 한정된 환경과는 대조적이다. 모든 것이 즉각적이고 방대하다 보니, 오히려 그 안에서 결정 장애를 겪는 일이 잦아진다. 선택지가 많으면 더 좋을 것 같지만, 실제로는 너무 많은 선택이 오히려 결정을 방해하고, 후회와 불안을 증폭시킨다. 이는 '선택 과부하(choice overload)'라는 심리적 현상으로, 결정이 많을수록 하나를 선택한 뒤에도 남은 선택지에 대한 미련과 불안이 커진다. 기억은 왜곡되고, 사고는 생략되며, 선택은 마비된다.

지금의 삶 속에서 이 세 가지 문제를 동시에 겪고 있는지도 모른다. 기억과 사고, 선택 이 세 가지는 곧 인간다움을 구성하는 중요한 축이다. 그런 점에서, 기술을 '도구'로 잘 활용하면서도 내면에서 생각하고 기억하며 결정하는 힘을 기르는 일은 결코 소홀히 할 수 없다.

승자의 저주: 성공의 반복은 왜 어려운가? 자만이 몰락의 시작이다

'성공의 반복'은 왜 이토록 어려운 일일까? 왕조든, 기업이든, 개인이든 처음에 성공하는 것보다 더 어려운 것은 그 성공을 이어가는 일이라는 사실을 우리는 역사 속에서 수도 없이 목격한다. "부자는 3대를 넘기기 어렵다"는 말은 단순한 경제적 우연이 아니다. 영어권에서는 "셔츠 차림으로 시작해, 셔츠 차림으로 끝난다", 독일에는 "아버지는 재산을 모으고, 아들은 탕진하고, 손자는 파산한다"는 속담이 전해진다.

시대를 막론하고 반복되는 이 현상은 단지 유산의 문제가 아니라 자질의 문제, 태도의 문제, 심리의 문제다. 왕조를 일으킨 1대는 절박함과 창조성, 책임감으로 무장되어 있다. 모든 것을 잃을 각오로 모든 것을 세웠고, 그래서 결과에 도달했다. 그의 아들은 그 성공의 과정을 직접 곁에서 보며 간접적으로 흡수한다. 그러나 손자의 대에 이르면 체험은 사라지고 전승만 남는다. 더 이상 그 정신은 살아 움직이지 않고, 형식적 모방으로만 이어진다.

결국 3대를 넘어서면, 가문이든 조직이든 국가든 자신들이 무엇을 위해 시작했는지를 잃어버리게 된다. 이것이 바로 승자의 저주다. 정상에 오른 자는 그 성공 때문에 몰락하게 된다. 역사는 창조적 소수가 바꾼다고들 한다. 그러나 한 번 성공한 창조적 소수는 곧 자신들의 방식이 절대적 진리라는 착각에 빠진다.

변화에 둔감해지고, 기존의 성공을 계속 복제하면 동일한 결과가 따를 것이라 믿는다. 그 착각이 몰락의 시작이다. 과거의 성공은 미래의 실패를 예고하지 않지만, 성공에 대한 자만은 미래의 실패를 불러온다.

성공을 오래 유지하는 힘은, 끊임없이 낡은 사고를 버리고 새롭게 생각하려는 태도에 있다. 겸손하게 질문하고, 실패를 받아들이며, 과거가 아닌 현재와 미래에 최적화된 사고를 할 수 있는 자만이 진정한 승자의 길을 걸을 수 있다.

인간의 핏속에는 질투의 DNA가 존재한다

왜 우리는 누군가가 잘되는 걸 그저 기쁘게 받아들이지 못할까? 왜 사랑받는 사람을 보면 그 자리에 내가 있었으면 하고 바라는 걸까? 그 질문의 답은 아주 오래된 감정, 질투라는 본능에서 출발한다. 인간의 핏속에는 질투의 DNA가 내장되어 있다.

어린아이를 보자. 동생이 태어나면 갑자기 행동이 달라진다. 엄마가 모르는 사이에 동생을 꼬집거나, 눈을 찌르려 하기도 한다. 그 행동 뒤에는 엄마의 사랑을 빼앗길까 봐 두려운 마음이 숨어 있다. 말로는 표현하지 못하지만, '엄마의 관심은 한정되어 있고, 그 사랑은 경쟁 대상이 생기면 나눠질 수 있다'는 것을 본능적으로 안다.

질투는 단순히 나쁜 감정이 아니다. 자신의 위치가 상대적으로 추락할 때, 또는 애정이나 관심이 위협당할 때 발생하는 지극히 자연스럽고 인간적인 감정이다. 질투를 부정하거나 억누르려 하기보다, 그 감정이 무엇을 말하고 있는지를 귀 기울여 듣는 편이 낫다. 그 안에는 잃고 싶지 않은 것, 자신에게 중요한 것이 무엇인가 들어 있기 때문이다.

걱정의 4%만이 자신의 힘으로 바꿀 수 있다

걱정에 사로잡혀 밤잠을 설치는 일이 있다. 그런데 문득 이런 질문을 던져 보게 된다.

"지금 하고 있는 이 걱정, 정말 내 힘으로 바꿀 수 있는 걸까?"

한 연구에 따르면, 우리가 하는 걱정의 40%는 절대 일어나지 않을 일에 대한 것이고, 30%는 이미 지나간 과거에 대한 후회, 22%는 크게 중요하지 않은 사소한 일이며, 4%만이 실제로 바꿀 수 있다고 한다.

우리가 실제로 통제할 수 있는 걱정은 전체 중 극히 일부, 100가지 중 고작 4가지에 지나지 않는다. 이 통계를 처음 접했을 때, 얼마나 많은 에너지를 헛된 생각에 쏟고 있었는지를 비로소 자각하게 되었다. 바꿀 수 없는 것을 붙들고 있으면, 정작 바꿀 수 있는 것을 향해 나아갈 힘마저 잃게 된다. 그래서 요즘은 걱정을 걸러 내는 연습을 하고 있다. 할 수 있는 것과 할 수 없는 것을 구분하고, 4%에 집중하며 나머지 96%는 놓아주는 연습이 필요하다. 모든 걱정을 멈출 수는 없지만, 적어도 마음속을 쓸데없는 걱정으로 가득 채우지 않을 자유는 스스로 가질 수 있다.

확증 편향[40]: 인간 사고의 프레임에 갇힌 인지 왜곡

인간이란 존재가 얼마나 허술하고 편파적인지를, 깨달을 때가 있다. 예전에 아주 가까운 지인이 뇌출혈로 장애를 얻게 된 일이 있었다. 그전에는 그렇게 많은 뇌출혈 환자를 본 적이 없었는데, 이상하게도 그 일을 겪고 난 뒤로는 거리에서, 뉴스나 병원에서 유독 뇌출혈 환자들이 자꾸 눈에 들어오기 시작했다.

그제서야 깨달을 수 있었다. 보고 싶은 것만 보고 있었고, 자신의 경험을 중심으로 세상을 재해석하고 있었다는 사실을. 이것이 바로 확증 편향(confirmatory bias)이다.

확증 편향은 '프레임 효과'라고도 불린다. 모두가 자신만의 고정된 틀과 관점, 즉 프레임으로 세상을 해석하려 한다. 그리고 그 프레임에 부합하는 정보만을 받아들이고, 그에 어긋나는 사실은 무시하거나 깎아내린다.

더 무서운 건, 이러한 사고의 오류가 의식적인 선택이 아니라 무의식의 작용이라는 점이다. 자신의 행동이 논리적 판단에서 비롯된 것이라 착각하지만, 실상은 무의식이 먼저 결정을 내리고, 그 결정을 나중에 이성이 뒤따라 합리화하고 있는 경우가 대부분이다. 인간의 기억 역시 그다지 신뢰할 만한 것이 아니다. 기억은 기록이 아니라, 감정에 따라 편집되는 재구성된 이야기다. 같은 사건이라도 그때의 기분, 지금의 시선에 따라 기억은 전혀 다르게 왜곡되어 남는다.

인지 심리학자들은 오래전부터 "인간은 정보를 객관적으로 처리하는 존재가 아니라, 자신의 믿음을 강화하기 위한 선택적 수용자"라는 사실을 밝혀 왔다. 역사 역시 이 사실을 끊임없이 증명해 왔다. 그래서 이제는 조심하려 한다. 무언가를 단정하기 전에, 혹시 프레임에 갇혀 있는 건 아닌지, 혹은 무의식이 사고를 속이고 있는 건 아닌지, 한 걸음 물러서서 의심해 보려 한다. 그 작은 거리감 하나가, 더 정직한 사고와 덜 왜곡된 판단으로 나아가는 길을 열어 줄지도 모른다.

개념적 소비(Conceptual Consumption): 스토리와 의미를 구매하는 심리

인간의 심리는 참으로 복잡하고 예측하기 어렵다. 그중에서도 '개념적 소비(Conceptual Consumption)'라는 개념은 처음 접했을 때 쉽게 이해되지 않았다. 비싼 돈을 들여 고생을 사서 한다니, 겉으로 보면 비합리적으로 보이기 때문이다.

그러나 개념적 소비는 단순히 물질적 상품이나 서비스에 대한 것이 아니다. 그 속에 담긴 스토리와 의미, 개념 자체를 소비하는 행위다. 즉, 소비 그 자체가 상징성과 정체성을 지닌 경험이 되는 셈이다.

예를 들어, 캐나다 퀘벡의 얼음 호텔에서 여름휴가를 보내거나, 후쿠시마와 같은 피해 지역에서 자원봉사에 참여하는 일, 유대인 강제 수용소나 9·11 테러 현장을 방문하는 여행, 배낭 하나 메고 인도·티베트·산티아고 순례길을 걷는 행위 등은 모두 개념적 소비에 속한다. 이러한 경험은 불편하고 때로 고통스럽기도 하지만, 사람들은 그 안에서 의미와 개인적 가치를 발견한다.

즉, 인간은 단순히 효용을 극대화하려는 존재가 아니다. 많은 소비 행위는 가격 대비 효용이 아니라 의미, 정체성, 상징성에 기반한다. 이러한 현상은 행동경제학과 소비심리학에서 다양하게 설명된다.

개념적 소비는 심리적·정체성적 투자다. 개념적 소비는 단순한 구매 행위를 넘어, 자기 자신을 정립하고, 삶에 의미를 부여하며, 사회적 정체성을 표현하는 도구로 기능한다. 이는 행동경제학에서 말하는 이성적 선택의 틀을 벗어나지만, 인간 본연의 심리 구조와 밀접하게 연결되어 있다.

2장
회복의 심리학

■ **좋은 사과가 관계를 살린다:**
몰리 하우스의 사과 4단계와 성숙한 회복의 심리학

살아가는 동안 단 한 번도 타인에게 상처를 받은 적 없는 사람이 있을까? 상처를 받지 않고 살아가는 것이 쉽지 않은 것처럼, 누구에게도 상처를 주지 않으며 살아가는 것 또한 그만큼 어려운 일이다. 무심한 말 한마디, 혹은 차가운 침묵 하나로 누군가의 마음에 생채기를 낸 기억은 누구에게나 있다. 반대로, 아무 의도 없이 건넨 말에 서운함을 느끼고 혼자 상처를 키워 온 경험도 낯설지 않다.

인간관계는 아주 작은 오해 하나로도 쉽게 틀어질 수 있을 만큼 섬세하고 민감한 영역이다. 하지만 어긋났다고 해서 모든 관계를 잘라 낼 수 없고, 서로에게 특별한 의미가 있는 사이라면 계속해서 모른 척하고 있는 것도 마음이 편치 않다. 문제는 어긋난 그 순간보다, 그 이후에 밀려오는 감정의 혼란이다. '말하고 싶지만 말하고 싶지 않고, 서운하면서도 미안한' 그 애매하고 복잡한 마음 속에서 스스로에게 묻게 된다.

"그때 그렇게 말했더라면, 뭐가 달라졌을까?"

관계에서의 회복은 오로지 진정한 사과로부터 시작된다. 몰리 하우스는 『그때 이렇게 말했더라면』에서 진정한 사과는 '죄송합니다'라는 말 너머, 상대방의 마음을 마주하고 교감의 문을 여는 초대와도 같다고 설명하고 있다.[41]

사과는 왜 어려운가: 진심 어린 사과가 관계를 회복시키는 심리적 과정

왜 사람들은 사과를 주저할까? 왜, 관계가 어긋나고 있다는 걸 알면서도 쉽게 사과하지 못할까? 생물학적 본능, 문화적 자존심, 사회적 권력 관계 등 다양한 이유가 있겠지만, 가장 근본적인 이유는 아마도 상대의 마음을 진심으로 마주하는 일이 두렵기 때문일 것이다.

가장 큰 이유는 "잘못한 게 없는데 왜 사과를 해야 하지?"라는 마음 때문이다. 자신의 입장에서는 사소한 말, 별 의미 없이 던진 행동일 뿐인데, 상대가 왜 그렇게 예민하게 반응하는지 이해하기 어려운 순간들이 있다. 실제로 진심 어린 대화를 나눠 보면, 상대는 나와 전혀 다른 방식으로 그 사건을 받아들이고 있을 가능성이 크다. 내가 놓친 말투, 시선, 한숨, 혹은 무심코 넘긴 농담 하나가 상대에게는 깊은 상처로 남아 있을 수 있다.

가끔은 자신의 감정에만 몰두한 나머지, 타인의 입장을 제대로 돌보지 못했을 수도 있고, 익숙한 말하기 습관이 누군가에게는 날카로운 칼날처럼 느껴졌을 수도 있다. 그럼에도 불구하고 사과할 이유를 찾지 못한 채, '시간이 해결해 주겠지', '우린 가까우니까 굳이 말 안 해도 알겠지'라는 생각으로 문제를 흐지부지 넘기는 경우가 많다. 그러나 경험상, 시간이 곧 치료제는 아니다. 방치된 상처는 시간이 지나면서 삐걱거리기 시작하고, 결국 무심코 더 깊어진 틈을 남길 수 있다.

사과는 단순히 "미안해"라는 말 한마디가 아니다. 그것은 상대의 마음에 귀를 기울이며, 자신의 결점과 불완전함을 직면하는 용기 있는 행동이다. 몰리 하우스는 이렇게 말한다. "자신의 불완전성을 생산적인 방식으로 받아들인다면, 인생관은 물론 성격까지도 변화할 수 있다."

진정한 사과는 자신조차 몰랐던 무의식적 행동 패턴을 들여다보게 하고, 관계 속에서 반복하는 심리적 문제를 인식하게 만든다. 그 안에서 실수에 대처하는 법, 죄책감과 수치심을 해소하는 법, 그리고 스스로를 솔직하게 마주하는 법을 배우게 된다.

사과는 나와 타인 모두에게 자존감을 회복할 수 있는 기회다. 먼저 마음을 여는 사람이 있기에, 상대도 방어를 내려놓고 자신의 감정을 솔직하게 꺼낼 수 있다. 그 과정에서 정서적으로 깊은 연결이 형성된다. 진정한 사과를 나눈 뒤에는, 그 전보다 훨씬 더 단단하고 깊이 있는 관계가 만들어질 수 있다. 사과는 자존심이 꺾이는 일이 아니라, 성장을 위한 용기이며, 관계를 회복하는 기술이다.

이제는 더 이상 '왜 나만 먼저 사과해야 해?'라는 마음보다, '이 관계를 지키기 위해 지금 내가 먼저 할 수 있는 건 무엇일까?'라는 질문을 던질 수 있는 사람이 되고자 한다.

관계를 회복하고 성장으로 이끄는 4단계 사과 기술

"미안합니다"라는 말을 입에 달고 살면서도, 정작 좋은 사과는 어떻게 해야 하는지 몰랐다. 때로는 사과를 회피했고, 때로는 사과를 했지만 오히려 상대를 더 멀어지게 만든 적도 있었다. 진심이 담기지 않은 사과는 때로 되돌릴 수 없는 결과를 초래한다.

   진정한 사과는 신뢰를 회복시키고 마음의 상처를 치유하며, 개인의 성장을 이끌고 관계를 회복하게 만든다. 사과의 힘은 강력하다. 이를 위한 방법을 살펴보자.

1단계: 가만히 들어라

   사과의 첫 단계는 말하는 것이 아니라 듣는 것이다. 보통 "미안해"라고 먼저 말하고, 그 다음엔 내가 왜 그랬는지를 설명하려 한다. 하지만 이건 사과가 아니라 해명이다.

   진짜 사과는 상처받은 사람의 말에 귀를 기울이는 것에서 시작된다. 그 사람이 어떤 감정을 느꼈는지, 왜 그렇게 아팠는지 차분히 듣고 이해해야 한다. 그 순간만큼은 내 감정보다 상대의 감정이 중요하다.

   "내가 연락을 끊었을 때, 너는 어떤 기분이었어? 내가 잘 이해하지 못했던 것 같아. 조금 들려줄래?" 그 질문 하나만으로도, 상대는 자신의 감정을 알아주는 위안을 느낀다.

2단계: 진심을 담아 말하라

   사과는 결국 진심이다. 아무리 좋은 표현이라도 진심이 없다면 그건 사과가 아니다. 특히 다음과 같은 말들은 피해야 한다.

   "미안해, 하지만…" "그럴 생각은 없었어." "만약 내가 상처 줬다면 미안해."

   이런 말은 책임을 회피하는 조건부 사과에 가깝다. 사과는 내가 의도했는지 하지 않았는지보다, 상대가 상처받았다는 사실 자체에 책임지는 태도다.

"내가 알아차리지 못했어. 네가 외로웠다니, 내 마음도 무겁다."

때로는 "미안해"보다 "그때 그렇게 표현해 줘서 고마워. 덕분에 내가 놓친 걸 알 수 있었어."라고 말하는 것이 더 깊은 공감이 된다.

3단계: 관계를 바로잡기

진정한 사과는 말에서 끝나지 않는다. 어떻게 관계를 회복할 수 있을지 실천 방안을 함께 모색해야 한다. "이 문제를 바로잡기 위해 내가 할 수 있는 건 뭘까?"

"네 신뢰를 다시 얻을 수 있도록 내가 뭘 하면 좋을까?"

실수한 아이에게 그저 "미안해"라고 말하라고 가르치는 것보다, 그 실수를 어떻게 만회할 수 있는지를 함께 고민하도록 돕는 것이 더 중요하다. 그 과정에서 신뢰는 더욱 단단해지고, 친밀감도 깊어진다. 때로는 물리적인 복구가 필요할 수도 있다.

실제로 한 운동선수는 과거의 부정행위를 사과하며 우승 트로피를 반납하고 기록까지 정정 요청했다. 그 행동은 단순한 후회가 아니라 진짜 책임을 지는 사과였다.

4단계: 다시는 되풀이하지 않기

가장 자주 빠뜨리는 단계다. 하지만 이 네 번째 단계가 진짜 사과를 완성시키는 열쇠다. 어떤 문제가 있었고, 왜 그런 일이 발생했으며, 앞으로 같은 실수를 반복하지 않기 위한 구체적인 약속이 필요하다. 그 과정을 통해 우리는 문제의 근본 원인을 자각하고, 미래를 바꿀 수 있는 힘을 갖게 된다. 때로는 한 번의 대화로 충분하지 않다. 상처가 깊을수록, 반복해서 대화를 나누고 다시 확인하는 시간이 필요하다. 그 과정 속에서 우리는 서로를 더 깊이 이해하고, 관계는 다시 연결될 수 있다. 사과는 단순한 말이 아니라, 정서적 회복을 위한 대화의 시작이다. 사과는 내가 불완전한 존재임을 받아들이는 겸손의 표현이고, 동시에 상대방을 존중하고 관계를 지키려는 용기 있는 태도다.

나에게도, 상대에게도 진짜 사과가 필요한 순간이 있다. 그 순간에 망설이지 않고 가만히 듣고, 진심으로 말하고, 관계를 바로잡고, 다시는 반복하지 않기 위해 노력하는 사람이 되고 싶다.

사과는 용서를 구걸하는 행위가 아니라, 책임지는 태도다. 진심 어린 사과는 단순히 잘못을 인정하고 감정을 공감하는 것을 넘어, 관계의 틀어진 부분을 실질적으로 맞추는 일이다. 사과는 단순한 예의가 아니라, 관계를 지키고 성장시키는 방식이라는 점을 기억해야 한다. 서툴고 어색하더라도, 먼저 말해야 할 순간이 분명 존재한다.

"그때 그렇게 말했더라면 달라졌을까?"라는 후회를 "지금이라도 진심을 전하면 달라질 수 있지 않을까?"라는 용기로 바꿔 보자.

■ 상처 받은 마음과 다시 사랑하기: 불안정 애착을 이해하고 회복하는 심리학

우리는 평생 동안 많은 공부를 하지만, 정작 사람을 사귀는 법, 대화하는 법, 사랑하는 법처럼 삶을 진짜로 살아가게 하는 것들은 제대로 배우지 못한 채 살아간다. 돌이켜 보면, 사랑이 이토록 어렵게 느껴졌던 이유는 관계에 대한 예시나 샘플이 없었기 때문이다. 연습 문제도 없이, 때로는 자신조차 이해하지 못하는 마음을 안고 누군가와 부딪쳐야 했다. 그 과정에서 상처를 주고받으며 관계는 점점 더 두려운 것이 되었다.

자신을 힘들게 만드는 관계의 틀을 바꾸기 위해서는 '애착 회복'이라는 연습이 필요하다. 사실 관계가 어려웠던 이유는, 단지 관계에 대해 배운 적이 없었기 때문일 뿐이다. 이제부터 배우면 된다. 관계 또한 공부처럼 연습과 교육이 필요한 일이다.

특히 관계에 서툴고 불안한 사람일수록 더욱 그렇다. 그러기 위해 가장 먼저 필요한 것은 '내가 어떤 사람인지', 그리고 '어떤 사람과 함께할 때 더 행복한지'를 아는 일이다. 어린 시절 내면화된 애착의 결핍을 되짚고, 그것을 치유하는 '자기 채움'의 길을 걷는 과정이 필요하다. 그 과정 속에서, 과거 어떤 관계를 경험했든 지금 이 순간부터는 새롭고 안정된 애착을 만들어 갈 수 있다는 가능성을 마주하게 된다.

그 근거는 과학적으로도 명확하다. 앞에서 말한 '신경 가소성(neuroplasticity)' 덕분에 인간의 뇌는 나이와 상관없이 언제든 새로운 회로를 형성할 수 있다. 즉, 관계에서 겪은 고통이나 결핍 역시 극복이 가능하다는 뜻이다. 진심으로 노력하고, 적절한 치유와 지원의 과정을 함께한다면, 분명히 나아질 수 있다. 어린 시절에 부족했던 보살핌과 위로를, 이제 어른이 된 자신이 자신의 아이에게 줄 수 있다면, 그 자체로 이미 한 걸음 회복된 것이다. 그렇게 과거를 딛고, 지금부터 더 따뜻한 관계의 미래를 새롭게 만들어 갈 수 있다.

불안정 애착과 회피형 애착

이유 없이 상처 받는 관계를 반복한 적이 있었을 것이다. 대개 비슷한 유형의 사람을 만나고, 결국에는 상대의 이별 통보로 관계가 끝난다. 도대체 무엇이 문제였을까? 커플 전문 심리치료사 제시카 바움은『나는 왜 사랑할수록 불안해질까』라는 책에서 그 해답을 '불안정 애착'에서 찾는다.[42]

놀랍게도, 불안정 애착을 가진 사람들은 우리가 생각하는 것보다 훨씬 흔하다. 1980년대에 발표된 낭만적 애착 이론에 따르면, 인구의 절반 이상이 불안정한 애착유형에 속한다고 한다. 당시 통계로는 불안형이 25%, 회피형이 19%였으며, 이후 그 비율은 더 높아졌다.

불안형 애착의 대표적 특징은 관계 중독이다. 이들은 관계를 통해 자신이 사랑받을 만한 존재임을 증명하려 하지만, 동시에 끊임없는 두려움과 불안에 발목이 잡힌다. 상대에게 끊임없이 확인을 요구하다 결국 가장 두려워하던 이별을 맞이하는 패턴이 반복된다. 저자는 "불안형은 무의식적으로 자신을 '필요로 하는' 사람을 끌어당겨 놓고, 그것을 '사랑받는 것'이라고 착각한다"고 지적한다.

반대로 회피형 애착은 겉으로는 정반대처럼 보인다. 그들 역시 타인에게 의존하고 싶지만, 동시에 일정한 거리를 두며 자신을 보호하려 한다. 친밀감이 깊어질수록 자신의 취약함이 드러날까 두려워 문을 닫는다.

문제는 불안형과 회피형이 서로에게 강하게 끌리는 경향이 있다는 점이다. 회피형은 친밀감을 갈망하는 불안형에게 묘한 매력을 느끼고, 불안형은 회피형이 줄 수 없는 안정감과 연결을 갈구한다. 마치 자석의 양극처럼 서로 끌리지만, 감정을 건강하게 조절하거나 소통하지 못하면서 관계는 결국 갈등과 파국으로 치닫는다.

불안정 애착은 변화 가능하다. 애착은 어린 시절 양육자와의 관계에서 형성된 신경 회로의 결과일 뿐이며, 성인이 되어도 자기 채움을 통해 새롭게 설계할 수 있다. 어린 시절 충족되지 않았던 사랑과 돌봄은 이제 성인이 된 자신이 직접 채워 가는 연습이 필요하다.

여기서 중요한 개념이 내면아이 협정이다. 이는 어린 시절 부모나 보호자와의 관계 속에서 무의식적으로 체결한 심리적 약속을 뜻한다. 예를 들어, "나는 착해야 사랑받을 수 있어", "감정을 숨겨야 안전해" 같은 신념이 이에 해당한다. 이러한 신념은 과거에는 생존 전략이었지만, 성인이 된 지금도 관계 속에서 반복되는 행동 패턴으로 나타난다.

문제는 익숙한 것을 옳은 것으로 착각한다는 데 있다. 상대의 반응이 안정감을 주지 못할수록 불안형은 더욱 매달리고, 회피형은 감정을 닫아 버리는 악순환이 반복된다. 결국 서로의 욕구에 응답할 능력이 결여된 관계로 발전할 수 있다.

회피형이 겪는 내면의 어려움도 간과해서는 안 된다. 이들은 감정보다는 일, 성취, 품위 있는 행동에 집중하며, 감정을 드러내지 않는 것을 가치로 배우거나, 과거 혼란스러운 환경에서 자신을 보호하기 위해 정서적 거리를 둘 수밖에 없었던 사람들이다.

결론적으로, 불안정한 애착은 정체성이 아니라 반복되는 패턴일 뿐이다. 이 패턴을 인식하고, 자신의 반응을 자각하며, 선택할 수 있다는 믿음을 가지는 순간 회복이 시작된다. 관계 속에서 자신이 어떻게 반응하는지를 이해하고 연습함으로써, 우리는 보다 건강한 애착과 진정한 친밀감을 경험할 수 있다.

자기 채움은 핵심 상처를 찾는 데서 시작한다

자기 채움은 핵심 상처를 인식하고, 그 감정을 끌어안는 것에서부터 시작된다. 상처로 인해 생겨난 고통, 두려움, 슬픔, 외로움 같은 감정들을 판단하거나 억누르지 않고, 있는 그대로 수용하는 것이다. 이 과정에서 특히 유의해야 할 점이 있다. 회피형 성향을 가진 사람은 종종 자기 감정과 마주하는 것을 두려워하고, 불안형 성향을 가진 사람은 상대의 감정과 욕구에만 몰두하느라 정작 자신의 감정을 소홀히 대하는 경향이 있다.

내면의 감정을 충분히 인정하고 나면, 이제는 어린 시절 그 감정을 처음 느꼈을 때 받지 못했던 것—안전, 인정, 위안, 공존의 경험—을 스스로에게 건네주어야 한다. 그때 충족되지 못했던 감정을 지금의 성숙한 자아가 스스로에게 채워 주는 것이다. 이렇게 자신을 먼저 채우기 시작하면, 타인과의 관계도 훨씬 수월해진다.

사람의 마음속에는 여전히 어린아이와 같은 심리적 부분, 즉 내면아이(inner child)가 자리하고 있다. 이 내면아이 외에도, 자신을 보호하는 내면 파수꾼(inner guardian)과 따뜻하게 보살피는 내면 양육자(inner nurturer)라는 심리적 역할도 함께 존재한다.

내면 파수꾼은 심리학적으로 말하는 방어기제에 해당한다. 이는 상처나 위협으로부터 자신을 보호하기 위해 자동적으로 작동하는 심리적 반응이다. 내면 양육자는 과거에 경험한 따뜻한 애정과 돌봄이 내면화된 형태로, 부모, 친밀한 친구, 반려동물 등으로부터 받았던 안정감과 다정한 시선이 심리 속 깊숙이 남아 있는 모습이다.

대인 관계 속에서 위협이나 불안을 감지하면 내면 파수꾼이 먼저 나서서 자신을 보호하려는 경향이 나타난다. 그러나 자기 회복과 심리적 안정은 단순히 방어만으로 이루어지지 않는다. 이때 필요한 것은 내면 양육자의 역할이다. 내면 양육자는 상처받은 부분을 어루만지고, 심리적 안정과 자기 위로를 가능하게 만든다.

흥미로운 점은 내면 양육자의 개념이 단순한 심리 이론에 머물지 않는다는 것이다. 신체적 관점에서는 심장뇌(heart-brain)라는 개념과도 연결된다. 심장뇌는 뇌와 장에 이어 '제3의 뇌'로 불리며, 감정적 신호를 보내고 심리적 안정과 관련된 역할을 한다는 연구 결과도 제시되고 있다.

핵심 상처의 치유는 심장이 보내는 진심 어린 신호에 주의를 기울이고, 상처를 부정하거나 외면하지 않으며, 그 감정을 인정하고 스스로를 위로하고 돌보는 연습을 지속하는 과정에서 이루어진다. 이러한 과정은 개인의 내면을 보다 단단하고 안정적으로 만들어 주는 심리적 토대가 된다.

3장
마음의 성장과 심리적 전환

■ 눈치 보는 삶에서 벗어나기: 애정 결핍과 자기 사랑의 심리학

심리학자 가토 다이조는 『나는 왜 눈치를 보는가』에서, 어린 시절 애정이 부족하면 성인이 되어서도 자기자신을 사랑하기 어려워지고, 이는 곧 타인의 평가에 민감한 눈치 보는 삶으로 이어질 수 있다고 한다.[43]

이 말은 곧, 자기 자신을 두려워하는 사람은 여전히 사랑을 충분히 받고 있지 않다는 뜻이기도 하다. 어린 시절 채워지지 않은 애정 욕구는 사람으로 하여금 끊임없이 타인의 시선과 기대에 예민하게 반응하게 만든다. 그 결과 눈치를 보게 된다.

늘 다른 사람의 마음을 먼저 살피고, 그 기준에 자신을 끼워 맞추려 애쓰게 된다. 애정 욕구를 채우기 위한 출발점은 과거에 사랑받지 못했다는 사실을 인정하는 것이다. 그 슬프고 아픈 감정을 외면하지 않고, 있는 그대로 받아들이는 것에서부터 회복은 시작된다.

자신을 인정하기 시작하면, 점차 스스로에게 자애를 베풀고 너그러워지는 법을 배우게 된다. 마음이 부드러워지고 따뜻해질수록, 두려움은 점차 사라지고, 타인의 눈치를 보지 않고도 자기답게 살아가는 힘이 생긴다.

그때부터 더 이상 타인의 눈치를 보는 존재가 아니라, 눈짓 하나로도 자신의 생각과 감정을 표현할 수 있는 자신감 있는 존재로 성장해 간다. 눈치를 보며 위축되어 있던 자신을, 따뜻하게 감싸 안아야 한다. 그것이 진짜 회복이며, 인생을 보다 즐겁고 단단하게 만드는 변화의 시작이다.

진정한 심리적 독립이란 무엇인가: 부모로부터의 이별, 자율성의 회복

부모에게 억압받았던 감정이 해방되었을 때, 그것이 곧 부모로부터 완전히 벗어난 증거라고 착각하는 경우가 있다.

예컨대, 부모에 대한 분노나 증오를 의식적으로 인식하게 되었을 때, '이제는 심리적으로 독립했다'고 단정짓기 쉽다. 하지만 그것은 진정한 독립의 출발선일 뿐, 결코 끝이 아니다. 심리적 독립이란, 단순히 부모에 대한 감정을 알아차리는 것을 넘어서, 타인을 대하는 태도, 타인에 대한 감정 반응, 그리고 자기 자신에 대한 감정까지 바꿔낼 수 있을 때 비로소 이루어진다. 그렇게 되었을 때에야 비로소 '내가 나다'라고 말할 수 있는 기반이 마련된다.

부모와 행복한 관계를 누린 사람에게는 이러한 독립이 상대적으로 쉬울 수 있지만, 부모와 공생적 관계에 있었던 사람에게는 심리적 독립이 단발적인 사건으로 끝나지 않는다. '이제 독립했다'고 느끼는 순간이 있더라도, 불현듯 다시 그 관계의 영향 아래 놓인 자신을 발견하게 되는 일이 반복된다. 부모를 의식하게 되었다는 사실과 의존적인 태도에서 벗어나는 일을 동일시하는 것도 흔한 오류다. 그러나 이 둘은 전혀 다른 차원의 문제다.

부모에 대한 실제 감정을 깨닫는 일은 심리적 독립의 중요한 시발점이긴 하나, 그 감정을 인식했다고 해서 곧장 자율성을 획득했다고 믿는 것은 큰 착각이다.

자율성을 키워 나가는 과정은 전혀 다른 차원의, 지속적이고도 실천적인 작업이다. 만약 자신의 감정을 제대로 자각하지 못한다면, 여전히 의존성에 갇힌 채 그것을 깊은 애정이라 착각하고, 변화 자체를 시도하지 않게 된다. 감정의 자각에만 머무르면, 결국 의존 대상을 바꾸는 데 그치는 결과를 낳는다. 부모 대신 배우자에게, 배우자 대신 친구나 자녀에게 감정적 의존을 옮겨 가게 되며, 그 내면의 문제는 전혀 해소되지 않은 채 반복된다.

중요한 것은 상대의 호의는 있는 그대로 받아들여도 된다는 사실을 배우는 것이다. 그 호의가 주어진 이유는, 자신이 특별해서도, 무언가를 해냈기 때문도 아니다. 그저 삶의 흐름 속에서 연이 닿았기 때문에 일어난 자연스러운 일일 뿐이다. 이 진실을 받아들이지 못하면, 언제든 누군가에게 자신의 공을 내세우며 호의를 강요하게 되고, 혹은 세상으로부터 특별 대우를 받아야 한다는 오만한 기대에 빠질 수 있다.

진정한 자율성과 독립은 감정의 인식에서 그치는 것이 아니라, 새로운 행동, 새로운 태도, 그리고 새로운 관계 맺기의 방식으로 이어지는 깊은 과정이다. 그 과정은 결코 하루아침에 완성되는 것이 아니며, 인식과 실천이 끊임없이 맞물리는 성숙의 길 위에 놓여 있다.

사랑받지 못한 마음과 자기 수용

어른이 되어서도, 어린 시절 충분히 채워지지 않은 애정 욕구 때문에 여전히 타인의 시선에 민감하고 괴로워하는 사람이 많다. 타인의 기대에 부응하지 못할까 봐 끊임없이 노력하며 살아가는 삶, 그 이면에는 여전히 채워지지 않은 애정 욕구가 자리한다. 물론, 애정 욕구가 충분히 충족된 사람도 다른 이의 기대를 위해 노력할 때가 있지만, 그것은 두려움이 아닌 선택에 기반한다.

사랑받지 못한 사람은 두려워한다. 어린 시절 충분히 사랑받은 사람은 어른이 되어도 자기 자신을 온전히 받아들일 수 있지만, 제대로 사랑받지 못한 사람은 자기 자신을 온전히 받아들이지 못하고, 마음속에서 끊임없이 삶을 두려워한다. 그렇기에 지금, 의지를 작동시켜야 한다. 결심이 필요하다.

"어린 시절, 고집 센 어른들에게 둘러싸여 살아야 했다. 그래서 사랑받지 못했다. 하지만 이제는 나 자신을 사랑하겠다."

이 다짐은 오랫동안 채워지지 않았던 마음속 허무를 메우는 근간이다. 이미 이 다짐을 통해 우리는 출발선 위에 올라선 것이다. 이 결심은 내면에 남아 있는 애정 욕구를 깨달았기에 가능하며, 그 깨달음이 바로 새로운 시작이다. "사랑받지 못한 사람은 두려워한다"는 말은 곧 "두려움을 품고 있는 사람은 아직 사랑받고 있지 않다"는 의미이기도 하다.

자기 자신에게 자애를 베풀고, 부드럽고 너그러운 시선을 보내기 시작하면 비로소 주변에서 진심으로 자신을 대하는 사람이 누구인지 분별할 수 있다. 그런 사람과는 거리낌 없이, 있는 그대로의 나로 어울릴 수 있게 된다.

정서적으로 성숙한 사람은 누군가의 친절을 있는 그대로 받아들일 수 있는 사람이다. 반대로, 애정 욕구에 얽매여 살면서 마음속으로는 끊임없이 자신을 비판하고, 겉으로는 허세나 자만으로 포장하는 사람은 진정한 친절을 받아들이기 어렵다. 자신을 하찮게 여기면서도, 그 감정을 감추기 위해 전혀 다른 얼굴을 만들어 낸다. 결국 남들 앞에서는 늘 가장된 나로 살아가게 되고, 마주한 사람 역시 진짜 내가 아닌 가면 쓴 나와 교류하게 된다.

이런 관계 속에서는 겉으로 웃으며 대화를 나눠도, 묘한 불쾌감과 공허함이 남는다. 진짜 나와 진짜 너의 만남이 아닌, 가면을 쓴 사람들끼리의 교류이기 때문이다. 아무리 오래 함께해도 애정 욕구는 충족되지 않는다. 서로가 진짜 감정을 숨기고 있기 때문이다. 관계는 깊어지지 않으며, 결국 상처만 남긴 채 끝나고 만다.

인간은 자기 자신의 진짜 모습을 모른 채 수많은 어려움을 겪는다. 하지만 자신에게조차 숨기고 있는 그 감정들, 사실 그것이 가장 중요한 것들이다. 그 감정을 찾고, 꺼내고, 직면하는 일은 존재 전체가 온전히 살아가기 위한 가장 근본적인 작업이다.

자기 자신을 깨닫는 순간, 비로소 타인을 이해할 수 있는 문턱에 설 수 있다. 그날이 바로 새로운 탄생의 날이다. 그것은 단지 나만의 탄생이 아니라, 세상을 향한 탄생이기도 하다. 내가 변하면, 나를 둘러싼 세계도 변한다.

■ 열등감을 자신감으로 바꾸는 마음의 성장과 심리적 전환에 대한 통찰

『나는 왜 소통이 어려운가』에서는 소통을 방해하는 가장 큰 원인으로 '열등감'을 꼽고 있다.[44] 이 열등감은 대부분 어릴 적 부모의 영향으로 형성된다고 한다. 내가 누군가와 깊이 있게 대화하지 못하고, 상대방 앞에서 위축되거나 방어적으로 변하는 것의 이면에는 스스로를 부족하게 느끼는 감정, 즉 열등감이 자리하고 있다.

가토 다이조는 『열등감을 자신감으로 바꾸는 심리학』에서 열등감이 생기는 이유는 자족하지 못하는 마음에 있다고 말한다. 그리고 열등감이란 누구나 자기보다 나은 사람을 만났을 때 자연스럽게 생기는 감정이라고 설명한다.[45]

즉, 열등감은 잘못된 감정이 아니라 인간이라면 누구나 경험하는 내면의 반응이다. 중요한 것은 열등감을 없애는 것이 아니라, 그 감정을 어떻게 다루고 전환하는가이다. 열등감의 어느 지점을 자신감으로 바꿔 내느냐, 그것이 어쩌면 인생의 방향을 결정짓는 중요한 분기점일지 모른다.

사실, 우리가 존경하고 위대한 인물로 기억하는 많은 사람들도 치열한 열등감 속에서 그것을 동력 삼아 성장해 온 사람들이었다. 누군가는 열등감에 사로잡혀 스스로를 괴롭히며 인생을 소모하고 있을 때, 또 다른 누군가는 그 열등감을 자기 계발의 원천으로 바꾸며, 한 걸음 더 성공에 다가서고 있는 것이다. 열등감을 단순히 부정하거나 외면하기보다, 그 감정이 왜 생겼는지를 살펴보고, 어떻게 그것을 다룰 것인지에 초점을 맞추는 태도가 중요하다. 가토 다이조는 열등감을 자신감과 대비되는 심리적 개념으로 명확히 정의하며, 두 감정 사이의 전환점을 찾아가는 과정을 안내하고 있다.

소통의 어려움도 결국은 나 자신에 대한 불안과 불신에서 비롯된 것일 수 있다. 그리고 그 핵심에는 열등감이라는 인식의 왜곡이 자리하고 있다. 내 안의 열등감을 부정하지 않되, 그것을 나를 더 성장시키는 심리적 자산으로 바꿔 보자. 그것이 내가 진짜 나로서 타인과 연결되고, 자유롭게 소통할 수 있는 단초가 될 것이다.

열등감이라는 렌즈: 당신의 인생을 지배하는 심리의 전쟁

전 세계적으로 열등감을 느끼는 사람이 상당히 많다고 한다. 열등감은 결코 일부의 문제가 아니다. 보편적이면서도 강력한 감정이다.

출신 계급, 가정 배경, 질병 유무, 직업 등 다양한 요인이 누군가를 호감 혹은 비호감으로 느끼게 만든다. 특히 한국 사회에서는 여기에 학벌이라는 요소가 빠지지 않는다. 사회 양극화의 심화와 경제적 불안은 이러한 열등감을 더욱 증폭시키는 촉매제가 되기도 한다.

하루를 지배하고 있는 것은 무엇일까? 조금 더 멀리 보자면, 지금까지의 인생을 지배해 온 것은 무엇이었을까? 어쩌면 그것은 마음속에서 끊임없이 충돌하는 자신감과 열등감 사이의 심리적 전쟁일지도 모른다. 현재 느껴지는 어려움은 단지 경제적 여건 때문만일까? 직장 내 인간관계나 대인 갈등 때문만일까? 혹은 마음을 진심으로 알아주는 이가 없어서일까?

물론 외적인 조건들도 무시할 수는 없다. 하지만 일본의 심리학자 가토 다이조는 이렇게 말한다. "관점을 바꾸면 가장 좋은 자리도 가장 나쁜 자리가 될 수 있다."

누군가에게 최고의 자리가, 다른 누군가에게는 가장 괴로운 자리가 될 수 있다는 것이다. 이 말은 결국, 현실 자체보다 그것을 해석하는 심리 상태가 더 중요하다는 점을 강조한다. 열등감이나 자신감은 외부 조건의 문제가 아니라 내면의 문제다. 그것은 심리적 성장의 문제이며, 자아 성숙의 문제이기도 하다.

이 사실을 이해하는 순간, 더 이상 열등감에 끌려가지 않게 된다. 오히려 그 에너지를 자신감으로 전환할 수 있는 계기가 마련된다. 그렇게 내면의 렌즈를 바꾸는 순간, 삶을 주도하고, 성공적인 인생을 열어갈 힘이 생긴다. 열등감은 결코 지배해야 할 감정이 아니라, 이해하고 다스려야 할 감정이다. 그 렌즈를 벗는 순간, 비로소 진짜 나로 살아갈 수 있는 가능성이 열린다.

열등감에서 자신감으로: 있는 그대로의 나를 받아들이는 용기

내가 나 자신의 문제에만 사로잡혀 주변 사람이나 상황이 눈에 들어오지 않는다면, 그건 분명 내 내면에 울리고 있는 경고음이다. 누군가 내 의견을 받아들이지 않았을 뿐인데 그것을 곧바로 나라는 존재가 거부당한 것처럼 느끼며, 밤새 머리를 쥐어짜고 있다면, 그 역시 열등감의 신호일 것이다. 하지만 열등감은 항상 그렇게 드러내 놓고 나타나는 감정은 아니다. 조용히, 그러나 깊게 나를 지배하는 감정이기도 하다.

누구나 약점은 가지고 있다는 사실을 알고, 그 약점을 있는 그대로 인정하는 사람만이 진짜 행복에 다가갈 수 있다. 자기 자신의 결핍을 수용할 줄 아는 사람은 타인에게도 한결 부드럽고 유연하게 대할 수 있다. 행복은 완벽함이 아닌, 자신의 부족함을 인정하고 그와 함께 살아갈 때 비로소 찾아온다.

내가 스스로를 "미인이 아니다"라고 인정할 수 있어야 비로소 그 이상의 빛나는 행복에 다가갈 수 있다. 열등감이 깊은 사람은 자신을 더 중요한 존재로 보이게 만들기 위해 부나 명예를 쥐어야 한다고 착각한다. 그 착각이 비극의 시작이다. 그런 외적인 조건에 이끌려 다가오는 사람은 진정으로 나를 아끼는 사람일 수 없기 때문이다. 약점을 인정할 줄 아는 사람은 성장하며, 그러한 솔직함은 오히려 더 큰 매력으로 다가온다. 반대로 자신감 없는 사람은 자신의 약점을 인정하지 못하고 끝까지 우긴다. 그리고 그렇게 고집을 부릴수록 스스로에 대한 신뢰는 더더욱 무너진다.

자신감 있는 사람은 약점을 부끄러워하지 않고 담담히 받아들인다. 그렇게 인정하고 나면, 더 큰 자신감이 자연스럽게 생긴다. 자신감이 없는 사람은 실패를 두려워하고, 스스로를 미워하며, 삶에 지쳐 간다. 반면, 자기 확신이 있는 사람은 자신을 숨기지 않고 솔직하게 표현하며, 스스로의 존재 가치를 믿고 신뢰한다. 그래서 삶이 가볍고, 마음이 밝다.

자신감 없는 사람은 사소한 문제를 크게 받아들이고, 다른 사람의 충고조차 자신을 향한 전면적인 거부로 해석한다. 그 결과 삶에 대한 기대와 희망이 점차 사라진다. 반면, 자신감을 지닌 사람은 충고를 마주했을 때 겸허하게 받아들이며, 노력하면 변화할 수 있다는 신념을 가진다. 이러한 태도는 삶을 보다 긍정적이고 희망적으로 바라보게 만든다.

열등감을 극복하고 자신감을 회복하기 위한 첫걸음은, 자신의 약점을 인정하고 있는 그대로의 자신을 받아들이는 데 있다. 과거에 얽매이지 않으며, 타인의 시선을 지나치게 의식하는 피책망상(被責妄想)에서 벗어나는 자세가 중요하다.

피책망상(被責妄想)은 정신의학 용어로, "다른 사람이 자신을 비난하거나 책망하고 있다고 잘못 믿는 망상"을 의미한다. 被責(피책)은 비난이나 책망을 당함을 뜻하고, 妄想(망상)은 현실과 동떨어진 잘못된 믿음을 뜻한다. 즉, 실제로는 그런 일이 없는데도, 다른 사람이 자신을 나쁘게 평가하거나 비난하고 있다고 지속적으로 믿는 상태를 말한다. 이는 주로 망상장애(피해형), 조현병, 또는 우울증의 심한 형태 등에서 나타날 수 있다.

이제 내 삶과 내 자신을 찬찬히 돌아보며, 내가 지금까지 인생에서 진정으로 원한 것이 무엇인지 다시금 묻고 있다. 세상을 보는 관점, 그리고 나 자신을 바라보는 관점을 바꾸는 순간, 모든 대상에 대해 좀 더 열린 마음을 가질 수 있게 된다. 삶은 결과가 아니라 과정에 의미가 있다. 그 과정을 통해 내 삶의 목적을 발견하고, 마침내 내 자신을 사랑할 수 있게 되는 것이다. 어떤 사람은 눈앞의 일상 속 기쁨을 놓친 채, 늘 멀리서만 반짝이는 파랑새를 찾아 평생을 떠돈다.

프랑스 철학자 샤를 페팽(Charles Pépin)이 저술한 『자신감(Confiance en soi)』에서 이렇게 말한다. "진짜 자신감을 만드는 건 성공도, 다른 사람의 평가도 아니다. 오직 자기답게 살아갈 수 있을 때, 우리는 비로소 자신감을 가질 수 있다."

나를 받아들이는 용기, 그것이 열등감에서 벗어나 진짜 나답게 살아가는 밑거름이다.

자기과시와 자기치유의 함정: 열등감을 넘어 마인드풀한 삶으로

열등감으로 인한 상처를 누구보다 치유하고 싶다는 강한 욕망은 때로 자신도 모르게 자랑을 늘어놓거나 허세를 부리며 자기 자신을 과시하게 만들기도 한다. 하지만 그런 방식은 열등감을 결코 치유해 주지 않는다. 오히려 열등감은 더 깊어지고, 상황은 조금도 나아지지 않는다. 자기를 과시한다고 해서 현실이 바뀌는 것은 아니다. 변화하는 것은 단 하나, 과시하는 사람의 마음뿐이다.

조제 웨인버그는 이렇게 말했다. "행동은 그 배후에서 동기가 되어 있는 사고방식을 강화한다." 이 말의 의미는 곱씹을수록 뼈아프다. 자기과시는 단지 말에 그치지 않는다. 그것은 사고방식, 즉 자기 인식 자체를 굳게 만드는 행위다. 열등감에서 벗어나기 위해 자기를 과시하지만, 그 행동이 오히려 열등감이라는 사고방식을 강화하는 결과로 이어진다.

자신감 없는 사람일수록 상대방으로부터 존경받고 싶어 하며, 그 욕구는 종종 과시적인 태도로 표출된다. 하지만 그런 방식으로는 자존감은 회복되지 않고, 오히려 더 깊은 열등감의 늪에 빠지게 된다. 자신감 있는 사람은 단순한 결과보다 관계 속에서의 소통 그 자체에 가치를 두며, 상대와의 대화를 기꺼이 시도한다. 이들에게 존경은 가까움에서 비롯되는 감정이며, 가까워졌다고 해서 결코 상대를 깔보거나 무시하지 않는다. 오히려 가까워질수록 존경은 더 깊어진다.

심각한 열등감에 사로잡힌 사람은 늘 마음의 상처에 얽매여 있어, 세상의 모든 관심이 "내가 바보처럼 보이지는 않을까?"라는 걱정으로 집중된다. "사람들이 나를 무시하고 있지는 않을까?" 하는 불안으로 이어진다.

실제로 관심을 기울여야 할 대상은 상대방, 관계, 소통, 감정의 흐름이다. 그러나 시선은 철저히 '나'라는 울타리 안에 갇혀 있다. 이것이 바로 '마인들리스니스(Mindlessness)', 즉 아무것에도 주의를 기울이지 못하는 심리 상태다.

자신감 있는 사람은 마인드풀(Mindful)하다. 다양한 문제와 사람에게 관심을 기울이며, 타인에게 애정을 갖고, 상황에 대한 섬세한 주의를 기울이는 태도를 지닌다.

한마디로, 마인드풀니스는 자기중심적 열등감에서 벗어나, 사람을 향한 흥미와 애정을 회복하는 과정이다. 무의식 중에 드러나는 언행에는 그 사람의 본질이 고스란히 반영된다. 마인드풀한 사람은 그러한 차이를 읽어낼 줄 알고, 관계의 흐름을 세심하게 감지할 수 있다. 반면 열등감에 사로잡힌 사람은 그 차이를 간과한다. 그 이유는 다른 사람에 대한 관심 자체가 부족하기 때문이다.

어떻게 마인드풀한 사람이 될 수 있을까? 우선, 새로운 것을 발견하려는 태도를 갖는다. 그리고 상대방에게 조금 더 주의를 기울이는 연습을 한다. 사람들은 늘 다양한 감정적 신호를 내보내고 있다. 마음을 열고 귀 기울일 준비가 되어 있다면, 그 신호들은 하나하나 의미 있는 메시지로 다가오기 시작한다.

열등감은 자기만을 바라보는 시선에서 비롯되지만, 자신감은 세상과 타인을 향한 따뜻한 시선에서 비롯된다. 이제는 자기과시와 자기연민의 함정에서 벗어나, 조금 더 마인드풀한 존재로 살아 보자.

행복은 관점의 전환에서 시작된다: 자기 신뢰와 마음의 성장에 대한 심리적 통찰

가끔 상상해 본다. 만약 신(神)이 지금 내가 걷고 있는 이 길이 결국 행복으로 이어질 것이라고 확실히 알려 준다면, 지금 겪고 있는 이 고통은 전혀 다른 의미로 다가올 것이다. 그렇게 확신을 가질 수 있다면, 지금의 고통을 단순한 괴로움이 아니라 '행복으로 가는 여정의 시련'으로 받아들이는 것, 그것이 진정한 관점의 전환일 것이다.

분노와 증오는 우리의 시야를 좁히고 세상을 왜곡한다. 그에 비해 즐거움과 긍정은 마음을 열어 시야를 넓히며, 문제 해결의 실마리를 발견할 여지를 만들어 준다. 막다른 골목에 다다랐다고 느껴질 때, 우리는 스스로 길을 개척하는 사람이 되어야 한다. 그 길은 멀리서 오는 것이 아니다. 바로 시야를 넓히는 순간, 우리 눈앞에 나타나기 시작한다.

'아름답게 산다'는 것도 같은 이치다. 그것은 겉모습을 꾸미는 것이 아니라, 하루하루를 성실하고 담담하게 살아 내는 데서 비롯된다. 인생에는 좋은 일만 일어나지 않는다. 누구나 실패를 겪고, 좌절을 마주한다. 그러나 중요한 것은, 실패 이후에도 다시 도전할 수 있는 자신을 믿는 것이다. 그 믿음이 자기 자신을 사랑하는 태도이며, 결국 그것이 삶의 회복력을 키운다.

현명한 삶은 만족을 아는 삶이다. 내가 정한 목적을 향해 묵묵히 최선을 다하다 보면, 어느새 스스로도 성장하고 있음을 느끼게 된다. 역경을 뛰어넘는 힘도 같은 원리다. 앞으로 나아갈 방향이 뚜렷할 때에는 버틸 수 있다. 그러나 어디로 가야 할지조차 보이지 않는 순간, 막막함은 곧 고통으로 다가온다. 행복해지는 사람들은 결국, 자기 자신을 믿는 사람들이다. 그들은 스스로의 삶을 주체적으로 선택하고 책임지기 때문에 자연스럽게 내면의 에너지가 흐른다.

반대로 자기다운 삶을 살지 않는 사람은 아무리 주변에서 "힘내라"는 응원을 들어도 쉽게 변하지 않는다. 왜냐하면 진정한 에너지는 타인이 아니라 자기 내면에서 나와야 하기 때문이다.

　결국 출발점은 나 자신을 믿는 것이고, 내일을 믿는다는 것은 단순한 낙관이 아님을 의미한다. 내일은 틀림없이 좋은 일이 있을 것이라는 기대와 희망을 품는 태도다. 그 믿음이 지금의 나를 버티게 해 준다.
　성공이나 타인의 평가는 잠시의 만족일 뿐이다. 진정한 자신감은 자신의 삶을 주체적으로 지켜 내려는 내면의 힘에서 비롯된다. 자신감이든 열등감이든, 그것은 외적인 조건의 문제가 아니라 마음의 성장과 깊이 연결된 문제다. 이 사실을 진심으로 깨닫는 순간, 삶의 행복의 질은 극적으로 바뀔 수 있다. 불행해지고 싶다면 끝없이 파랑새를 찾아다니고, 비참해지고 싶다면 내 안이 아닌 바깥에서만 행복을 찾아라. 결국, 그 선택은 온전히 자신의 몫이다.

■ 나를 있는 그대로 사랑하기:
　자기 이해와 건강한 나르시시즘을 통한 심리적 회복과 성장

　우즈홍은 『내 영혼을 다독이는 관계 심리학』에서 이렇게 강조한다.
　"자기 자신에게 충실한 삶, 자기에게 진실한 삶을 살아야 한다."[46] 자기에게 충실하지 않으면, 결국 연기자처럼 살아가게 되기 때문이다. 자신이 아닌 누군가의 꼭두각시가 되어, 타인의 기대에 맞춰 살아가는 삶, 그것은 참으로 무섭고 허망한 일이다.

　자기에게 진실하기 위해서는 무엇보다 먼저 자신을 제대로 아는 것이 중요하다. 진정한 바람은 무엇인지, 소중히 여기는 삶의 가치는 무엇인지, 강점과 약점은 무엇인지를 스스로에게 끊임없이 물어야 한다. 그 질문들이 곧 진짜 나로 살아가기 위한 토대가 된다. 흔히 '나르시시즘' 하면 자기애에 빠진 과도한 자아도취를 떠올리기 쉽다. 하지만 우즈홍은 말한다.

"인간에게 정말 필요한 것은 자신의 부족함까지도 인정하는 건강한 나르시시즘이다."

건강한 나르시시즘이란, 스스로를 과대평가하거나 착각하는 것이 아니라, 있는 그대로의 자신을 온전히 수용하고 사랑하는 태도를 의미한다. 그러한 자기 인식에서 비롯되는 힘은 크다. 시련을 이겨 내는 강인함, 문제를 돌파하는 실행력, 관계 속에서 유연하게 살아가는 적극성이 그 안에서 끌어올려진다. 결국 긍정적인 인간관계도 건강한 나르시시즘의 기반 위에서만 가능하다.

치열한 경쟁 사회 속에서 자신을 지키고 흔들리지 않게 해 주는 힘은, 결코 타인의 인정이나 외적인 성공이 아니다. 그 힘은 바로 건강한 자기애, 그리고 자기 자신에게 진실하게 살아가는 용기에서 비롯된다. 지금 이 순간에도 다음과 같은 질문을 던질 수 있어야 한다. "지금, 진짜 나로 살고 있는가?" 그 질문을 던지는 삶 속에서, 사람은 조금씩 자기 자신에게 진실한 존재로 성장해 간다.

건강한 나르시시즘: 자기애와 자존감의 균형을 통한 심리적 회복

우즈홍은 나르시시즘을 두 가지 방향으로 설명한다.

한쪽은 자신을 지나치게 감싸 안으며 자기애에 머무는 것이고, 다른 쪽은 자신을 있는 그대로 바라보며 자존감을 지키고 스스로를 성장시키려는 태도다. 이 중 두 번째, 즉 건강한 나르시시즘에 주목하고자 한다.

자기 자신을 과도하게 포장하거나 도취하지 않고, 있는 그대로 인정하고 성장의 발판으로 삼는 태도. 그것이 지금의 나에게 필요한 심리적 힘이다.

나르시시즘을 두 축으로 나눈다면 하나는 능력과 권력을 중시하는 자기애의 차원, 다른 하나는 선악·도덕·감정 등 관계 중심의 차원이다. 여기서 중요한 건, 무조건적인 양보도, 자아도취도 결코 건강하지 않다는 것이다. 때때로 "내가 부족해서 관계가 틀어진 건 아닐까?" 하는 생각에 사로잡혀 고군분투하고, 깊은 수치심에 빠지기도 한다. 그런 태도는 자기 비하를 강화할 뿐, 진정한 자존감 회복에는 아무런 도움이 되지 않는다.

우즈홍이 말하는 긍정적 나르시시즘은 자신의 부족함까지 인정할 수 있는 용기, 그로부터 주변 사람들과의 건강한 관계를 형성할 수 있는 능력이다. 그 힘은 위기를 극복하게 하고, 절망을 견디게 하며, 결국에는 회복력과 성장을 가능하게 한다.

자신감은 "나는 괜찮은 사람이다"라는 자기 수용의 믿음에서 출발한다. 자기애만큼 중요한 것이 있다면, 그것은 자기 통제감이다. 나 자신을 잘 알기 위해 정보와 자아를 결합해야 한다. 잘 아는 분야에서는 자신 있게 자기주장을 펼치되, 모르는 상황에서는 한발 물러서는 유연함을 갖출 필요가 있다. 통제할 수 없는 것을 내려놓을 줄 아는 태도, 그것이 곧 성숙한 자아의 징표다.

만약 내가 타인의 비판을 과할 정도로 예민하게 받아들인다면, 그건 내 면 깊은 곳에 "나는 부족한 사람이다"라는 숨겨진 신념이 있기 때문일 수 있다. 그런 신념은 흔히 어린 시절 지지받지 못한 욕구에서 비롯된다.

그 결과, 누구에게도 기대지 못하고, 심지어 부모마저도 돌봐야 할 존재처럼 느끼게 된다. 이것이 바로 완벽주의적 성향을 지닌 방어적 자아다. 전능한 나르시시즘은 다음 두 가지 형태로 나타난다:

1. 나는 모든 것을 할 수 있으니, 너는 나의 요구에 맞춰야 한다.
2. 나는 모든 것을 할 수 있으니, 너의 모든 요구를 만족시켜야 한다.

두 형태 모두 자기와 타인을 동시에 억압하는 심리적 착각이며, 결국에는 관계의 균형을 무너뜨리는 파괴적인 태도가 된다. 과장된 자기애도, 절망적인 자기비하도 아닌, 진실하고 단단한 나 자신과 연결된 나르시시즘을 지향한다. 그것은 곧 내 안의 자존감을 회복하는 길이며, 삶의 방향을 다시 설정하는 계기다.

도덕적 나르시시즘

겉으로는 그럴듯해 보이지만, 실제로는 자신을 도덕적인 사람이라고 믿으며 타인의 비도덕성만을 강조하는 성향을 도덕적 나르시시즘이라고 한다. 자신을 이타적인 사람이라 여기며 타인의 인정을 받기 위해 '보여 주기 위한 자아'를 발전시키는 경우도 있다.

이타적인 행동을 하면서도 속으로는 칭찬과 평판에 집착하는 자신을 마주하게 되기도 한다. 이러한 도덕적 나르시시즘은 결국 타인과 진정한 관계를 형성하는 데 장애가 될 수 있다.

- 나는 결코 이기적이지 않다고 믿는다.
- 동시에, 모든 부정적인 면은 주변 사람들에게 투사한다.
- 나는 늘 옳은 편에 있다고 느끼며, 타인의 의견은 쉽게 무시해 버린다.
- 내가 원하는 것을 주장하면서도 정작 자신이 이기적이라는 사실은 부정한다.

이런 행동들이 타인에게 불편함과 거리감을 주게 되는 건 당연한 일이다. 도덕적 위대함을 추구하는 일은, 결국 나 자신을 괴롭히는 일이 될 수 있다. 자꾸만 자신을 옳은 사람의 위치에 세우려 하다 보면, 그 반대편에는 누군가를 나쁜 사람으로 몰아세우는 심리적 역학이 생긴다.

도덕적 나르시시즘은 '나는 옳고, 너는 틀렸다'는 내면의 이분법적 사고를 강화하고, 관계를 분열시키는 정서적 벽이 되기도 한다. 또한, 분노를 표출하는 것은 나쁜 일이라는 인식이 오랫동안 있어 왔다. 그래서 분노를 억누르고, 늘 착한 사람으로 남고자 애쓴다. 항상 착한 사람으로만 남으려는 태도는 자신을 억압하고 왜곡하는 감정의 함정이 될 수 있다.

분노는 해롭기 이전에 정당한 감정이며, 폭력적으로 흐르지 않고 타인을 해치지 않는 범위 내에서 적절히 표현되어야 한다. '적당히 나빠지는 법'도 배워야 함을 받아들여 보자. 감정을 숨기거나 억누르지 말고, 나의 분노를 정직하게 인식하고, 그것을 상대를 해치지 않는 방식으로 표현할 수 있어야 한다.

그것이 진짜 성숙한 자아, 도덕적 과잉 대신 감정과 이성의 균형을 갖춘 자아다. 더 이상 도덕적 나르시시즘에 기대어 자신을 정당화하지 않으며, 착한 사람이라는 껍질을 벗고 진짜 나의 감정과 마주하며, 타인과 좀 더 솔직하고 유연한 관계를 만들자.

완벽한 엄마 콤플렉스에서 벗어나기: 건강한 나르시시즘과 관계 심리학의 통찰

  자녀를 잘 돌보지 못하고 있는 건 아닐까 하는 생각에 사로잡히는 순간들이 있다. 작은 실수에도 금세 자책하게 되고, "이래선 안 돼. 더 잘 했어야 했는데…"라며 스스로를 몰아세우게 된다. 곰곰이 돌아보면, 이러한 생각의 뿌리는 아마도 어린 시절 받지 못한 사랑과 결핍된 돌봄에 있을지도 모른다. 어린 시절, 마음을 따뜻하게 품어 주는 '완벽한 엄마'를 상상하며 자라났고, 이제는 그 엄마가 되어야 한다는 무의식적 강박 속에 살아가고 있는 것이다. 문제는 여기에 있다.

  완벽한 엄마가 되겠다는 욕심이 결국엔 자신도, 아이도 지치게 만든다. 완벽해지려 애쓰는 동안, 정작 자기 자신의 감정도, 아이의 마음도 제대로 들여다보지 못한다.

  좋은 엄마가 되기 위해라는 명분 아래, 진짜 중요한 감정들을 외면한 채 점점 더 자기 자신과 멀어지는 실수를 반복하게 된다. 이제는 완벽한 엄마라는 이미지에서 벗어나는 용기가 필요하다. 완벽의 이미지를 좇을수록 엄마로서 자존감과 존재감은 오히려 사라질 수 있음을 인정해야 한다.

  그 출발점은 의외로 단순하다. 나만의 시간을 갖는 것, 그리고 나만의 방을 마련하는 것이다. 여기서 말하는 방은 세상과 단절하기 위한 폐쇄된 공간이 아니라, 자기 마음을 안전하게 보호하면서도 세상과 건강하게 연결될 수 있는 마음의 공간을 뜻한다.

그 공간 안에서는 완벽주의와 자책감을 내려놓고, 자신의 감정을 있는 그대로 들여다볼 수 있어야 한다. 그러나 그 방에만 머물러서는 진정한 회복이 이루어질 수 없다. 회복은 언제나 사람과의 관계 속에서 일어난다. 연인 관계, 부모와 자식 관계, 가족 관계, 친구 관계 등, 우리가 맺고 있는 모든 인간관계 안에는 자기 내면을 비추는 거울이 존재한다.

그 관계들을 통해, 스스로 안고 있는 심리적 문제의 근원을 발견할 수 있다. 관계 심리학은 결국, 자기 자신과 타인을 이해하는 언어이다. 이 통찰을 통해, 더 이상 완벽한 엄마가 되지 않아도 괜찮다는 내면의 허락을 얻게 된다. 그 순간, 비로소 아이에게도, 자기 자신에게도 진짜 따뜻한 엄마가 되어 줄 수 있다.

양육인가 통제인가: 나르시시즘적 부모와 아이의 자존감

자녀교육에서 강요는 독을 먹이는 것과 같다. 아이에게 순종을 강요하는 일은 결국 그 아이의 내면에 원한이라는 독소를 심는 일이다. 겉으로는 얌전하고 말을 잘 듣는 것처럼 보여도 그 아이의 마음속에는 누적된 부정적인 감정들이 서서히 쌓이고, 결국엔 삶 전체를 잿빛으로 물들인다.

특히 성장기 아이의 자존감은 매우 섬세하고 예민하다. 그 시기에 반복적으로 부정당하면 그 아이의 자존감은 뿌리부터 썩는다. 겉으로는 아무 일 없는 듯 행동할 수 있지만, 사실 그 아이는 자기 감정을 제대로 인지하지 못한 채, 늘 다른 사람의 시선을 의식하며 살아가게 된다. 더 큰 문제는, 자기 감정과 욕구의 진정한 가치를 알지 못한 채, 그저 억누르고 회피하는 태도를 습관처럼 익힌다는 것이다.

그런 아이는 스스로 내린 판단조차 틀린 것이라 여기게 된다. 자기 결정에 대한 불신, 자기 감정에 대한 의심 그 모든 것이 부모의 강요에서 비롯된 불신의 그림자인 셈이다.

물론 부모로서 아이에게 올바른 가치와 삶의 방향을 알려 주는 역할을 해야 한다. 하지만 그 전에 반드시 물어야 할 질문이 있다.

"이 교육은 정말 아이를 위한 것인가, 아니면 내 욕망과 나르시시즘을 실현하려는 것인가?" 많은 부모들이 자녀를 위한다며 아이에게 무엇인가를 끊임없이 가르치려 하지만, 사실 그것은 "나는 너보다 강하다", "나는 너보다 더 많이 안다"는 심리적 우월감에서 출발하는 일방적 지시일 수 있다.

이런 나르시시즘적 가르침 아래에서 자란 아이는 결국 부모보다 낮은 수준에서 자신을 스스로 한계 지으며 살아가게 된다. 진정한 양육이란 아이를 통제하거나 나의 도구로 만드는 것이 아니라, 그 아이가 자기 자신으로 살아갈 수 있도록 존중하고 지지하는 관계를 만들어 주는 일이라는 것을 알아야 한다.

■ 홀로 선다는 것의 심리학: 자존과 분리, 그리고 회복의 용기

홀로서기란 스스로 조절할 수 있는 일과 그렇지 않은 일을 분별하고, 자신의 감정을 적절히 관리하는 능력이다. 마음을 잘 다루게 되면, 인생에 대한 주도감이 생긴다. 자기 확신이 커지고, 타인의 평가에 민감하게 휘둘리지 않으며, 스스로를 과도하게 비난하지 않게 된다.

일상을 살아가며 사람은 다양한 감정 속에서 여러 모습의 자신을 만나게 된다. 그중 어떤 모습이 실망스럽다고 해서, 그 하나만으로 전체를 부정해서는 안 된다. '하나를 보면 열을 안다'는 속담도 있지만, 하나로 전체를 매도하는 태도는 경계해야 한다.

모든 것을 완벽히 받아들이려 애쓰기보다, "그래, 그럴 수도 있지" 하고 가볍게 놓아주는 마음이 필요하다. 완전하지 않아도 지금 이 모습으로 충분히 괜찮다는 사실을 기억하자. 살다 보면 부정적인 감정에 휩싸이는 일이 많다. 인간은 진화적으로 분노, 두려움, 불안, 공포와 같은 감정에 민감하게 반응하도록 설계되어 있다. 이는 생존을 위한 본능이기도 하다.

하지만 감정은 본래 긍정적이거나 부정적인 성질을 지니지 않는다. 그것은 어디까지나 주관적 입장에서 유쾌한지, 불쾌한지의 차이일 뿐이다. 때때로 나쁜 감정을 느낀다고 해서, 그것이 곧 나쁜 사람이라는 의미는 아니다. 누구에게나 상처는 있다. 그 상처는 사소한 자극에도 쉽게 고통스럽게 반응하며, 이를 막기 위해 사람은 무의식적으로 방어태세를 갖추게 된다.

문제는, 이 상처가 종종 오래된 기억 속에 묻힌 채 제대로 치유되지 않고 남아 있다는 점이다. "괜찮아"라고 스스로를 다독이지만, 실제로는 괜찮지 않은 상태로 상처를 방치하고 있는 경우가 많다. 그래서 누군가가 그 상처를 건드리게 되면, 쉽게 분노하게 한다. 그러나 그 분노는 종종 대상만 바뀐 채 되풀이되고, 그 과정에서 중요한 관계가 파괴되기도 한다. 이런 반복된 패턴을 끊어 내기 위해 필요한 것은 일시정지의 기술이다.

분노가 일기 전에 잠시 멈춰, 그 감정이 지금의 상황 때문인지, 과거의 상처에서 비롯된 것인지 살펴볼 필요가 있다. 무분별한 분노로 인해 소중한 기회를 놓치고 관계를 잃는 일은 이제 멈추어야 한다.

분노를 조절할 수 있는 주도권은 타인이 아닌 자기 자신에게 있다. 감정은 통제할 수 없는 것이 아니라, 훈련을 통해 다스릴 수 있는 것이다. 그러므로 오늘도 일시정지의 연습은 계속되어야 한다. 그것이 자기 자신을 지키고, 세상과 건강하게 관계 맺는 방식이다.

"당신을 괴롭히는 문제의 90%는 당신 힘으로 바꿀 수 없는 것들이다."
이 글귀에 동의하지 않을 수 없다. 아니, 인정하는 편이 건강에 더 이롭다고 말하는 것이 더 정확할지도 모른다. 라라 E. 필딩은 『홀로서기 심리학』에서 이렇게 말한다.
"그것을 인정하고 나에게 집중하는 것이 홀로서기의 시작이다."[47]

인간관계 속에서 진정으로 홀로 선다는 것은 단순히 타인 없이 살아간다는 의미가 아니다. 그것은 오히려 나와 타인 모두에게 마음을 열고, 도움이 필요할 때는 기꺼이 의존할 줄 아는 성숙하고 유연한 인간이 되는 것을 뜻한다. 인간은 본래, 서로 도움을 주고받지 않고는 생존할 수 없는 존재이기 때문이다. 그러한 사람은 어떤 어려운 상황 앞에서도 움츠러들지 않고, 무너지지 않으며, 삶을 유연하게 풀어 나갈 수 있는 내면의 힘을 갖춘다.
홀로 선다는 것의 본질은, 자신의 마음을 잘 다루는 것이다. 홀로서기에 성공하면, 타인의 시선을 지나치게 의식하기보다 자신을 더 깊이 들여다보게 되며, 삶의 주체로서 스스로의 길을 선택하고 걸어갈 수 있게 된다.
홀로서기가 이루어지지 않으면 행복의 조건을 외부에 맡긴다. 자신은 여전히 부족하고 결핍된 존재라고 여겨지며, 그 결핍을 타인이나 세상이 채워 주어야 한다고 믿는다. 그 결과, 인정받기 위해 과도하게 애쓰거나,

일에 매달려 자신을 소모하고, 때로는 내면의 빈자리를 타인으로 채우려는 실수를 반복한다.

외부의 존재나 조건에 따라 좌우되는 행복, 갈구하고 좇아야만 얻을 수 있는 행복, 과연 그것을 진정한 행복이라 부를 수 있을까? 진짜 행복은, 스스로에게 책임지고, 자기 자신을 채우며, 내 마음을 단단히 지탱할 수 있을 때 비로소 가능해진다. 그것이 삶에서 진심으로 추구해야 할 홀로서기의 진짜 의미이다.

어른아이의 심리: 독립하지 못한 마음의 성장 이야기
"나는 정말 어른일까?"

겉모습은 분명 어른이 되었지만, 마음 깊숙한 곳에서는 여전히 어린아이처럼 누군가에게 기대고, 결정 하나조차 혼자 내리지 못하는 내가 있다.

지나치게 사랑을 주는 부모는 자식의 정신적 독립을 바라지 않는다. 신체적으로는 성장하여 독립했더라도, 정신적으로는 여전히 부모의 영향 아래 놓여 있는 경우가 많다. 때로는 무조건적인 포용에 길들여진 어른아이처럼 느껴지는 이들도 있다. 겉으로 보기에는 버릇없이 자란 사람처럼 보일 수 있지만, 실제로는 과잉보호와 감정적 의존 속에서 성장하며, 부모의 통제, 간섭, 기대, 부채감으로부터 쉽게 벗어나지 못한다.

그 결과, 사소한 일에도 결정을 망설이고, 책임을 회피하며, 부모뿐 아니라 타인에게까지 기대는 무책임한 습관이 자리 잡게 된다.

지나친 사랑은 때때로 족쇄가 된다. 부모는 자녀가 성인이 되어 독립적인 의사를 표현하거나 자기주장을 펼칠 때, 즉각적으로 반대하거나 우울한 기색을 보이기도 한다. 그런 반응은 자녀로 하여금 감정적으로 버림받았다는 느낌을 갖게 만든다. 반대로, 무기력하거나 의존적인 모습을 보일 때에는 즉각적인 관심과 위로를 건네며 다시 자녀를 자신의 울타리 안으로 끌어들인다.

자녀는 그렇게 복종과 의존이라는 안전한 길을 선택하게 된다. 홀로 서는 것은 너무나 두렵고 걱정스러운 일이다. 친밀한 관계 속에서만 살아 있음을 느끼며, 타인과 감정적으로 융합되기를 갈망한다. 누군가의 인정과 승인이 있어야만 안정감을 느끼고, 힘을 얻을 수 있다.

문제는 여기서 끝나지 않는다. 자기주장을 한다는 것은 곧 버림받을지도 모른다는 공포를 동반한다. 그래서 때때로 관계에 집착하게 되고, 상대에게 끊임없이 무엇인가를 요구하게 된다. 그렇게 타인에게 의존하고, 반응에 민감하게 반응하며, 스스로를 지탱하지 못하는 사람이 되어버리곤 한다.

진정한 독립은 단순한 경제적 독립이 아니다. 감정적 독립, 관계적 자율성, 자기결정권의 회복이라는 더 깊은 과제를 포함한다. 홀로 서는 힘, 스스로를 지탱하는 힘, 그리고 타인과 건강하게 연결되는 힘—이 모든 것이 진정한 어른의 마음을 이루는 요소다.

정심(正心)에 대한 아버지의 노트

최근에서야 '마음을 바로 세운다'는 말의 진짜 의미를 온몸으로 느끼게 되었다. 정심은 단순한 마음 수련이나 고요한 명상에 머무르지 않는다. 매일 아버지로서, 남편으로서, 그리고 한 사람으로서 삶을 살아가는 정신의 준비이자, 흔들림 없는 내면의 중심을 다지는 일이다. 겉으로는 좋은 말을 하고 올바른 행동을 하려 해도, 내면의 중심이 흔들리는 한 말과 행동은 진심을 담지 못한다.

정심은 결국 마음의 중심을 단단히 세우는 일이며, 그 중심이 바로 설 때 비로소 삶도, 가족도, 관계도 흔들림 없이 단단해진다. 그 깨달음은 늦게 찾아왔지만, 이제라도 실천하며 살아가려 한다.

1. 내면을 정돈하는 습관

사소한 일에도 감정이 요동치고, 생각이 꼬이며 불안에 휩싸이는 일이 많았다. 그럴 때마다 마음을 정돈하려 애썼지만, 솔직히 말해 그렇지 못한 날들이 더 많았다.

조용히 앉아 생각과 감정을 들여다보는 일, 그 속에서 무엇이 불안을 키우는지, 생각이 어디서부터 어긋났는지를 조금씩 알아차리는 과정이 정심의 시작이다.

작은 실천, 매일 마음을 정돈하려는 습관이야말로 정심의 본질이다. 거창한 결심보다, 일상의 작은 선택 하나가 중심을 세우는 힘이 된다.

2. 감정의 흐름을 바라보고 조절하기

아이의 행동에 화가 났을 때 즉각적으로 반응하기보다 한숨 돌리며 감정을 인식하고 조절하는 태도가 필요했다.

감정을 억누른다고 사라지지 않지만, 흐름을 바라보고 스스로 가라앉히는 훈련은 내면의 중심을 지키는 길이다. 감정과 반응 사이에 간격을 만들고, 그 간격 속에서 선택을 할 때, 비로소 중심 있는 태도를 유지할 수 있다.

정심은 감정을 제거하는 것이 아니라, 감정의 주인이 되어 중심을 지키는 일이다.

3. 관계 속에서 중심 지키기

가족과의 관계, 특히 친밀한 관계 속에서 쉽게 마음의 중심을 잃곤 했다. 상대의 말과 표정에 휘둘리고, 상황에 따라 태도가 바뀌는 자신을 발견할 때마다 후회가 밀려왔다.

정심은 상대를 바꾸려는 것이 아니라, 상황이 요동칠 때도 나 자신을 잃지 않는 연습이다. 판단보다 경청을, 감정보다 중심을 먼저 세우는 법을 배우는 것이다.

"지금 내 마음은 제대로 서 있는가?" 스스로에게 던지는 이 질문이 관계 속에서도 중심을 지키는 열쇠다.

4. 흔들림을 인정하고 중심으로 돌아오기

완벽한 사람은 없다. 한동안 흔들리는 마음을 부끄러워하고, 실수를 감추며, 후회를 외면했지만, 정심은 흔들림을 부정하는 것이 아니다.

마음의 동요를 인정하고, 다시 중심으로 돌아오는 힘이 진짜 정심이다.

이를 위해 기억해야 할 것들은 무엇인가. 내 감정을 억지로 누르지 않고, 상황을 객관적으로 바라보며, 중심을 되찾을 때까지 천천히 숨을 고른다.

흔들림은 회피할 문제가 아니라, 중심을 세우는 연습의 출발점이다.

5. 아버지로서, 한 사람으로서 마음 바로 세우기

아버지가 된다는 것은 단순히 아이를 키우는 일이 아니다. 그보다 먼저 자신의 마음을 바로 세우는 일이다. 마음이 흔들리면 말도 거칠어지고 행동도 불안정해진다. 내면의 혼란을 외면한 채 겉으로만 괜찮은 척하는 삶은 결국 가족과 관계까지 흔들린다.

정심의 길에는 끝이 없다. 감정을 들여다보고, 부족함을 인정하며, 선택 하나에도 깊이 성찰하는 반복의 과정이 더 단단하고 성숙한 사람으로 성장하는 유일한 길이다. 오늘의 작은 결심, 중심을 붙잡는 태도가 내일의 흔들림을 견디는 힘이 된다. 나를 바로 세우는 순간, 가족과 관계 속에서도 진심으로 서 있을 수 있다. 그것이 바로 정심의 힘이다.

4
수신(修身)
― 내 삶을 닦는다는 것의 의미

『대학(大學)』의 수양론은 인간 내면을 다듬는 일에서 출발해, 결국 더 나은 공동체와 세상을 만들어 가는 것을 목표로 한다. 그 단계들 가운데 수신(修身)은, 내면의 다스림을 바탕으로 실제 삶의 태도와 행동을 구체적으로 변화시키는 연결 고리라 할 수 있다.

흔히 수신을 몸을 닦는다고 해석하지만, 여기서 몸은 단순한 신체를 넘어 삶 전체의 태도와 실천을 가리킨다. 내 마음이 아무리 바르고 고요해도, 그것이 말과 행동으로 드러나지 않는다면 삶의 변화는 이루어지지 않는다. 수신은 바로 그 지점에서 요구된다.

정심이 마음을 준비하는 일이라면, 수신은 그 준비된 마음을 삶 속에서 실천하는 일이다. 습관을 바꾸고, 언행을 바로잡으며, 관계 속에서 자신을 점검하는 구체적 행위가 바로 수신이다. 결국 수신이란, 단순한 자기관리의 차원을 넘어, 매 순간 자신의 삶을 깨어 있는 태도로 살아 내는 과정이다. 이 장에서는 고전의 의미에 머물지 않고, 수신을 오늘을 살아가는 개인의 실질적 삶의 기술로 풀어 보고자 한다.

아버지가 된 이후, 나는 비로소 수신의 의미를 실감했다

돌이켜 보면 아버지가 되기 전까지 수신이라는 개념을 단지 예의범절을 지키거나 인성을 갖추는 정도로 이해하며, 그것이 삶과 어떻게 연결되는지는 깊이 생각해 보지 못한 채 막연하게만 받아들이고 있었다. 하지만 가정을 이루고 아이의 성장을 책임져야 하는 위치가 되면서, 수신은 단지 개인의 수양을 넘어서 마음을 정리하고 삶의 기준을 세우는 실제적이고 구체적인 실천으로 다가왔다.

한동안 나 자신이 방향을 잃고 헤매던 때가 있었다. 마치 배의 키를 놓쳐 버린 선장처럼, 내 혼란은 곧장 아이에게 전해졌고, 집안의 공기도 점점 무겁게 가라앉았다. 마음을 조금씩 가다듬고 중심을 회복해 나가자, 가족과의 관계에도 자연스러운 변화가 일어나기 시작했다.

결국 수신이란 단순히 가장으로서 가정을 책임지는 역할을 다하는 것에 그치지 않는다. 그것은 곧 가정의 기둥이 되어 주는 품격을 길러 가는 과정이며, 개인의 도덕적 수양을 넘어 부모로서 내적 성장을 실천하는 삶의 자세와 연결된다.

수신, 삶을 다듬는 기술이자 태도

삶에서 마주하는 어려움을 대개는 주변 환경이나 타인의 영향 때문이라고 여기기 쉽다. 정작 본질적인 걸림돌은 바깥이 아니라, 스스로의 마음속에서 비롯되는 경우가 많다. 감정적 반응, 반복되는 후회, 왜곡된 자기 인식, 그리고 관계 속에서 나타나는 불균형은 대부분 정제되지 않은 마음과 정돈되지 않은 태도에서 비롯된다.

수신은 흩어진 내면을 다시 단단히 정비하는 실천으로, 이는 인격의 윤곽을 세우고 삶의 방향성을 외부가 아닌 자기 안에서 찾아가는 능력을 의미한다. 수신은 결코 거창한 이상을 좇는 일이 아니라, 오히려 작은 습관의 형성, 자각의 지속, 자기 조절의 훈련, 관계의 회복, 태도의 변화와 같이 일상에서 실현 가능한 현실적 요소들로 이루어진 살아 있는 실천이다.

수신의 다섯 가지 주제

수신의 단계를 다섯 가지 주제로 나누어 살펴보고자 한다. 각 주제는 한 인간으로서 내면을 정비하는 과정이자, 가정 안에서 책임을 지는 존재로서 실천해야 할 길로 구성되어 있다.

1. 내 삶의 주인 되기

수신의 시작은 자율적인 주체로 서는 데 있으며, 외부의 기준에 휘둘리거나 타인의 기대에 맞추기 위해 자신을 잃은 상태에서는 참된 수양이 이루어질 수 없다. 수신이란 곧 내 삶의 핸들을 다시 내 손에 쥐는 능동적인 삶의 전환 과정으로, 자신의 생각과 감정, 선택에 대해 책임을 지고 삶의 주도권을 회복하는 것이 그 토대다.

2. 자아 성찰과 성숙의 조건

수신은 성찰 없이는 이루어질 수 없으며, 이는 자기 자신을 있는 그대로 바라보고, 받아들이며, 다시 세워 가는 과정으로, 바로 이것이 성숙의 핵심 조건이다. 성숙이란 무엇이며, 어떤 심리적 구조와 태도가 그것을 가능하게 하는지를 살핀다.

3. 자기 설계

많은 사람들이 건축물은 세심하게 설계하면서도 정작 자신의 삶은 계획 없이 살아가곤 한다. 수신은 이러한 삶을 주체적으로 설계해 나가는 능력을 의미한다. 삶의 가치와 시간의 사용, 인간관계, 일과 의미의 균형을 새롭게 구성하는 일, 그것이 곧 가정을 책임지는 자리에서 자신의 삶을 정비하는 일이기도 하다.

4. 자기 이해와 관계 회복

인간은 결코 홀로 존재할 수 없으며, 관계는 자신을 돌아보게 하는 매개체다. 수신은 자기 자신을 깊이 이해함으로써 타인을 이해하고, 관계를 회복해 나가는 마음의 기술임을 알게 되었고, 가장 가까운 가족 안에서 반복되는 갈등이 결국 자기 이해의 부족에서 비롯된다는 사실을 깨닫게 되었다.

5. 에고라는 적

수신을 방해하는 가장 큰 요소는 에고다. 인정받고자 하는 욕구, 타인과 자신을 끊임없이 비교하는 습관, 방어적으로 반응하는 태도는 한 사람의 내면에 벽을 세우며, 가정의 조화를 무너뜨린다. 그러한 에고가 어떻게 자신을 왜곡시키는지를 생각과 마음의 원리를 바탕으로 살펴본다.

수신은 내면의 일상화다

우리는 외부의 조건을 바꾸기에 앞서 먼저 내면을 정돈해야 하며, 그렇지 않으면 외부의 변화는 일시적인 것에 그쳐 결국 다시 원래의 상태로 되돌아갈 수밖에 없다. 수신은 일상 속에서 생각을 삶에 자연스럽게 녹여 가는 일이며, 성찰을 실제 삶의 행동으로 전환해 가는 훈련이다. 이 과정을 통해 아버지로서도, 한 인간으로서도 조금 더 단단하고 따뜻하며, 의미 있는 삶을 살아가는 존재로 나아가고자 한다.

1장
내 삶의 주인 되기

■ **비교하지 않는 삶**

타인의 인정을 바라며 살아가지 말아야 하는 이유는 타인에게 인정받는다고 해서 내 존재의 가치가 실제로 높아지는 것은 아니기 때문이다. 그럼에도 불구하고 많은 사람들은 자신의 가치를 스스로가 아닌 타인의 기준에 따라 확인하려 한다. 이는 자기 삶의 통제권을 타인에게 넘겨 버리는 것이자 수동적인 삶을 살겠다는 선언과 다름없다.

웨인 다이어는 『모두에게 사랑받을 필요는 없다』라는 책에서 진정한 행복을 위해서는 남과 자신의 가치를 비교하지 말아야 한다고 말했다. 외부와의 비교에서 자유로운 사람은 자존감이 타인의 평가에 좌우되지 않으므로, 자신의 내적 동기와 목표에 더 집중할 수 있는 여유가 생긴다. 타인의 기준이 아니라 나만의 기준으로 나 자신을 평가하며 부족한 부분을 하나씩 채워 나갈 때, 비로소 내 삶의 진정한 주인이 될 수 있다.

타인의 시선에 휘둘리기보다 스스로를 존중하고 자신만의 기준을 따르며 살아야 한다. 그 길이 진정한 자존감과 만족이 깃든 삶이다.

비교 없이 나답게: 자기 긍정으로 살아가는 자유의 심리학

자기 가치는 타인의 인정이나 평가에 기대어 확인하는 것이 아니다. 진정한 가치는 스스로의 삶 속에서 확인될 때 비로소 드러난다. 외부의 승인을 좇는 순간, 우리는 자기 삶의 주도권을 내어주며 타인의 기대에 수동적으로 따르겠다는 태도를 허락하게 된다.

흔히 사람들은 타인의 기준에 따라 자기 존재를 증명하려 하지만, 그러한 태도는 결국 자신을 얽매는 일이다. 비교에서 벗어나 자유로워질 때 비로소 행복이 가능하다. 타인의 시선에 흔들리지 않고 나만의 기준으로 부족함을 채워 갈 때 삶은 더욱 온전해진다.

자기 긍정은 단순한 위로나 위안의 기술이 아니다. 그것은 외부의 기준에서 벗어나 나만의 방식으로 삶을 살아가는 데 필요한 실질적인 힘이다. 알지도 못하는 누군가가 만들어 놓은 틀에 스스로를 가두는 것은 곧 자기를 해치는 일이 된다. 타인의 감정이나 반응에 휘둘리지 않고 삶의 방향을 스스로 주도할 수 있을 때, 진정한 평온과 자유가 찾아온다.

자기 긍정은 선택할 수 있는 하나의 성향이 아니라, 주체적으로 살아가기 위해 반드시 필요한 핵심 역량이다. 자신의 선택과 행동을 신뢰하고, 있는 그대로의 자신을 인정할 수 있을 때 우리는 외부의 시선에서 벗어나 독립과 자율에 이른다.

모든 기준은 세상이 아닌 내가 정해야 한다. 무언가를 결정할 때에는 주변의 평가나 평판이 아니라 내면에 자리한 나 자신의 상식을 따라야 한다. 나는 세상에서 유일한 존재이며, 진정으로 원하는 삶을 살기 위해 굳이 다른 사람과 같아질 필요는 없다.

물론 타인과의 비교를 통해 긍정적인 자극을 받아 발전적인 방향으로 나아간다면 그것은 바람직하다. 그러나 비교로 인해 패배감에 빠져 성장을 멈추고 스스로를 위축시킨다면, 그 비교는 결국 해로울 수밖에 없다.

결국 내가 지켜야 할 것은 남이 정한 잣대가 아니라, 나만의 기준이다. 남과 속도를 맞추기보다는 나의 속도로, 그러나 멈추지 않고 꾸준히 나아가는 것이 무엇보다 중요하다. 타인의 삶이 아니라 나의 삶에 집중하는 것, 바로 그것이 진정으로 나답게 살아가는 길이다.

두려움은 허상, 외로움은 진실: 존재론적 고독과 자유에 대하여

두려움은 이 세상 그 어디에도 실재하지 않으며, 오직 두려움에 사로잡혀 좋지 않은 미래를 상상하는 나만이 존재할 뿐이다. 내가 허락하지 않는 이상 세상은 결코 나를 해칠 수 없지만, 두려움에 떨기 시작하는 순간 곧바로 그 두려움의 먹잇감이 되고 만다.

'무언가 안 좋은 일이 닥칠 것이다.'라는 확신을 품는 순간, 스스로를 불행의 제물로 만든다. 두려움에 사로잡힌 사람들은 수천 가지 핑계를 대며 자신을 정당화하려 하지만, 결국 두려움은 현실이 아닌 내 안에서 만들어진 허상일 뿐이며, 그것은 상상이라는 기반 위에 세워진 허약한 구조물에 지나지 않는다. 이에 비해 외로움은 허상이 아닌 진실이며, 외로움과 친해질수록 진리에 가까워지고, 내가 이 세상에서 유일무이한 존재임을 자각하는 순간 필연적으로 외로운 존재라는 사실 또한 받아들여야만 한다. 수많은 사람들 속에 있어도, 가장 가까운 이와 함께 있어도, 마음과 생각이 온전히 같을 수는 없다.

이 지점에서 존재론적 외로움을 인식하게 되며, 이를 자각한 이후에는 무한한 자유를 누릴 수도 있지만, 반대로 깊은 고독의 늪에 빠질 위험 또한 함께 존재한다. 그것은 전적으로 나의 선택에 달려 있지만, 한 가지 분명한 사실은 인간이 태생적으로 고독한 존재라는 점이다. 우리는 서로 많은 것을 나누며 가까워질 수 있지만, 아무리 애쓴다 해도 타인의 내면 깊숙한 곳까지 완전히 들어갈 수는 없다. 인간은 결국 서로에게 낯선 존재일 뿐이며, 우리는 겉으로 드러난 모습과 행동을 통해서만 타인을 이해할 수 있다. 그러나 그 사람의 진정한 내면은 오직 그 자신만이 머무를 수 있는 고요한 세계에 자리하며, 그 세계에 들어갈 수 있는 이는 본인뿐이다.

성공은 목적지가 아니라, 성장하고 배워 가는 과정이다

인생은 단 한 번의 경험으로 끝나는 과정이 아니라, 끊임없이 변화하는 흐름 속에 있으며 삶의 매일은 그 변화의 연속선상에 존재한다. 오늘 하루도 매 순간이 새로운 경험으로 채워지며, 지금 이 순간 역시 이전과는 전혀 다른 방식으로 흘러간다. 이렇게 세상을 바라보면, 내 인생은 헤아릴 수 없는 순간들의 연속이라는 사실을 더욱 분명히 깨닫게 된다.

인생을 단 한 번의 경험으로 여기는 사람들이 있으며, 이들은 대개 삶을 반복적으로 되돌아보며 평가하는 경향이 있다. 그러한 태도는 오히려 현실을 외면하고 지금 이 순간을 허비하게 만든다. 그들은 다른 사람의 행복을 운이 좋아서라고 여기고, 자신의 불행은 팔자 탓으로 돌린다. 자신이 삶의 운명을 통제할 수 없다고 믿기 때문이다. 이런 믿음은 행동의 주체가 되지 못하게 하고, 수동적인 자세로 삶을 살아가게 만든다.

이에 비해 인생을 연속된 경험으로 인식하는 사람들은 삶을 바꿀 수 있다고 믿으며, 자신이 삶을 능동적으로 통제할 수 있다는 확신을 바탕으로 전혀 다른 태도를 지닌다. 그들은 낡은 방식을 고집하지 않고 새로운 방식이나 생각을 유연하게 받아들이며, 변화를 두려워하기보다 오히려 열린 마음으로 기꺼이 환영한다.

이러한 태도는 나로 하여금 삶의 진정한 주인이 되게 한다. 성공은 어느 특정한 지점에 도달했을 때 완성되는 것이 아니라, 매 순간을 살아가며 내가 경험하고 느끼는 나만의 과정 그 자체다.

행동이 답이다: 무기력에서 벗어나는 가장 단순하고 강력한 방법

창의적으로 살아가려면 먼저 습관처럼 반복되는 무기력의 상태에서 벗어나야 한다. 그 방법은 생각보다 단순한데, 바로 행동이다. 행동만이 무력감에서 빠져나오는 유일한 길이며, 우울증, 불안, 스트레스, 두려움, 걱정, 근심, 죄책감까지도 이겨 낼 수 있는 가장 강력한 처방이다.

움직이고 있는 동안에는 우울에 잠식되기 어려우며, 무언가를 만들고 집중하며 활동하는 순간에는 쉽게 의기소침해지거나 축 늘어져 자기 연민에 빠지는 일조차 어려워진다. 무엇이든 좋으니 그냥 어떤 일이든 하라. 단지 행동하는 것만으로도 온전히 제 역할을 하는 사람처럼 보이고, 그렇게 느껴질 수 있다.

많은 사람들이 우울증 때문에 행동을 멈춘다고 생각하지만, 오히려 반대다. 행동하지 않음이 우울증을 불러온다. 우리는 종종 스스로 행동하지 않기로 선택한다. 행동은 타인에 의해 휘둘리는 삶, 혹은 환경의 희생양이 되는 삶을 벗어나는 확실한 방법이다. 내가 불평을 멈추고, 주어진 문제를 개선하기 위해 스스로 무언가를 하겠다고 결심하는 순간, 내 삶을 둘러싼 모든 것이 변화의 길로 접어든다.

혹시 "그 말이 맞지만, 내가 지금 할 수 있는 일이 무엇일까?"라는 생각이든다면, 답은 매우 간단하다. 아무것도 하지 않는 것보다는 무엇이든 하나라도 하는 것이 낫고, 아무리 사소한 일일지라도 그 행동은 나를 조금씩 앞으로 나아가게 만든다.

　행동은 곧 생명이다. 그리고 내가 다시 살아 있음을 느끼게 해 주는 확실한 증거다.

2장
자아 성찰과 성숙의 조건

■ **삶의 의미는 찾는 것이 아니라 만들어가는 것**[48]

사람들의 심리 기제를 이해하는 것이 곧 자기 자신을 들여다보는 출발점이 된다. 다양한 심리기제들은 단순한 정보가 아니라 나의 감정과 행동을 해석하는 데 있어 실제적인 도구가 된다. 한성렬 작가는 『이제는 나로 살아야 한다』에서 이러한 자기 이해의 과정을 '성숙하게 사는 방법'이라고 표현했다.

그렇다면, 과연 우리는 어떻게 살아야 진짜 성숙하고 행복한 인생을 살 수 있을까? 내가 현재 겪고 있는 고통이나 어려움은 단지 외부에서 주어진 상황 때문이 아니다. 내가 그것을 어떻게 반응하고 적응하는지에 따라 전혀 다른 결과로 이어진다. 문제를 해결하려면 상황 자체를 바꾸는 것이 아니라, 그 상황에 대한 나의 반응과 태도를 바꾸는 것이 더 현실적이며 효과적이다. 그렇게 삶을 바라보면, 비로소 우리는 더 큰 현실 감각을 갖고 현재의 행복을 누릴 수 있다.

성숙함이란 단지 즐거움에 잘 반응하는 능력을 의미하는 것이 아니다.

사실 즐거움에 반응하는 일은 누구나 본능적으로 할 수 있는 일이다. 진정한 성숙함은 괴로움에 어떻게 반응하는지에 달려 있다. 고통스러운 상황 속에서 흔들리지 않고 자신을 다잡는 능력, 그것이 성숙한 인간이 갖추어야 할 가장 중요한 태도이다.

인생을 살아가면서 누구나 어려움을 겪지만, 그 어려움을 통해 자신을 단단하게 다져 가는 과정이 곧 성숙해지는 길이다. 주어진 고통과 불확실성을 피하려 하기보다는 그것들을 삶의 일부로 받아들이고 그 속에서 나만의 의미를 만들어 가는 것이 진정한 행복이며, 성숙한 삶으로 나아가는 길이다.

성숙한 삶의 조건: 현실, 타인, 양심과의 조화로운 관계 맺기

성숙한 삶을 살아가기 위해 필요한 조건들은 결국 세 가지 관계, 즉 현실 세계와의 관계, 타인과의 관계, 그리고 양심과의 관계 속에서 결정된다. 이 세 가지 축이 조화롭게 이루어질 때, 우리는 보다 온전하고 의미 있는 삶을 살아갈 수 있다.

첫 번째는 현실 세계와의 관계다. 이는 살아가는 데 꼭 필요한 기본적인 욕구를 현실 속에서 어떻게 해결하는가와 관련된다. 의식주, 생계, 건강 등 실존적 조건을 충족시키는 것은 성숙한 삶의 기초가 된다. 현실을 회피하거나 왜곡하는 태도는 결국 삶의 기반을 흔들고, 불안정한 존재 상태로 이어진다.

두 번째는 타인과의 관계이다. 인간은 본질적으로 사회적 존재로, 타인과의 관계를 통해 자아를 형성하고 성장시킨다. 대인관계를 잘 맺는다는 것은 단순히 사람들과 친하게 지낸다는 의미를 넘어서, 타인을 존중하고 신뢰를 주고받으며 상호 책임 있는 관계를 유지하는 것을 의미한다.

세 번째는 양심과의 관계이다. 이는 도덕적 기준과 내면의 윤리적 목소리와 조화롭게 살아가는 것을 말한다. 단순히 생물학적으로 살아가는 것이 아니라, 인간답게 살아가야 한다는 과제를 품고 있다는 점에서 중요한 요소다. "그는 사람도 아니야"라는 말이 의미하듯이, 인간으로서 지켜야 할 최소한의 윤리와 도덕이 무너질 때 우리는 삶의 본질을 상실하게 된다.

마지막으로 중요한 것은 이 세 가지 관계—현실, 타인, 양심—를 통합하여 조화를 이루는 것이다. 현실 속 욕구를 해결하고, 타인과 건강한 관계를 맺으며, 양심에 거리낌 없이 살아간다면, 당연히 삶은 보다 즐겁고 행복하게 느껴질 것이다. 하지만 이처럼 이상적인 상태에 이르는 과정은 결코 쉽지 않다. 그 과정에서 우리는 불안과 두려움을 겪게 되고, 이를 회피하기 위해 투사, 공상, 행동화, 소극적 공격성과 같은 미성숙한 방어기제를 사용하게 된다. 이러한 방어기제들이 오히려 대인 관계를 더 어렵게 만들고, 삶의 문제를 회피하게 만든다.

진정으로 성숙한 삶이란, 현실을 직면하고 그 안에서 자기를 조율해 나가는 힘을 기르는 데 있다. 방어기제를 지나치게 개인의 성격 요인에서만 찾는 것은 한계가 있다. 환경적 요인 또한 개인의 심리적 안정과 적응에 큰 영향을 준다.

그중에서도 존중은 가장 핵심적인 환경적 자원이다. 존중이란 상대를 있는 그대로 받아 주는 태도이며, 바로 그 속에서 신뢰가 형성되고 자아는 성장한다. 존중받는 환경 속에서 자란 사람은 자신이 가진 잠재력을 실현할 수 있다.

성숙하려면 건강한 마음이 필요하다. 건강한 마음을 위해서는 자기 결정력이 필수적인데, 자기 결정력은 타고나는 성질이 아니라 일상 속에서의 반복적인 훈련을 통해 길러지는 능력이다.

여기에 사회적 위치도 중요한 요소로 작용한다. 우리는 자신의 위치에서 타인과의 관계, 사회적 책임, 현실적 조건들을 조율하며 살아가는 과정을 통해 점점 더 성숙해질 수 있다. 이러한 다양한 요인들을 인식하고 조화롭게 활용함으로써, 더 나은 삶을 살아가고자 노력해야 한다.

삶의 의미는 미리 정해진 것을 찾는 데 있는 것이 아니라, 스스로 만들어 가는 데 있다

삶의 의미는 어딘가 외부에 존재하는 정답처럼 주어지는 것이 아니라, 각자가 스스로 창조해 나가야 하는 것이다. 흔히 삶의 의미는 아직 발견되지 않았을 뿐 어딘가 존재하며, 그것을 다른 장소나 사람, 혹은 특별한 경험을 통해 찾아낼 수 있으리라 믿는 경우가 많다. 그러나 아무리 먼 곳을 향해 떠나더라도, 삶의 의미는 외부에 독립적으로 존재하는 무언가가 아니라, 처음부터 내면에서 구성되어야 할 과제에 가깝다.

삶에 의미가 없는 것이 아니라, 아직 그것을 스스로 만들어 내지 않았을 뿐이라는 자각이 필요하다. 『죽음의 수용소에서』에서 프랭클은 인생의 의미를 인간이 결정하는 것이 아니라, 주어진 상황 속에서 스스로 책임지고 선택하는 과정을 통해 발견되는 것이라 말한다.

삶에는 정해진 의미가 있는 것이 아니라, 각자가 자신의 삶에 부여하는 의미가 존재할 뿐이다. 중요한 것은 그 질문에 성실하고 진지하게 답하며 살아가는 태도다. 지금 이 순간 힘들고 어려운 상황에 있더라도, 의미를 만들어 가는 과정을 멈추지 않아야 한다. 인간은 태어날 때부터 완성된 존재가 아니며, 살아간다는 것은 불완전한 자신이 더 나은 방향으로 나아가려는 끊임없는 과정이다.

그 과정 속에서는 좌절하거나 멈추고 싶을 때도 있다. 그러나 잠시 쉬어 갈 수는 있어도, 완전히 멈춰서는 안 되는 이유가 여기에 있다. 의미를 만드는 노력을 포기하는 순간, 삶은 무의미해지고 무기력감이 삶을 지배하게 된다.

때때로 삶의 의미를 고민하는 일이 피곤하고 부담스럽게 느껴질 수 있지만, 그 고민을 멈추는 순간 삶은 방향을 잃는다. 단순히 살아가는 것만으로는 충분하지 않다. 삶의 의미는 주어지는 것이 아니라, 스스로 선택하고 구성해 나가는 것이다. 그 의미를 찾아가고 만들어가는 과정 속에서 비로소 삶은 다시 말을 걸어오기 시작하며, 그 대화를 통해 존재의 실감과 생의 의지를 되찾을 수 있다. 의미를 만들어 가는 태도를 지속할 때, 삶은 점차 하나의 응답이 되어 돌아오게 된다.

자기 이해의 역설: 나는 누구인가를 묻지 않고서는 무엇을 할지도 알 수 없다

사람들은 종종 '나는 누구인가?'라는 질문 앞에서 주저한다. 그 이유는 이 물음이 단지 자기 이해에 머무르지 않고, 삶의 방향성과 정체성을 결정짓는 중대한 물음이기 때문이다. 자신을 제대로 알지 못한 채 앞으로의 계획을 세우는 것은, 방향을 알 수 없는 채로 바다를 항해하는 것과 같다.

그런데 요즘 젊은 세대는 이 순서를 거꾸로 밟는 경우가 많아, 먼저 '내가 무엇을 할 것인가'를 정한 뒤 그에 자신을 맞추려 한다. 마치 직업이나 진로가 곧 자기 정체성이 되어 버리는 듯한 착각이다.

자기 자신을 이해한다는 것은 결코 쉬운 일이 아니며, 누구도 자신을 한 문장으로 깔끔하게 정의할 수는 없다. 그렇기 때문에 스스로에게 다양한 질문을 던지며 나의 모습과 성향을 천천히 탐색하고 노력해야 한다. 요즘 사람들은 MBTI나 성격 유형 검사를 통해 자신을 이해하고자 하며, 이러한 방식도 나름 유용할 수 있고, 다양한 도구와 방식을 통해 나의 일반적인 특징을 파악해 보는 과정은 분명 가치 있는 일이다.

문제는 그런 자기 탐색의 시간을 충분히 갖지 못한 채 살아간다는 점이다. 우리는 청소년기부터 '자기 자신에 대해 탐색하라'는 말을 듣지만 정작 그것을 어떻게 탐색해야 하는지에 대한 구체적인 방법은 배우지 못했다. 그 결과, 많은 이들이 충분한 자기 성찰 없이 중요한 진로와 삶의 방향을 결정한다. 그런 방황이 단지 혼란스러운 시기가 아니라, 자기 이해에 필요한 절차가 생략되었기 때문에 생겨나는 혼란이다.

시간을 들여 스스로를 성찰하고 이해하는 노력이 반드시 필요하며, 차분히 내면을 들여다보고 다양한 상황 속에서 내가 보이는 반응을 관찰하고 이해하는 과정은 나를 규정하는 데 핵심적인 역할을 한다. 내가 누구인지 모른다면, 무엇을 해야 할지도 알 수 없다. 자기 이해는 단지 철학적 사유가 아니라, 삶의 방향을 잡아주는 실질적인 나침반이다. 이것을 잃지 않기 위해, 꾸준히 나 자신에게 질문을 던지고, 귀 기울이며 살아야 한다.

어린 시절의 생존 전략에서 벗어나, 성숙한 자기보호로 나아가기

지금 사용하는 많은 자기보호 전략은, 사실 아주 오래전 어린 시절의 생존 본능에서 비롯된 것이다. 어릴 적, 삶의 복잡하고 고통스러운 장면들을 감당하기엔 너무 나약하고 미숙했다. 문제를 직접 해결할 힘이 없었기에,

그 대신 상처를 줄이고 혼란을 모면하기 위한 임시방편들을 스스로 만들어 낸 것이다.

그렇게 형성된 자기보호는 처음엔 분명 생존을 위한 수단이었지만, 시간이 지나며 무의식적인 습관으로 굳어져 버렸다. 성인이 된 지금, 어린 시절에 도망쳤던 상황과 비슷한 위기를 마주하면, 여전히 그 옛날의 방식으로 반응하고 있다는 사실을 문득 깨닫게 된다.

자기보호는 대부분 주 양육자와의 관계 속에서 형성된다. 아직 자율적인 생존 능력이 부족했던 시기, 부모의 관심과 사랑을 얻기 위해 자신을 숨기거나 조심스레 표현하거나 지나치게 착한 아이가 되어야 했을지도 모른다. 그렇게 얻은 안전은 감정적 생존을 위한 기법이었고, 당시에는 절실했다.

그러나 문제는 그 생존 전략이 지나치게 오래 내면에 머물러 있다는 점이다. 어린 시절에는 필요했던 그 보호막이, 이제는 성장과 관계를 방해하는 장벽이 되어 버렸다. 오랫동안 의지해 온 방식을 내려놓으려 할 때, 잠시 무력하고 위태로운 감정에 휩싸이게 된다. 익숙한 패턴이 사라지는 순간, 감정은 흔들리고 불안정해진다. 이 혼란은 극복 가능한 과정이며, 그 과정을 지나야만 성숙한 자기보호의 길로 나아갈 수 있다.

지금의 자아는 더 이상 과거의 어린아이가 아니다. 반복되는 감정적 반응의 패턴을 인식하고, 그것이 어디에서 비롯되었는지를 이해할 수 있는 힘이 생겼다. 그렇게 현재의 과제에 훨씬 유연하게 대응하고, 자신을 더 안정적으로 돌보는 일이 가능해진다. 생각해 보면, 어린 시절 그렇게 애써 만들어 냈던 생존 전략이 지금까지도 나를 지키고 있다는 사실이 한편으로는 짠하고 안쓰럽게 느껴지기도 한다. 그러니 이제는 그 아이에게 이렇게 말해 주어야 할 때다.

"이제는 괜찮아. 지금의 내가 널 대신 지켜 줄 수 있어."

성숙한 자기보호란, 지금의 자아가 단단한 존재로 살아가도록 도와주는 동시에, 과거의 자아를 다독이고 위로하는 과정이기도 하다. 어린 시절의 결핍을 직면하고 인정한 다음, 그로부터 스스로를 놓아주는 연습이 필요하다. 그래야만, 진정으로 자유로운 나, 그리고 타인과 깊이 연결되는 나로 살아갈 수 있다.

마음을 기르는 일은 아이를 기르는 일과 같다 - 내면의 평화는 양육과 훈련을 닮아 있다

평화와 고요를 부모와 자식의 관계에 빗대어 생각해 보자. 좋은 부모는 자녀가 예의 바르고 도덕적이며 책임감 있는 어른으로 성장하길 바란다. 이를 위해 부모는 인내심을 가지고 아이를 이끌며, 때로는 필요한 통제를 가한다. 아이는 아직 성숙하지 않았고 세상에 대한 분별력이 부족하기에, 부모는 아이가 해로운 영향을 받지 않도록 주의 깊게 살핀다. 좋지 않은 친구들과 어울리지 않도록 경계시키고, 올바른 습관을 들이며, 건전한 사람들과 관계를 맺을 수 있도록 돕는다.

이와 같은 관점에서 우리의 마음은 아이와 같다. 부모의 지도가 없는 아이가 자신이나 남을 해치는 행동을 하게 되듯, 다스려지지 않은 마음 역시 쉽게 나쁜 영향을 받는다. 번뇌는 언제나 가까이에 있으며, 마음을 제어하지 않으면 욕망과 증오, 분노와 기만 같은 내면의 범죄자들과 뒤섞이게 된다. 그 결과 마음은 거칠고 버릇없어지고, 결국 말과 행동으로 드러난다.

마음도 아이와 마찬가지로 처음에는 통제를 싫어하지만, 점차 길들여지면 교양 있고 평온해지며 번뇌의 공격에서도 멀어지게 된다. 집중을 이룬

마음은 점점 더 조용해지고 잠잠해지며 평화로워지는데, 이러한 평화와 고요가 바로 집중의 징표이다.[49]

　아이 역시 적절한 보살핌 속에서 건강하게 성장한다. 처음에는 자유를 갈망하고 통제를 거부하지만, 시간이 흐르고 성숙해지면 부모의 보호와 지도가 자신을 위한 것임을 깨닫는다. 그 과정에서 아이는 나쁜 영향을 피하고 올바른 친구를 선택하며, 사회 속에서 자신의 길을 스스로 걸어갈 힘을 얻게 된다. 부모의 보살핌을 받은 아이는 사회에 나가서도 옳고 그름을 분별하고, 누구를 멀리하고 누구와 가까이해야 하는지를 스스로 판단할 수 있는 능력을 기르게 된다.
　이러한 성장은 단순히 외적인 변화에 그치지 않는다. 아이는 점차 인격적으로 성숙해지며, 한 사람의 온전한 인간으로 거듭난다. 양육이란 아이를 단순히 관리하거나 보호하는 일이 아니라, 아이가 스스로 성장할 수 있도록 기반을 마련해 주는 깊은 인내와 꾸준한 노력의 작업이다. 양육은 외적인 행동을 통제하는 것이 아니라, 내면에 올바른 분별력과 책임감을 길러 주는 일이다.

　결국 부모가 아이를 대하는 태도는 아이의 인격을 형성하고, 나아가 사회 속에서 그 아이가 어떤 존재로 살아갈 것인지에까지 영향을 미친다. 부모의 인내와 관심 속에서 아이는 스스로 성장할 힘을 기르고, 부모의 손을 놓고도 삶을 헤쳐 나갈 준비를 하게 된다.
　마찬가지로 우리는 우리의 마음을 책임지고 돌볼 수 있어야 한다. 아이가 부모의 보살핌 속에서 성장하듯, 우리 또한 자기 마음을 올바로 돌볼 때

성숙한 삶을 살 수 있다. 그것은 수행의 문제이자 삶의 태도이며, 존재의 본질에 대한 깊은 성찰이다.

3장
자기 설계

■ 중년 이후 삶의 주도권을 회복하는 심리학

사람은 누구나 각자의 과제를 지니고 있다. 이는 곧 각자의 삶과 선택, 그에 따르는 책임이 존재한다는 뜻이다. 이와 관련하여 아들러 심리학에서는 '과제의 분리'라는 개념을 강조하는데, 이는 타인의 과제에 함부로 간섭하지 말아야 하며, 동시에 타인 또한 내 과제에 개입하지 못하도록 해야 한다는 원칙이다.

물론 인간은 사회적 존재이기에 때로는 공동의 과제를 함께 짊어져야 할 때도 있지만, 개인의 삶을 구성하는 대부분의 문제는 결국 개인 고유의 과제에 해당한다. 내가 어떤 선택을 하든, 그에 따르는 책임 역시 온전히 내 몫이다.

예전에 본 영상 속에서 법륜 스님께 한 학생이 다소 사적인 질문을 던진 적이 있었다. 그때 스님은 "남의 인생에 간섭하지 마라"는 단호한 말로 그 질문을 딱 잘라 버렸다. 마치 무를 자르듯 정확하고 간결한 그 말이 내게는 인상 깊게 다가왔고, 동시에 어떤 해방감을 느끼게 했다. "타인의 인생에 대해 신경 쓰지 마라. 그 사람이 어떻게 살든 너와는 상관없다"는 그 태도 속에는 자율과 책임, 거리와 존중이 있었다.

　이렇게 분명한 태도를 실제 일상 속에서 적용하기란 결코 쉽지 않다. 특히 가족, 그중에서도 부모와 자녀 관계에서는 더욱 그러하다. 자녀가 공부를 하지 않는다고 했을 때, 아들러 심리학의 관점에서는 그저 조언만 하고 실제 실행 여부는 자녀에게 맡겨야 한다. 사실 조언조차 하지 않는 편이 좋다. 그러나 우리 사회의 많은 부모들이 과연 조언의 욕구를 참아 낼 수 있을까?
　부모의 입장에서 자녀는 단순한 타인이 아니라 나와 반쯤은, 어쩌면 동일한 존재처럼 느껴지며, 때로는 나 자신보다 더 소중한 존재로 여겨지기도 한다. 이러한 애착과 사랑은 분명 자연스럽고 본능적인 감정이지만, 이 감정이 자녀가 성인이 된 이후까지 동일한 강도로 유지된다면 그때부터는 오히려 문제가 되기 시작한다. 과잉 보호와 통제는 자녀의 자율성을 억압할 뿐만 아니라 부모에게도 과도한 책임감을 부여해 지치게 만들며, 결국 자녀와 부모 모두의 삶이 파괴적인 관계로 치닫게 된다.
　아들러의 '과제의 분리'는 단순히 무책임한 거리두기를 의미하는 것이 아니라, 오히려 진정한 책임감이 시작되는 근간이다. 자신의 삶을 스스로 책임지는 동시에 타인의 삶을 존중하고 신뢰하는 것, 이 균형이야말로 성숙한 관계의 핵심이다.

과제 분리를 실천하는 삶: 부모와 자녀 사이의 심리적 독립[50]
　스무 살이 넘은 자녀에게는 이제 '떠나보내기'의 훈련이 필요하다고들 말한다. 그것은 단순한 물리적 독립이 아니라 심리적 독립, 즉 부모와 자녀가 각자의 삶을 살아가는 것을 전제로 한 과제의 분리에서 출발한다.

이 과제를 실천하기 위해서는 먼저 자녀와 내가 하나가 아니라는 사실을 인정해야 하며, 아무리 가까운 관계라 하더라도 자녀는 결국 나와는 다른 삶을 살아가는 독립된 타인이라는 점을 받아들일 줄 알아야 한다. 이건 부모의 입장뿐 아니라, 자녀의 입장에서도 마찬가지다. 자녀의 시선에서 부모를 어떻게 대할 것인가에 대한 태도를 법륜 스님에게서 많은 통찰을 얻었다. 예컨대 자녀가 독립적으로 살고 싶어 하는데, 부모가 간섭하려 할 경우 어떻게 대처해야 하는가? 법륜 스님은 이 질문에 이렇게 답했다.

"모든 것은 네 뜻대로 하되, 면전에서는 부드럽게 복종하라."

처음엔 이 말이 쉽게 이해되지 않았다. 실제로는 A라는 선택을 하고 싶지만, 부모님은 B를 원하실 때, 부모님 앞에서는 "예, 알겠습니다"라고 대답한 뒤 실제로는 A를 실행하라는 것이다. 나중에 부모님이 그 점을 지적하면, 그때도 "죄송합니다. 알겠습니다"라고 말로만 응대하라는 것이다. 처음에는 이 방식이 과연 해답이 될 수 있을지 회의적이었고, 오히려 관계를 더 악화시키는 것은 아닐까 하는 우려도 들었다. 그러나 시간을 두고 곱씹어 보니, 이 방식은 다음과 같은 세 가지 중요한 뜻을 담고 있다는 사실을 알았다.

첫째, 내 인생은 내가 선택하고 책임지는 것임을 스스로 각성해야 한다는 점이다. 부모의 의도나 기대보다 더 중요한 건 내 삶의 주도권을 내가 쥐는 것이다.

둘째, 내가 그렇게 살기로 결심했음을 주변 사람들에게도 인지시켜야 한다. 직접적으로 말하지 않더라도 나의 일관된 행동과 태도를 통해, 내 삶의 방향성을 명확히 보여 줘야 한다.

셋째, 모든 결정 과정에서 관계를 해치지 않기 위해 상대의 의견을 부드럽게 수용하는 태도는 반드시 필요하다. 다투거나 맞서는 방식이 아니라, 예의를 지키고 말을 완곡하게 함으로써 갈등의 불씨를 줄이는 커뮤니케이션 방식이 중요하다. 물론 이 방식을 모든 경우에 적용할 수 있는 것은 아니다. 만약 내가 아직 부모의 경제적·정서적 도움을 받고 있는 상태라면, 일정 부분 부모의 뜻을 따를 의무가 생긴다. 도움을 받는다는 것은 곧 상대의 영향력 안에 있다는 의미이기 때문이다. 따라서 심리적으로 독립된 삶을 살고자 한다면, 금전적·정서적·신체적으로도 자율적인 기반을 갖추는 것이 우선되어야 한다.

이 방식은 말로는 단순해 보일 수 있으나, 실제로 행동으로 옮기는 일은 훨씬 더 어렵다. 하지만 이 과정을 통해 비로소 진정한 의미의 과제 분리를 이룰 수 있으리라는 생각이 들었다. 물론 함께 사는 가족 사이에는 공동 과제가 분명히 존재한다. 모든 문제를 개인의 과제로만 환원할 수는 없다. 자녀가 반려동물을 키우고 싶어 하더라도, 가족 구성원 중 누군가가 반대한다면 쉽게 결정할 수 없는 문제이다. 이처럼 가족 전체의 삶에 영향을 미치는 사안은 개인의 의지만으로 결정할 수 없으며, 만장일치 혹은 최소한의 합의가 필요하다.

그런 특별한 공동 과제를 제외하면, 고기를 먹을지 말지, 동물성 식품을 끊을지, 어떤 취미를 즐길지, 무엇을 배울지, 누구를 만날지 같은 대부분의 선택은 결국 각자 스스로 결정해야 할 일이다. 이러한 영역에서는 타인의 의견을 참고는 하되, 결정은 내가 해야 한다. 이것이 바로 아들러가 말한 자기 삶에 대한 주인의식, 그리고 진정한 과제 분리의 실천이라 할 수 있다.

50대 이후, 흔들리지만 다시 시작하는 삶의 기술

성인 이후의 삶은 스스로 꾸려 나가야 하며, 누구도 대신 살아 줄 수 없고 더 이상 부모의 품 안에 안주할 수도 없다. 특히 중년 이후는 자녀 양육의 부담이 어느 정도 마무리되는 시기로, 어떤 삶을 살아야 할지를 본격적으로 고민하게 되는 시점이다.

좋은 삶을 위해 반드시 필요한 네 가지 요소를 꼽자면 직업, 건강, 친구, 취미라고 생각한다. 그중에서도 직업을 맨 앞에 둔 이유는, 직업 없이는 나머지 요소들 역시 온전히 지켜 내기 어렵기 때문이며, 자신의 손으로 노동하고 그 대가로 생계를 유지하는 일은 독립된 인간으로서 가장 근본적인 존엄이라 할 수 있다.

직업이 유지되면 건강을 챙길 여유가 생기고, 좋은 음식을 먹고 규칙적으로 운동하며 편안하게 쉴 수 있는 기반도 마련되며, 건강과 생계가 유지되어야 비로소 친구와의 관계나 취미활동도 지속 가능해진다.

물론 예외도 존재한다. 직업이 없더라도 자녀를 돌보는 전업주부나 병든 가족을 간병하는 사람처럼 눈에 보이지 않는 중요한 노동을 수행하는 경우도 분명히 있다. 그러나 대부분의 경우, 중년 이후의 삶은 경제적, 심리적 독립을 기반으로 스스로 구축해 나가야 할 제2의 인생이다.

오늘날은 '100세 시대'라 하지만, 사실 정년 퇴직 연령은 여전히 그 속도를 따라가지 못하고 있다. 다행히 최근에는 퇴직 연령을 상향하려는 논의도 점차 활발해지고 있다. 실제로 60대 어르신들을 보면 예전의 50대처럼 건강하고 생기 넘친다. 70대는 60대처럼, 80대는 70대처럼, 90대는 예전의 80대와 같이 보이는 경우도 많다.

그럼에도 불구하고, 퇴직 이후 직업이나 할 일이 없는 삶은 심리적·신체적으로 급격한 노화를 부를 수 있다. 아침에 눈을 떴을 때 해야 할 일이 없고, 갈 곳이 없다는 사실은 내가 더는 쓸모없는 존재처럼 느껴지게 한다. 실제로도 일하지 않고 쉬기만 하는 사람들의 경우, 노화가 더 빠르게 진행된다는 연구 결과도 있다. 역시 인간은 일하면서 살아가는 존재, 노동을 통해 삶의 의미를 찾는 존재가 아닐까 생각하게 된다.

"인생은 혼자 왔다가 혼자 가는 것"이라는 말이 인생의 모든 것을 설명해주지는 못하지만, 그 안에는 분명 일정 부분의 진실이 담겨 있다. 결국 삶의 기반은 평생 동안 이어지는 홀로서기 연습이다.

예전에는 쉰 살이 되면 지천명(知天命), 즉 하늘의 뜻을 아는 나이라 여겼고, 사회적으로나 개인적으로나 어느 정도 이루었을 시점으로 간주되었다. 그러나 지금의 현실에서 50대는 무언가를 이루기에는 늦은 듯 보이고, 다시 시작하기에는 용기와 체력이 부족해진 그 어중간한 시기처럼 느껴진다.

정작 우리는 내일을, 아니 1분 후의 일조차 장담할 수 없는 존재다. 그렇게 5년, 10년 뒤를 준비하며 현재를 희생하지만, 만약 그 희생된 오늘로 인생이 끝나 버린다면 얼마나 허망할까. 이런 생각은 회의주의보다는 오히려 지금 이 순간을 얼마나 알차게 살아야 하는가에 대한 새로운 인식이다.

20대 무렵에는 50대가 되면 모든 것이 안정되고 평온할 줄 알았지만, 물론 어떤 이들은 그런 멋진 중년을 살아가기도 하나, 대부분은 여전히 흔들리고 불안한 마음으로 50대를 맞이한다. 50대는 무언가를 바꾸기에는 늦었다고 느껴질 수 있지만, 내일 죽는다 해도 오늘 바꿀 수 있는 것이 있다면 그 하루만큼은 분명 바뀐 삶을 살아갈 수 있는 것이다.

죽음이 삶보다 가까이 느껴지고, 가족이나 사회와의 관계도 결코 평탄하지 않은 지금, 단지 함께라는 이유만으로 위안이 되지 않을 수도 있다. 때로는 함께 있음에도 행복하지 않은 관계가 있음을 인정하고, 더 이상 애쓰지 않기로 결정하는 것 또한 잘 살아가기 위한 한 가지 방법이라는 사실을 받아들이게 되었다.

무엇보다 중요한 건, '이미 늦었다'고 체념하지 않는 것이다. 사람은 언제든 변할 수 있다. 그리고 현재가 달라지면, 결코 바꿀 수 없다고 생각했던 과거조차 새롭게 의미를 가질 수 있다. 살아 있다는 사실은 누구에게나 과거와 현재, 그리고 미래를 새롭게 써 내려갈 수 있는 이유가 된다. 중요한 것은 그것을 잊지 않는 일이다.

중년의 위기, 자기 성장의 시작점

중년기를 흔히 인생의 반환점이라고 부른다. 그만큼 많은 변화가 찾아오는 시기라는 뜻이다. 이 시기에 접어들며 예전 같지 않은 체력과 기력, 그리고 점점 가까워지는 노화와 죽음이라는 현실 앞에서 슬며시 불안을 느끼게 된다. 예전에는 정년퇴직 후 연금을 받으며 나름대로 안정된 노후를 누릴 수 있었지만, 이제는 세상이 달라졌다. 경제적 불안, 구조조정, 연금에 대한 불확실성까지 더해지면서 "이대로 계속 일할 수 있을까?", "내 역할은 어디까지일까?" 하는 질문이 머릿속을 떠나지 않게 된다.

자녀를 어느 정도 다 키운 후 새로운 삶을 모색하는 엄마들도 이 시기에 많아진다. 동시에 부모님 돌봄과 갱년기 장애 같은 신체적·정신적 과제들이 한꺼번에 몰려오며, 마음속 갈등과 혼란도 커지게 된다. 심리학에서는 이러한 시기를 '중년의 위기(midlife crisis)'라고 부른다. 그러나 이 위기가 반드시 나쁜 것만은 아니라고 생각한다. 오히려 이 시기는 진짜 '나'를 다시 만나는 기회가 될 수 있기 때문이다.

심리학자 칼 융(Carl Jung)은 중년기를 인생에서 가장 중요한 시기로 여겼다. 그는 자아와 무의식이 서로를 인정하고 하나로 통합되는 과정을 '개성화(individuation)'라고 불렀고, 이는 곧 진짜 나로 살아가기 시작하는 시점이라고 보았다. 젊은 시절에는 타인의 시선, 성취, 속도에 맞춰 살아왔지만, 중년이 되면 훨씬 더 근본적인 질문들이 마음을 채운다.

"나는 누구인가?", "남은 인생에서 진짜 원하는 건 뭘까?", "이제부터의 시간은 어떻게 살아야 할까?" 이 질문들은 때로는 괴롭지만, 그 자체로 사람을 한 단계 성장시키는 힘을 가진다. 중년의 위기는 결국 또 다른 삶의 방향을 선택하라는 신호일 수 있다. 미처 보지 못했던 나, 억눌러왔던 욕망과 감정들을 이제는 정면으로 마주해야 할 때가 온 것이다.

이 과정을 통해 조금 더 나다운 삶, 조금 더 단단한 인생을 향해 천천히 걸어가게 된다. 심리학은 그 과정에 등을 밝혀 주는 도구가 된다. 불안을 설명해 주고, 위기의 본질을 짚어 주며, 새로운 나를 구축할 수 있도록 돕는다. 그렇기에 중년의 위기를 더 이상 두려움이 아닌, 성장의 시작점이라고 부르고 싶다.

4장
자기 이해와 관계 회복

■ **자기이해**

심리학은 흥미로울 뿐 아니라 매우 실질적인 학문이다. 자신을 이해하고 타인의 마음을 알아가는 일은 단순한 호기심을 넘어, 인간 삶의 핵심 과제이기 때문이다. 흔히 "열 길 물속은 알아도 한 길 사람 속은 모른다"는 옛말처럼, 사람의 마음은 쉽게 파악하기 어렵다. 그러나 마음을 이해하는 일은 어렵다고 포기할 수 있는 문제가 아니라, 오히려 가장 중요한 인간적 과제다.

부모가 심리학적 통찰을 바탕으로 자기 이해를 넓히는 일은, 자녀를 위해 준비할 수 있는 가장 근본적인 출발점이다. 우리가 관계를 다룰 때 어린 시절 양육자와의 최초 관계를 중요하게 보는 이유도 여기에 있다. 부모가 '부모다움'을 갖추지 못하면, 자녀는 온전한 자기로 성장하기 어렵다. 준비되지 않은 부모에게서 자란 아이는 성인이 되어서도 자아에 대한 신뢰가 부족하거나, 왜곡된 인간관계로 인해 지속적인 어려움을 겪을 수 있다. 결국 아이를 진심으로 위하는 길은 부모가 먼저 자신을 깊이 이해하는 데서 시작된다.

성공적인 노화에 대하여-탄력성의 중요성

긍정 심리학의 관점에 따르면, 탄력성이란 우리가 겪는 어려운 상황을 잘 극복하여 이전 수준으로 정신 기능이 회복되는 것을 의미한다. 이 개념에 대해 회복이라는 표현 대신 탄력성이라는 용어를 사용하는 이유는, 단순히 원래 상태로 돌아가는 것을 넘어서 그 이상의 성장된 상태를 지향하기 때문이다.

탄력성에 관한 대표적인 연구인 '하와이 카우아이섬 실험'에서는, 열악한 환경 속에서 성장한 카우아이섬의 아이들 중 약 3분의 1이 건강하고 성공적인 삶을 살아갔다고 보고된다. 흥미로운 점은 이들이 모두 같은 환경에서 성장했음에도 불구하고 결과가 달랐다는 사실이며, 그 차이를 만든 것은 고통의 순간에 부모를 대신해 응원해 준 조력자, 즉 조부모나 교사, 마을 사람 등의 존재였다.

이 연구는 우리 인생에서 조력자의 존재가 탄력성을 발휘하는 데 핵심적인 역할을 한다는 사실을 보여 준다. 또한, 심리적 안정감, 새로운 경험에 대한 긍정적 태도와 수용력, 환경에 대한 적응력, 독립성과 자율성, 타인과의 긍정적인 상호작용 등은 위기를 극복하는 탄력성에 영향을 주는 중요한 요소들이다.

사람들은 나이가 들어 감에 따라 많은 경험을 통해 사고가 더욱 유연해지고, 그만큼 탄력성도 높아진다. 실제로 정서 변화의 폭이 작고 보다 안정적인 모습을 보이는 경우는 청년보다 노년층에서 더 뚜렷하게 나타난다. 이는 삶의 경험이 심리적 회복력과 정서적 안정성을 키운다는 사실을 보여 주는 하나의 근거이다.

결국 각종 스트레스를 유연하게 극복하고 긍정적인 사고방식을 유지하며 점차 높아지는 탄력성은 곧 내면의 성장과 성숙을 의미하며, 이는 단순한 외적 성취가 아니라 내적 회복력과 인간으로서의 성장을 나타내는 중요한 지표이다.

사회적 압력 속 자아 정체성과 심리적 자율성의 갈림길

오늘날 우리 사회에서는 배려라는 미명하에 타인의 의견에 무비판적으로 동조하거나, 책임을 회피할 수 있는 상황임에도 복종을 선택하는 사례가 적지 않다. 이러한 사회적 맥락 속에서 완전히 자유로운 개인은 거의 없다.

한때는 동조와 복종이 사회성과 융통성이라는 이름으로 포장되며, 집단에 순응하는 태도가 마치 이상적인 덕목인 양 요구되던 시절도 있었다. 이러한 태도는 무비판적인 동조와 타인의 권위에 대한 무조건적인 복종을 정당화하는 데 악용되기도 했다.

특히 교육자라면, 자아정체성이 형성되는 중대한 시기인 청소년기에 있는 아이들이 어떤 이유로 동조하거나 복종하는지를 주의 깊게 살펴야 한다. 단순히 말을 잘 듣는다고 해서 긍정적으로 평가하기보다는, 그 선택의 동기와 배경을 이해하려는 노력이 반드시 필요하다. 청소년기의 복종은 때로는 불안에서 비롯되며, 동조는 소속에 대한 욕구와 깊은 관련이 있다. 자율적 사고 능력을 키우기 위한 교육은 결국, 아이들이 자신의 판단을 할 수 있도록 돕는 데서 출발해야 한다.

불확실성과 상처, 그리고 제2의 성장: 진정한 독립을 위한 내면의 여정

불확실성은 인간 존재의 본질적 전제이며, 정신 발달을 이끄는 핵심 동력이다. 그러나 불확실성이 너무 클 경우, 마치 넓은 사막에 혼자 떨어진

듯한 고립감이 밀려온다. 그럴 때면 불안 지수가 급격히 높아지면서, 다가올지도 모르는 위험에 대비해 자기방어적이고 공격적인 태도를 취하게 되기도 한다.

잘못된 선택을 하고 싶지 않다는 마음에 사로잡혀 쉽게 결정을 내리지 못하고, 끝없는 망설임 속에서 스스로를 소모하는 날들이 있다. 하루에도 수십, 수백 가지 선택 앞에서 극심한 피로감에 빠지게 되는 것이다.

이제는 인정해야 한다. 불행은 특정한 이들만의 몫이 아니라, 누구에게나 삶의 일부로서 언제든 찾아올 수 있는 것이다. 문제가 발생하면 본능적으로 그 원인을 알고 싶어 한다. 그래야 다음에는 피할 수 있다고 믿지만, 어떤 문제는 애초에 명확한 원인조차 존재하지 않는 경우도 있다. 그럴 때면 그 이유를 스스로에게서 찾기 시작하고, 마음 깊숙이 숨어 있던 죄책감을 떠올리며 그 일을 일종의 처벌처럼 받아들이기도 한다.

결국 할 수 있는 일은 단 하나, 그 진실을 받아들이는 것뿐이다. 누구에게나 어떤 일이든 일어날 수 있다. 마음속에는 여전히 상처 입은 아이가 존재한다는 사실도 잊지 않아야 한다. 아이가 세상을 배워 가는 동안, 자신을 지켜봐 주고 안심시켜 줄 부모의 사랑은 절대적으로 필요했다. 하지만 그 시기에 입은 상처가 제때 발견되지 못하거나 적절히 돌봄 받지 못했다면, 그 아이는 결국 깊은 상흔을 남긴 채 마음속 어딘가로 숨어버리게 된다. 그 상처를 꺼내어 마주하고, 다시 돌보는 과정에서 또 한 번의 성장통이 찾아온다.

이 제2의 성장통은 나이에 상관없이 찾아올 수 있으며, 아프고 힘들더라도 반드시 겪을 만한 가치가 있다.

이제는 부모와 심리적 거리를 두는 일에 대해 진지하게 생각해 볼 때다.

그것은 언제나 어렵고 두려운 일이지만, 이제는 새로운 바통을 이어받아 세대교체를 이뤄야 할 시점이다. 자신의 삶을 주체적으로 살아가고, 스스로의 행복을 선택할 수 있어야 한다.

먼저 행복하고 씩씩하게 살아간다면, 더 이상 부모의 그림자에 머무는 존재가 아닌, 그분의 든든한 조력자가 될 수 있다. 그렇게 되면 부모 또한 자식에게 의존하지 않고, 스스로의 삶을 새롭게 개척해 나갈 수 있다. 자식 없이도 잘 살아갈 수 있으며, 지금껏 돌보느라 하지 못했던 일들을 이제는 자유롭게 경험하며 또 다른 행복을 찾아갈 수 있을지도 모른다.

진정한 독립이란 관계를 끊는 것이 아니라, 역할을 바꾸고 감정의 거리를 조율하는 일이다. 그리고 그 과정을 통과하며, 사람은 비로소 진짜 자기 자신으로 다시 태어난다.

인정 추구의 뿌리: 자기애적 부모와 상처 입은 자아의 회복

오래도록 왜 '인정받고 싶다'는 욕구가 내 안에 깊게 자리했는지 고민해 왔다. 그 뿌리를 더듬다 보면 결국 어린 시절의 가족 환경, 특히 자기애적 부모 아래에서 형성된 자아에 닿는다. 수잔 포워드는 『독이 되는 부모가 되지 마라』에서 자기애적 부모를 여섯 유형으로 설명한다.

첫째, 자기애적 부모는 열등감이 심하다. 자신이 틀렸다는 사실을 절대 인정하지 않으며, 모든 문제의 책임을 자녀에게 떠넘긴다.

둘째, 통제적인 부모는 죄책감을 유도하며 아이를 조종한다.

셋째, 중독자 부모는 알코올이나 도박 등의 문제로 인해 늘 집안에 불안감을 조성한다.

넷째, 말로 상처를 주는 부모는 반복적인 비난과 폄하를 통해 아이의 자존감을 빼앗는다.

다섯째, 신체적 폭력을 가하는 부모는 충동적이고 폭력적인 행동으로 자녀에게 공포와 위협을 준다.

여섯째, 성적 폭력을 가하는 부모는 아이에게 말로 형용할 수 없는 깊은 배신감과 고통을 안긴다.

이런 환경에서 자란 아이들은 다양한 성향으로 성장한다. 분리불안형은 버림에 대한 공포로 혼자 있기를 두려워하고, 완벽주의형은 열등감과 수치심을 가리기 위해 과도한 완벽을 추구한다. 자기희생형은 타인을 위해 자신을 과도하게 소모하고, 분노 억제형은 갈등을 피하려 공격성을 극단적으로 눌러 버린다.

이 성향들이 내 삶에 미친 영향을 직면하는 일은 쉽지 않았다. 그러나 그 직면을 통해 회복의 길이 열린다. 과거의 상처와 보호받지 못한 기억은 지워지지 않지만, 지금의 나를 바꾸는 일은 오롯이 나의 몫이다. 그래서 나는 과거의 나와 현재의 나를 분명히 구분하고, 상처가 현재의 감정과 관계에 미치는 영향을 세밀히 살펴보며, 반복되는 병적 패턴을 끊기 위한 구체적 실천을 이어 가고 있다.

그 과정에서 어린 시절 결핍되었던 것들과 잃어버린 감정들을 인식하고, 충분히 슬퍼하는 애도를 통과한다. 그러면서 내 안에 굳어 있던 집착과 원망을 조금씩 씻어 낸다. 더 이상 상처에 매달려 살지 않겠다. 회복은 고통스럽지만, 동시에 자유로 가는 길이다. 그 길 위에서 나는 나를 더 잘 이해하고, 보다 온전한 삶의 태도를 배워 간다.

5장
에고라는 적

■ 성공과 실패, 그리고 성장

라이언 홀리데이는 『에고라는 적』에서 삶을 살아가는 모든 사람은 인생의 세 단계 중 하나에 서 있다고 말한다. 그 세 단계는 바로 열망, 성공, 그리고 실패다. 첫 번째는 무언가를 간절히 이루고자 하는 시기, 두 번째는 어떤 방식으로든 성공을 경험하는 시기, 그리고 세 번째는 실패를 마주하는 시기다. 그 성공이 크든 작든, 실패가 깊든 얕든, 우리는 이 세 단어 중 하나를 품고 살아간다.

어떤 단어는 아주 잠깐 스쳐 지나가지만, 어떤 단어는 마치 내 삶에 눌러앉아 영원히 떠나지 않을 듯 머물기도 한다. 시간이 흐르면서 세 단어들은 서로 자리를 바꾸고 교차하면서 마침내 삶이라는 의미를 가진 단어로 귀결된다. 이 세 가지 단어는 고립된 개별의 순간이 아니라, 서로를 완성시키는 과정이라고 할 수 있다.

열망은 나를 앞으로 나아가게 하고, 성공은 내가 가치를 만들 수 있다는 자신감을 주며, 실패는 나를 겸손하게 하고 본질을 다시 보게 만든다. 행복도, 고통도 결국 나의 삶이고, 그 모든 순간은 내가 성장해 가는 길의 일부라는 것을 안다. 어떤 단어가 지금 마음속에 떠오르든, 그것이 무엇이든 간에, 그것을 삶의 일부로 받아들이고 더 나은 방향으로 나아가기 위한 자양분으로 삼는 태도가 필요하다.

에고라는 감옥: 자만을 넘어 성장으로 가는 길

라이언 홀리데이가 말하는 에고(Ego)는 단순한 자존감이 아니다. 그것은 자기중심적 사고에 사로잡힌 '나', 즉 내가 가장 중요하고, 내가 최고이며, 타인은 나에게 배우고 나만이 인정받아야 한다는 건강하지 못한 믿음을 의미한다.

에고는 겸손과 자제심의 반대편에 서서, 세상을 안하무인의 시선으로 바라보게 만든다. 자신의 성취를 절대화하며, 그 과정에서 타인의 공헌이나 우연한 기회, 심지어 신의 도움마저도 무시하게 한다. 에고가 삶의 균형을 무너뜨리는 가장 큰 장애물임을 절실히 느낀다. 조금의 성공에도 도취되어 모든 것은 내가 해낸 일이라거나 나 없이는 안 된다는 생각이 스며드는 순간, 성장은 멈추고 그 자리를 교만이 차지하게 된다.

에고는 타인에게 배울 것이 있다는 겸허한 자세를 막고, 내면의 목소리—양심과 사색, 침묵 속의 성찰—를 가로막는다. 게다가 에고는 나만을 중심에 두기 때문에 내 삶뿐 아니라 가족과 주변 사람들의 삶에도 균형을 잃게 만들고, 결국 모두가 지치고 피폐해지게 된다. 왜 어떤 사람은 좋은 생각을 갖고도 실천하지 못할까? 그 이유는 에고 때문이다.

에고는 생각을 밖으로 꺼내지 못하게 만들며, '더 나은 아이디어가 올 거야'라고 미루다가 결국 그 생각조차 잊게 만들고, 이는 결국 게으름이며 자기 기만에 지나지 않는다. "구슬이 서 말이라도 꿰어야 보배"라는 말처럼,

에고를 내려놓고 실천해야 세상과 관계를 맺을 수 있다. 에고는 자신을 객관적으로 바라보는 힘을 무디게 만들고, 자기 안에 갇혀 냉철함을 잃은 채 사색을 거부하며, 고집과 아집에 따라 살아가는 인생으로 이끈다.

다른 사람의 관심에 민감하게 귀 기울이되, 자존심이나 욕심에 휘둘려 관심에만 집착하는 사람이 되지 않아야 한다. 에고를 이겨 내기 위해서는 더 큰 마음과 정신의 훈련이 필요하며, 그것은 기도와 독서, 사색을 통해 내면과 끊임없이 대화하며 기를 수 있는 능력이다. 이러한 삶의 태도가 나를 성장시키고 성숙으로 이끄는 진정한 잠재력이다. 나를 벗어나 객관적으로 자신을 관찰하는 능력이 에고에 휘둘리지 않는 가장 확실한 길임을 기억해야 한다.

에고의 유혹을 넘어: 겸손과 자신감 사이의 균형 심리학[51]

에고를 극복하기 위해 필요한 태도는 겸손함과 자신감의 균형이다. 우리는 때로 자의식이 과도하게 부풀어 오르고, 때로는 지나치게 자신감이 떨어지기도 한다. 두 경우 모두 균형이 무너진 상태이며, 결국 에고에 휘둘리는 결과를 낳는다. 어릴 적 부모의 양육 방식이 아이에게 건강한 자신감을 심어 주기도 하지만, 한 끗 차이로 그것이 허세와 자만으로 자라날 수도 있다. 반대로 신중하고 조심스러운 성격이 지나친 자기 위축으로 이어질 수도 있다.

과거에 잘 해 왔고, 현재도 잘 하고 있으며, 앞으로도 잘 해낼 수 있는 사람일수록 자기 자신을 냉정하게 성찰하고 겸손함을 잃지 않아야 한다. 그 겸손은 단단한 내면을 지탱하는 힘이자, 성장을 멈추지 않게 해 주는 지속적인 동력이 된다.

라이언 홀리데이는 에고를 '또 다른 자아'로 정의함으로써, 자신의 자만심이나 허영심을 단순히 '내 잘못'이라 비난하지 않는다. 오히려 "그건 네가 아니라, 네 안의 에고가 그런 거야"라고 말한다.

그 표현이 우리의 죄책감을 덜어 주고, 냉정하게 자기 자신을 관찰할 수 있는 여지를 준다. 에고는 내가 하는 일에 감정적으로 몰입하게 만들고, 그로 인해 이성적 분별력을 잃게 만든다. 특히 자아도취에 빠진 사람일수록 그 위험은 더 크다.

천재로 불리는 사람들 중 일부가, 자신의 재능에 지나치게 확신을 갖고, 비판과 조언을 귀담아듣지 않는 태도를 보며 안타까움을 느낀다. 예술가들 중에도 현재의 고통은 반드시 감내해야 할 숙명이라며 자신을 몰아붙이는 이들이 있다. 그러나 동일한 시련 속에서도 누구는 겸손을 배우고, 누구는 자만을 키운다. 겸손과 자신감은 양립할 수 있으며, 겸손은 나의 부족함을 인정하게 해주고, 자신감은 내가 가진 가능성을 믿게 해준다.

우리는 좀 더 장기적인 관점에서 스스로를 바라보며, 당장의 감정이나 자존심이 아니라 더 성숙하고 균형 있는 방향으로 나아가기 위한 준비를 해야 한다. 에고를 넘어서기 위해서는 내 안의 자만심을 단호히 조율하고, 그 자리에 겸손함과 자신감이라는 두 날개를 균형 있게 세우는 것이 곧 성장으로 가는 길이다.

이성으로 다듬은 열정, 침묵으로 지켜낸 자기 성숙: 에고를 넘는 삶의 태도

우리 사회는 열정을 찬양하며, 열정은 누구나 쉽게 인정해 주는 감정이고, 무언가를 성취한 사람들에겐 늘 그 열정이 주요한 요인으로 강조된다. 그러나 열정만으로 충분한가? 아니, 열정이 때로는 나를 삼켜 버리는 건 아닐까?

우리는 보통 성공한 사람들의 열정을 본받으려 하지만, 실패한 이들 역시 똑같은 열정을 품고 있었다는 사실을 간과한다. 차이는 열정이 아니라, 그 열정을 어떤 시선으로 조율하고 통제했는가에 있다. 나 자신도 열정을 따라 무작정 달려가다가, 정작 내 방향을 잃고, 번아웃에 빠졌던 순간들이 떠오른다. 열정은 감정의 총집합체이기 때문에, 때로는 나를 움직이는 힘이 되기도 하지만, 이성이 없으면 나를 갉아먹는 에너지가 되기도 한다. 특히 우리 사회는 열정을 이용하는 구조로 가득 차 있다. 이 점을 경계해야 한다.

내가 좋아서 시작한 일이 타인의 목적에 의해 소모되고 있다는 걸 나중에야 깨닫는 경우가 많기 때문이다. 지금의 열정이 진짜 나의 것인지, 혹은 내가 이용당하고 있는 것은 아닌지, 열정으로 인해 정작 내가 가야 할 방향이 가려지고 있는 것은 아닌지 자문해야 한다. 겸손함을 지닌 자신감, 그리고 이성으로 다듬은 열정 외에 또 하나 꼭 필요한 삶의 태도를 꼽자면, 그것은 바로 침묵이다.

덴마크 철학자 키에르 케고르는 말했다.
"단순한 잡담은 생각을 입 밖으로 드러내게 하여 행동을 약화시킨다."
실제로 불필요한 말들이 내 내면의 에너지를 낭비하게 만든다는 사실을 자주 체감한다. 무언가를 깊이 생각하고 있을 때, 그것을 성급히 말로 꺼내기 시작하면 마치 그 일을 이미 이룬 것처럼 착각하게 되고, 실제 행동의 에너지는 줄어들게 된다. 강한 사람일수록 침묵 속에서 지낸다. 자신감 있는 사람일수록 말보다 내면의 정적을 통해 깊이를 더한다.

그럼에도 우리가 자주 동요하고, 성공과 실패를 반복하며 내면에서 불편함을 겪는 이유는 바로 에고 때문이다. 라이언 홀리데이는 이 에고를 삶의 방해자이자 내부의 적으로 묘사한다. 에고의 특성은 다음 세 가지이다.

첫째, 에고는 나를 특별하고 대단한 사람으로 착각하게 만든다.
둘째, 에고가 클수록 실패에 더 쉽게 무너지고, 불안정해진다.
셋째, 에고는 타인의 피드백을 무시하게 만든다.

에고를 이기기 위해 필요한 것은 침묵으로 다듬은 냉철함, 이성으로 제어한 열정, 그리고 겸손 속에 숨은 단단한 자신감이다. 이 세 가지를 삶의 중심축으로 삼아 더 성숙한 내면, 안정된 태도, 타인과의 건강한 관계를 지향하며 살아가자.

수신(修身)에 대한 아버지의 노트

아버지가 되고 나서야 '수신(修身)'이라는 말의 무게가 깊이 다가왔다. 그것은 단순히 자신을 닦고 가꾸는 데 그치지 않고, 가족을 위한 책임의 출발점이며 삶을 다시 정비하는 과정임을 깨닫게 되었다. 가정을 꾸리고 아이를 키우는 동안, 내면이 얼마나 쉽게 흔들릴 수 있는지 수없이 경험했다. 감정의 작은 파동 하나가 가족의 분위기를 바꾸고, 무심코 던진 한마디가 아이의 마음에 오래 남는 상처가 되기도 했다.

결국 마음과 태도가 바로 서야 가정도 관계도 건강하게 유지된다는, 단순하지만 실천하기 어려운 진리를 매일 마주한다. 그래서 이제 '수신'을 개인의 수양을 넘어, 가정을 지키는 기술이자 태도로 받아들이게 되었다.

1. 삶의 핸들을 다시 내 손에 쥐는 일

한때는 내 삶을 내가 통제하고 있다고 믿었다. 하지만 돌아보면, 대부분의 선택과 행동은 타인의 기대, 비교, 그리고 내면 깊은 두려움에 휘둘린 결과였다. 그 사실을 분명히 깨닫게 된 건, 아버지가 된 이후였다. 더 이상 그렇게 살아서는 안 된다는 것, 삶의 핸들을 진짜 내 손에 쥐어야 한다는 것, 그것이 분명해졌다. 감정과 선택에 책임을 지고, 가족을 바라보는 시선과 태도를 주체적으로 바로 세우는 일. 바로 거기서부터 아버지로서의 수신이 시작되었다.

2. 감정의 소용돌이 속에서 중심 잡기(감정의 성찰)

아이의 사소한 실수에 불같이 화를 내고, 배우자의 말 한마디에 서운해하며 쉽게 파도처럼 요동치던 날들이 있었다. 그때마다 감정은 일순간 격렬하게 솟구쳤지만, 그 이면에 자리한 내 마음의 진짜 상태를 깊이 들여다본 적은 없었다.

감정을 억누르거나 부정하는 것이 아니라, 왜 그런 감정이 일어났는지를 스스로에게 묻고 그 감정의 뿌리를 성찰하는 일이 필요했다. 감정의 소용돌이 속에 자신을 놓아 두기보다, 그 안에 담긴 상처와 욕구, 기대를 정직하게 바라보는 연습이 진정한 성찰의 시작이었다. 감정은 단지 피해야 할 것이 아니라, 삶의 거울이며 나 자신을 가장 솔직하게 비추는 통로임을 이제야 깨닫는다.

매일의 삶에서 감정의 파동이 일어날 때마다 멈추어 서서 묻는다. "무엇이 나를 이렇게 뒤흔들고 있는가?" 그 질문이 곧 나를 돌아보게 하고, 더 단단한 중심으로 이끄는 감정 성찰의 길이 된다.

3. 관계 속에서 나를 잃지 않는 법

가족을 위한다는 이유로 나 자신을 외면하거나, 부족함을 감추기 위해 가족을 핑계 삼던 적이 있었다. 그러나 진짜 수신은 관계 속에서도 나를 잃지 않는 데 있다. 가족을 소중히 여기되 내 삶의 기준과 방향을 분명히 세우고, 아이와 배우자를 독립된 인격체로 존중하는 태도, 그것이 건강한 아버지의 수신이다.

4. 에고를 넘어 진짜 나를 세우는 일

아버지이자 남편으로서 인정받고 싶다는 마음이 자주 앞섰고, 그 마음은 어느새 가족을 통제하려는 에고로 변질되었다. 그 과정을 쓰라리게 겪으며 하나의 진실을 배웠다.

수신(修身)이란, 과도한 에고를 내려놓고 겸손하게 자신을 돌아보며 확고한 '진짜 나'를 세워 가는 과정이다. 아이의 성장도, 가족의 평안도 결국 내가 어떤 모습으로 살아가느냐에 달려 있다는 사실을 외면할 수 없게 되었다. 가족을 바꾸기 전에, 먼저 나 자신을 다스려야 한다.

5. 삶을 다듬는 연습, 관계를 지키는 실천

불안해하고 실수하는 날들이 이어지지만, 그 속에서도 멈추지 않고 배우려는 노력이 중요하다는 것을 조금씩 깨닫고 있다. '수신(修身)'은 단 한 번의 결심으로 끝나는 일이 아니라, 매일의 삶 속에서 자신을 끊임없이 다듬어 가는 긴 여정이다.

스스로에게 묻는다. "지금, 나는 내 삶을 주체적으로 책임지고 있는가?", "가족 앞에서 말뿐이 아닌, 진심이 담긴 행동을 하고 있는가?", "내 안의 고집과 자만심을 내려놓고, 겸손하게 서 있으려 노력하고 있는가?"

이 질문들은 단순한 반성이 아니라, 어떤 태도로 살아야 하는지를 확인하게 하는 기준이 된다. 아버지로서의 수신은 나만을 위한 도덕적 수양이 아니라, 가족과의 관계를 지키고 신뢰를 쌓으며 아이에게 삶으로 가르치기 위한 가장 현실적인 실천이다.

그래서 오늘도 내 말과 행동을 돌아보고, 부족함을 인정하며, 조금 더 성숙한 모습으로 서 있으려 한다. 수신의 길은 멀지만, 그 길을 따라 걷는 하루하루가 곧 삶을 지키는 힘이 된다.

5

제가(齊家)
― 가정을 통해 나를 바로 세우는 일

우리는 누구나 좋은 사람이 되기를 바라지만, 그 바람이 가장 먼저 시험대에 오르는 곳은 다름 아닌 가정이다.『대학(大學)』에서 말하는 제가(齊家)는 단순히 집안을 평화롭게 유지하는 차원을 넘어, 가장 가까운 사람들과의 관계 속에서 나 자신을 돌아보고 삶의 본질을 점검하는 실질적인 수련의 장이다.

가정은 사회의 축소판이자 인간됨이 드러나는 무대다. 밖에서는 품위와 도덕을 말하지만, 집 안에서 말과 행동이 거칠고 무책임하다면 그 수양은 허울뿐일 수 있다. 그래서『대학』은 제가를 수양의 연장선으로 보되, 그 핵심을 관계의 조율과 구체적 실천에 두었다.

이 장에서는 제가를 단순히 '집을 가지런히 한다'는 고전적 의미에 머물지 않고, 가장 가까운 관계에서 나를 시험하고 성장시키는 실제적 과정으로 바라볼 것이다. 가족은 타인보다 더 깊이 나를 비추고, 더 쉽게 상처를 주고받는 존재다. 그렇기에 내가 어떤 마음을 품고, 어떤 태도로 살아가는지가 민낯으로 드러나는 곳이 바로 가정이다.

결국 제가란 완벽한 가정을 만드는 일이 아니다. 불완전한 관계 속에서 부딪히고, 반성하며, 함께 성장하는 과정을 기꺼이 감당하는 것이다. 가정은 내 인격이 가장 현실적으로 드러나는 시험대이자, 수양의 첫걸음이라는 사실을 우리는 잊지 말아야 한다.

가정은 가장 정직한 수양의 장소다. 우리는 남들에게는 인내하며 예의를 갖추지만, 가장 가까운 가족 앞에서는 본래의 성격과 감정을 여과 없이 드러낸다. 나의 본성과 마음, 태도의 진실함이 날마다 드러나고 검증되는 삶의 현장이 바로 가정이다.

가정은 개인을 드러내는 공간이며, 아버지는 그 안에서 가장 먼저 책임을 지는 존재이기에, 제가(齊家)의 핵심 축은 아버지로부터 시작된다고 할 수 있다. 아버지를 중심에 놓고, 가족의 본질, 관계 회복, 양육의 지혜, 그리고 심리적 균형과 성장에 대해 살펴보려 한다.

제가(齊家)의 실천

1. 조선의 아버지에게서 현대의 아버지가 배워야 할 것

오늘날 우리는 급변하는 사회 속에서 새로운 형태의 아버지 역할을 요구받고 있다. 하지만 다행스럽게도 그 방향을 잃을 때마다 역사 속 아버지들에게서 배울 수 있는 지혜가 존재한다. 조선 시대의 가부장적 틀을 넘어서, 책임, 모범, 절제, 자기 수양과 같은 정신적 유산을 현대적인 시각에서 새롭게 바라보고 풀어내려 한다.

2. 가족의 이해와 치유

가족은 본래 사랑이 흘러야 하는 공간이지만, 때로는 가장 깊은 상처가 발생하는 장소가 되기도 한다. 그러한 상처를 치유하는 데에는 가족 구성원 간의 상호 이해가 바탕이 되어야 한다. 가족심리학의 관점을 바탕으로 갈등의 구조, 감정의 전달 방식, 상처의 대물림 과정을 살펴보고, 그 회복을 위한 해결의 실마리를 찾아보려 한다.

3. 아이들의 정신 건강과 회복

아버지의 말투, 표정, 반응은 아이의 정서 회로에 깊이 각인되며, 아이가 겪는 불안, 분노, 위축, 자기 비난 등의 감정적 어려움은 대부분 부모와의

관계 속에서 형성될 뿐만 아니라, 또한 그 관계 안에서 치유될 수 있다. 아이의 정서적 안정과 회복을 돕기 위해 아버지가 취할 수 있는 태도와 실천 방안을 중심으로 풀어 간다.

가족은 가장 작은 사회이자, 가장 깊은 수련의 장

우리는 가족 안에서 가장 깊이 사랑하며 동시에 가장 자주 상처를 받지만, 아이러니하게도 바로 그 관계 속에서 가장 많은 것을 배우고 가장 크게 성장할 수 있다. 제가(齊家)란 단순히 가정을 잘 꾸리는 방법을 배우는 데 그치지 않으며, 오히려 그 관계 속에서 자기 자신을 바로 세우고, 책임과 사랑을 삶 속에서 실천하는 자기 수양의 장이라 할 수 있다.

1장
조선의 아버지에게서
현대의 아버지가 배워야 할 것

■ 아버지라는 존재

아버지라는 존재는 시대마다 모습은 달랐지만, 자녀에게 미치는 영향만큼은 언제나 깊고 결정적이었다. 오늘날 우리는 감정적 소통과 평등한 관계를 중시하는 시대를 살고 있다. 그러나 바로 이런 시대일수록, 조선의 아버지들이 남긴 삶의 태도와 가르침에서 되새길 만한 통찰을 발견할 수 있다.

흔히 조선의 아버지를 권위적이고 엄격한 존재로만 떠올리기 쉽다. 그러나 실제 역사 속 아버지의 모습은 훨씬 더 다층적이었다. 영조와 사도세자의 비극에서 드러난 부정(父情)의 갈등, 정약용이 자녀에게 남긴 실용적이면서 따뜻한 가르침, 이순신 장군이 전쟁터에서 보낸 다정한 편지들 속에는 아버지의 고뇌와 인간적인 면모가 함께 담겨 있다.

조선 시대의 아버지는 단순한 생계부양자가 아니라 가족과 사회에 대한 책임을 엄중히 짊어진 존재였다. 유교적 규범 속에서 자녀의 도덕적 성장과 학문적 성취를 이끌고, 몸소 예절과 절제, 근면과 효를 실천하며 삶으로 가르쳤다. 특히 사대부 계층의 아버지들은 가훈을 세우고, 직접 글과 도리를 가르치며, 자녀를 인격체로 존중하는 교육을 중시했다. 즉, 경제적 후견인에 머무르지 않고 정신적 스승이자 도덕적 지도자의 역할을 했던 것이다.

이런 전통은 오늘날에도 시사하는 바가 크다. 현대 사회에서 아버지는 더 이상 권위로 자녀를 통제하는 존재가 되어서는 안 된다. 그렇다고 방관적이거나 무책임해서도 안 된다. 진정한 교육은 제도나 외부 환경이 아니라 부모의 삶의 태도와 일상 속 본보기를 통해 이루어진다. 조선의 아버지들이 남긴 책임, 절제, 모범, 충성과 같은 가치가 여전히 필요한 이유도 여기에 있다. 감정적 교류가 중시되는 오늘일수록 이러한 덕목은 더 큰 의미를 지닌다.

결국 조선의 아버지를 돌아보는 일은 우리 스스로에게 던지는 물음으로 이어진다.

"나는 지금 어떤 아버지로 살아가고 있는가? 그리고 앞으로 어떤 아버지가 되어야 하는가?"

이 질문에 대한 답을 우리의 선조들에게서 한 번 찾아보고자 한다.

조선의 아버지에게서 배워야 할 것

첫째, 책임감과 자기 절제다.

조선의 아버지들은 자신이 가정을 대표한다는 강한 책임감을 갖고 있었다. 그들은 가문을 부끄럽게 하지 않기 위해 말과 행동을 절제하고, 사소한 일에도 예를 갖추며 스스로의 행동을 반성하고 단속했다. 이러한 자기 절제는 자녀들에게 모범이 되었고, 무형의 교육이 되었다.

오늘날 아버지들은 자기 표현과 감정의 개방을 중시하는 시대적 흐름 속에 있다. 그러나 진정한 성숙을 위해서는 조선의 아버지들이 강조했던 '자기 절제'와 '책임 있는 태도' 또한 결코 소홀히 해서는 안 된다. 자신의 감정을 통제하고 가족에게 일관된 신뢰를 주는 존재가 되는 것, 그것이 오늘날에도 중요한 아버지의 모습이다.

둘째, 자녀 교육에 대한 주체성이다.

조선 시대 아버지들은 자녀 교육을 교육 기관에만 맡기지 않고, 직접 교육의 주체가 되었다. 가정 내에서 서당을 열거나 스스로 자녀에게 글을 가르치고, 사서삼경의 정신을 심어 주려 했다. 오늘날 많은 아버지들이 자녀 교육에서 한 걸음 물러서 있는 모습을 보이곤 한다. 그러나 자녀의 인격은 부모의 지속적인 관심과 올바른 태도 속에서 형성된다. 단순히 성적이나 진학 결과에만 집착할 것이 아니라, 삶을 대하는 태도와 윤리의식, 그리고 인간다운 품격을 일깨우는 것이 아버지의 진정한 교육이라 할 수 있다.

셋째, 말보다 일상의 태도로 본보기가 되는 양육 방식이다.

조선의 아버지들은 말보다 행동으로 자녀를 가르쳤고, 효행을 실천하며 매사에 공정하고 절약과 근면함을 몸소 보여 줌으로써 자녀가 자연스럽게 배우도록 했다. 이는 오늘날 보여 주는 양육의 중요성과 연결된다. 자녀는 부모가 하는 말보다 그 삶을 따라 배운다.

현대의 아버지들이 조선의 아버지들처럼 모범적 삶을 통해 말없이도 자녀에게 가치와 태도를 심어 줄 수 있다면, 더욱 깊이 있는 양육이 가능할 것이다.

넷째, 시대의 과제 해결에 대한 적극성이다.

퇴계 이황은 왜곡된 정치 현실 속에서도 도덕과 학문의 기틀을 세우려 애썼고, 다산 정약용은 조선 후기의 사회 모순을 바로잡기 위해 실학을 통해 제도 개혁의 방향을 제시했다. 그들은 단지 가정의 울타리 안에 머물지 않고, 시대가 요구하는 책임 앞에 자신을 던진 아버지들이었다. 이들의 모습을 보며, 아버지란 가정뿐 아니라 사회적 책임을 감당하는 존재이다.

전쟁의 공포를 비롯해 우리 사회가 직면한 크고 작은 문제들 앞에서, 과연 어떤 자세로 살아가고 있는가? 오늘날 비정규직 해소, 교육 불평등, 기후 위기 등 시대의 과제 앞에서 아버지들이 침묵하거나 외면하지 않고, 조선 시대의 아버지들처럼 자신의 자리에서 작게 라도 실천을 이어 간다면, 그것이 세대 간의 단절을 잇고 사회적 책임을 다하는 길이 될 것이다.

다섯째, 성실성이다.

성리학의 개념을 빌려 말하자면, 아버지로서 실천해야 할 중요한 태도는 공(恭)과 경(敬), 즉 자신을 낮추는 겸손함과 타인을 높이는 존중의 마음이라 할 수 있다. 이는 바깥세상에서만 필요한 것이 아니라, 오히려 가정 안에서 먼저 실천되어야 한다. 아들과 딸을 존중하고 따뜻한 마음으로 대하는 아버지, 아내를 진심으로 위하고 배려하는 남편이 될 수 있다면 얼마나 바람직한 일인가.

조선 시대의 아버지는 단지 권위만을 앞세운 모습이 아니었다. 그들은 자신의 언행을 조심하고, 가족을 향한 책임을 성실하게 실천하려 애썼다. 아침 일찍 일어나 글을 읽고 몸가짐을 단정히 하며, 자녀들에게 모범을 보이고자 했던 그들의 일상은 공과 경의 태도가 단순한 형식이 아닌, 삶 속에서 자연스럽게 드러나는 덕목임을 보여 준다.

진정한 공경은 하루아침에 이루어지지 않는다. 그래서 조선의 아버지들은 평범한 일상 속에서도 늘 스스로를 돌아보고, 흐트러짐 없이 자신의 태도와 책임을 다듬어 나갔다. 그렇게 쌓인 일상의 자세가 결국 성실성이라는 품성으로 이어졌던 것이다.

여섯째, 충(忠)을 실천한 아버지다.

충(忠)이란, 자기 자신을 포함한 모든 존재에 대해 온 마음을 다해 진실하게 대하는 자세를 말한다. 인간으로서 지녀야 할 가장 근본적인 삶의 태도가 아닐까 싶다.

우리는 흔히 직장이나 국가에 충성을 바친다는 말을 한다. 그러나 정작 자기 자신에게 충실한 사람은 드물다. 만약 자신에게 진심으로 충실한 아버지가 있다면, 그 모습을 곁에서 지켜보는 가족들은 어떤 느낌을 받을까? 어쩌면 자연스럽게 마음의 문을 열고, 그를 더욱 신뢰하게 될지도 모른다. 결국 자기 자신을 존중하고 사랑할 줄 알아야, 타인에 대한 존중과 사랑도 진정성 있게 드러날 수 있다.

불안한 관계

내가 생각하는 조선시대에 가장 충격적인 아버지는 영조였다. 뒤주에서 죽고 만 사도세자, 이러한 비극의 역사 속에 아버지란 과연 어떤 사람인가를 떠올려보았다. 동서양을 막론하고 아버지와 아들의 관계는 썩 평탄치 않았던 것 같다. 따뜻한 마음이 있어도 그 마음이 옳게 전달되지 않으면 오해가 깃든다.

영조는 무수리 출신 어미에게서 태어나 평생을 열등감 속에 살았고, 겉으로는 학문적으로 뛰어난 왕이었지만 그 내면은 늘 불안했던 것으로 보인다. 그리하여 하나 있는 아들도 사랑의 대상이 아니라 경쟁의 대상, 권력을 나눠야 할 대상으로 보였던 게 아닐까? 사도세자는 어려서부터 학문에 뛰어났으나 사춘기에 접어들고 무(武)에 좀 더 관심과 재능을 보였다. 하지만 이는 아버지가 원했던 아들 모습이 아니었고, 같은 궁궐 안에 있음에도 불구하고 아버지가 51살 차이 나는 계비와 결혼한 이후에는 약 8개월간 소통이 없었다.

사실 이 시기에 영조의 결혼은 단순히 결혼이 아니라 세자 자리마저 뒤바뀔 수 있다는 불안의 증폭이 아니었을까? 결국 영조에게 내재되어 있던 불안과 열등감이 아들에게 더 확장 및 전이되면서 아들의 우울증은 더 심화되지 않았을까? 결국 아버지가 아들을 미치게 한 것이라 생각한다.

무언가 다른 아버지들

세상은 이순신을 영웅이라 하고 대외적으로 강인한 모습을 떠올리나 가족에게 있어서, 그리고 아내 앞에서는 다정하고 연약한 내면을 드러내는 것이 인상적이다. 다산 정약용은 아들에게 편지를 쓰는데 "지금은 내 이름이 죄인 명부에 적혀 있으므로, 너희에게 시골집에 숨어 지내라고 하였다. 그러나 미래에는 서울에서 가까운 10리 이내에 살라. 가세가 쇠락하여 도성 안에 들어갈 형편이 못 되면, 근교에 터를 잡고 과일나무를 심고 채소를 가꾸며 생계를 유지하라. 그리하여 재산이 조금 모이면 서울 한복판으로 옮겨라."라고 할 정도로 가족을 위했다.

실학자답게 형편이 힘들면 서울 근교에서 원예농업을 하라고 이른 것도 흥미롭지만, 수도권 사수를 주문한 것 또한 인상적이다. 서울과 지방의 문화차이를 지적하며, 수도권 사수를 외친 것이다. 실학자로서 21세기의 부동산 문제를 예측하고 수도권 거주를 주장한 게 아닐까?

조선 시대에도 그 이전에도 그리고 지금에도 아들을 사랑하는 아버지의 마음은 계속 이어져 오고 있고, 그 마음을 솔직하게 소통한다면 아들과 아버지의 관계는 계속 소중하게 빛날 수 있을 것이라 생각한다.

아버지와의 관계가 세상 첫 상급자를 만날 때 대하게 되는 태도를 결정한다는 말을 들었다. 이러한 사회성을 가진 유연한 사회구성원으로 자식을 키우려면, 말이 아닌 행동으로써, 말이 아닌 가서(家書)[52]로써 실천하는 아버지가 되어야 한다는 것을 조선의 아버지들은 실천했다는 것을 알 수 있다.

즉, 자상하고 따뜻한 아버지, 말로만 훈계하지 않고 몸소 모범을 보이는 아버지, 자식을 존중하고 예를 다하는 아버지, 어떤 어려움에도 좌절하지 않는 아버지, 시대의 과제를 회피하지 않는 아버지가 되어야 한다.

지금까지 내가 그렇게 살지 못했기에, 내 자식이 유연한 관계를 맺으며 세상을 어렵지 않게 살아가리라 기대하지는 않는다. 그러나 이제라도 제대로 된 아버지로 살아간다면, 당장 자식에게 변화가 없더라도 손자와 손녀 세대에는 분명 작은 울림과 영향을 남길 수 있으리라 믿는다. 그런 마음으로 오늘 하루도 조선의 아버지처럼 성실히 살아가고자 한다.

책임감 있는 아버지의 삶

조선의 아버지는 오늘날의 아버지와는 다른 모습이었다. 그들은 감정을 드러내기보다는 절제했고, 말을 아끼는 대신 삶으로 가르쳤으며, 가족과 사회에 대한 책임을 결코 가볍게 여기지 않았다. 겉으로 보기엔 엄격하고 권위적인 존재였지만, 그 속에는 자녀의 인격적 성장과 가문, 나아가 나라의 미래를 함께 짊어진다는 강한 자각과 책임감이 자리하고 있었다. 이러한 조선의 아버지상은, 오늘날 가정 내에서 정서적 교류와 심리적 유대가 중요시되는 시대에도 여전히 유효한 가르침을 제공해 준다.

그들은 단지 과거의 유물이나 박제된 존재가 아니라, 우리에게 어떤 삶을 살아야 하는가, 어떤 어른이 되어야 하는가를 보여 주는 존재다. 꼭 조선의 아버지들처럼 살아야 할 필요는 없다. 그러나 그들이 지닌 책임감, 자기 절제, 자녀 교육에 대한 주체성, 삶으로 가르치는 자세는 시대를 초월해 우리에게 깊은 영감을 준다.

그들의 삶은 보여 주는 교육, 말없는 가르침의 가치가 얼마나 큰 힘을 가지는지를 증명하고 있다. 또한 충과 경, 즉 자신과 타인을 공경하는 삶의 태도는 오늘날의 아버지들이 가정 안에서 실천해야 할 인간적 덕목으로 다시금 조명될 필요가 있다.

역사 속에는 비극적인 아버지도, 존경받는 아버지도 있었다. 영조와 사도세자의 비극은 감정의 소통이 결여된 부자 관계가 어떻게 서로를 파괴하는지를 보여 주는 반면, 정약용이 아들에게 남긴 편지는 시대를 뛰어넘는 실용적 지혜와 부성애의 결을 담고 있다. 이순신 장군은 외유내강의 모습으로, 가정에서는 누구보다 다정하고 섬세한 아버지로 남아 있다. 궁극적으로 우리가 조선의 아버지에게서 배워야 할 것은 완벽한 모범이 아니라, 매 순간 자기 자신을 단속하며, 자녀 앞에 당당히 책임지는 삶의 태도이다.

지금의 아버지들이 조선의 아버지로부터 배울 점을 성찰하고, 그것을 자기 삶에 맞게 통합해 나갈 때, 우리는 자녀에게 신뢰받는 어른이자 삶의 버팀목으로 거듭날 수 있다. 이러한 실천이 쌓여 갈 때, 우리 사회 역시 점차 더 따뜻하고 건강한 공동체로 변화해 갈 것이다.

아버지는 단지 생계를 책임지는 존재가 아니다. 한 사람의 삶에 깊은 영향을 미치는 정신적 스승이 될 수도 있다는 사실을 잊지 말아야 한다. 이제라도 늦지 않다. 가정을 이끄는 역할을 맡은 나, 그리고 한 인간으로서의 나를 돌아보며, 조선의 아버지들이 그러했듯 삶으로 가르치는 사람이 되어야 한다. 오늘 이 글을 통해 그 다짐을 다시 마음 깊이 새기고 싶다. 아버지라는 이름은, 결국 시대를 넘어 끊임없이 배우고 성장해야 할 이름이기 때문이다.

2장
가족의 이해와 치유

■ **현대사회에서 건강한 가족 관계의 재정의와 심리적 치유**

현대 사회에서 가족은 더 이상 혈연이나 법적 결합만으로 이루어진 고정된 단위가 아니라, 다양한 삶의 방식과 가치관이 공존하는 사회 속에서 함께 살아가며 서로의 성장을 돕는 관계로 재정의되고 있다.

건강한 가족은 갈등이 없는 이상적인 상태가 아니라, 갈등 속에서도 서로를 지지하고 회복할 수 있는 유연하고 열린 관계를 의미한다. 이러한 가족관계는 완벽함을 추구하는 것이 아니라, 서로를 있는 그대로 받아들이며 끊임없이 소통하는 과정을 통해 형성된다.

건강한 가족 관계의 5가지 원칙과 실천 방법[53]

1. 정서적 안정감

가족 구성원 간의 따뜻한 정서적 교류는 건강한 가족의 핵심이다. 애정 표현, 관심, 배려는 삶에서 겪는 어려움을 극복할 수 있는 정서적 지지 기반이다. 특히 부모가 자녀에게 안정된 애착을 제공할 때, 자녀는 자율성과 사회성을 자연스럽게 형성한다. 부모의 정서적 지지가 부족한 경우, 성인이 된 이후에도 관계 형성과 스트레스 상황 대처에 어려움을 겪을 가능성이 높다는 연구 결과가 보고되고 있다. 따라서 감정을 숨기지 않고 안전하게 표현할 수 있는 가정환경 조성이 중요하다.

〈실천 방법〉
- 하루에 한 번은 서로에게 따뜻한 말을 건넨다. ("오늘 하루 어땠어?", "고마워.", "사랑해." 등)
- 애정 표현(포옹, 미소, 칭찬)을 습관화한다.
- 가족 구성원이 힘들어할 때, 조언보다 먼저 공감하고 들어 준다. ("네 마음 이해돼.")
- 감정을 숨기지 않고, 감정 표현을 존중하는 분위기를 조성한다. ("지금 화가 난 것 같구나. 괜찮아, 같이 이야기해 보자.")

2. 의사소통의 질

가족 간의 소통은 단순한 정보 전달 이상으로 감정과 생각을 공유하는 과정이다. 연구에 따르면, 가족 구성원이 서로의 감정과 생각에 귀 기울이고 공감할 때 정서적 안정감이 증진되고 갈등 해결이 용이해진다. 반대로, 비판적이고 지시적인 소통 방식은 오해와 불신을 키울 수 있다. 건강한 가족은 판단을 미루고 경청과 공감에 초점을 맞춘 소통을 통해 서로의 감정과 생각을 충분히 존중한다.

〈실천 방법〉
- 말을 끊지 않고 끝까지 경청한다.

- 상대방의 감정을 있는 그대로 인정한다. ("그럴 수 있겠구나.")
- 비난이나 평가 대신, '나'를 주어로 한 메시지(I-message)를 사용한다. ("네가 이렇게 해서가 아니라, 나는 이렇게 느껴.")
- 중요한 대화는 휴대폰, TV 등 방해 요소 없이 집중해서 나눈다.
- 갈등 상황에서도 서로의 말을 요약해서 확인하며 오해를 줄인다. ("그러니까 네 말은 이런 거구나, 맞아?")

3. 역할과 책임의 균형

가족 안에서의 역할 분담은 가족의 안정성과 기능성을 유지하는 데 중요한 요소이며, 전통적인 역할 구분에 얽매이지 않고 개인의 역량과 상황에 맞게 유연하게 조정해 나가는 가족이 곧 건강한 가족이다. 특히 맞벌이 부부의 경우, 육아와 가사노동에 대한 공평한 분담은 부부 관계의 만족도와 직결된다. 책임 있는 태도와 상호 존중이 기반이 되어야 가족 구성원 모두가 성장할 수 있다.

〈실천 방법〉
- 가사와 육아, 경제적 책임 등을 상황에 따라 유연하게 재분담한다.
- 특정 역할을 고정하지 않고, 주기적으로 가족 회의를 통해 조정한다. ("이번 주는 누가 식사 준비할까?")
- 서로의 노고를 인정하고 감사의 표현을 자주 한다. ("오늘 청소해 줘서 고마워.")
- 책임을 회피하거나 강요하지 않고, 협력적인 태도를 지향한다.
- 어린 자녀에게도 가능한 역할을 맡기고(예: 테이블 세팅), 자율성과

책임감을 키운다.

4. 갈등의 수용과 회복 탄력성

갈등은 가족 내에서 자연스럽게 발생하는 현상이며, 중요한 것은 갈등이 없다는 것이 아니라 그것을 어떻게 해결하고 회복하는가이다. 건강한 가족은 갈등 상황에서 감정적으로 폭발하기보다는, 문제의 원인을 인식하고 대화를 통해 해결점을 찾아 나간다. 또한 상처를 회복하고 용서를 주고받을 수 있는 정서적 여유와 신뢰를 가진다. 이러한 회복 탄력성은 가족 구성원의 심리적 안정감에도 긍정적인 영향을 준다.

〈실천 방법〉
- 갈등이 생겼을 때 '누가 옳은가'가 아니라 '어떻게 함께 해결할까'에 초점을 맞춘다.
- 감정이 격해질 때는 잠시 시간을 두고 진정한 후 다시 대화한다. ("조금 있다가 이야기하자.")
- 사과와 용서를 자연스럽게 주고받는다. ("내가 그때 미안했어. 너의 입장을 더 생각했어야 했어.")
- 문제가 발생했을 때 서로의 입장을 바꿔 생각해 본다. ("내가 너라면 어땠을까?")
- 갈등 해결 후, 좋은 기억을 함께 쌓는 활동(산책, 식사, 영화보기 등)으로 관계를 회복한다.

5. 가족 구성원 개개인의 성장 지원

건강한 가족은 구성원을 하나의 독립된 개체로 존중한다. 자녀뿐 아니라 부모도, 배우자도 각자의 삶의 목표와 성장을 이어갈 수 있도록 지지하는 분위기를 만든다. 자신의 욕구와 감정을 표현할 수 있으며, 각자의 정체성과 자율성을 침해받지 않는 관계가 중요하다. 이러한 관계 안에서는 구성원 모두가 가족이라는 울타리 안에서 자율성과 친밀감을 동시에 경험하게 된다.

〈실천 방법〉
- 각자 원하는 꿈과 목표를 존중하고 격려한다. ("네가 원하는 걸 응원해.")
- 가족 구성원의 '나만의 시간'을 인정하고 지지한다. (혼자 책 읽기, 친구 만나기, 개인 공부 등)
- 자녀에게 성공보다 노력과 과정을 칭찬한다. ("너 스스로 열심히 했구나, 대단해.")
- 배우자나 부모도 자기계발이나 휴식의 시간을 가질 수 있도록 지지한다.
- 구성원 간 기대를 강요하지 않고, 자율성과 독립성을 존중한다.

가족의 다양성 시대, 관계 중심으로 건강한 가족을 다시 정의하다

1인 가구, 비혼 동거, 재혼 가정, 입양 가정 등 다양한 형태의 가족이 점점 더 증가하고 있는 시대에 살고 있다. 이제 건강한 가족이란 전통적인 혈연 중심의 틀이나 법적 혼인 여부만으로 규정되어서는 안 된다. 가족의 형식보다 더 중요한 것은 그 구성원들 사이에 어떤 기능이 작동하고 있으며, 관계의 질이 얼마나 깊고 안정적인가 하는 점이다.

서로를 돌보고 함께 성장하며 어려움을 나누는 관계가 진정한 가족의 본질이기에, 사회 또한 이러한 다양한 가족 형태를 제도적으로 인정하고 차별 없는 지원과 보호를 제공할 수 있어야 한다. 가족의 의미는 변화하고 있으며, 나 역시 그 변화 속에서 새로운 가족의 가능성과 정의를 끊임없이 모색하고자 한다.

과정으로서의 건강한 가족: 관계의 실천이 만드는 심리적 공동체

건강한 가족이란 단순히 함께 사는 것이 아니라, 진정으로 함께 살아가는 것이다. 서로를 이해하고 존중하며 끊임없이 성장해 나가는 과정이 곧 가족의 본질이다. 가족은 내가 세상에서 처음으로 경험하는 공동체이며, 그 안에서의 관계는 평생 나의 정서적 삶에 깊은 영향을 미친다.

가족 안에서 정서적 안정과 진심 어린 소통, 갈등을 회복할 수 있는 유연성이 자리 잡을 때, 개인은 회복력을 키우고 사회 전체는 심리적 건강과 행복을 확장할 수 있다. 그러므로 건강한 가족은 단순히 사적인 문제가 아니라 공동체 전체의 과제이기도 하다.

오늘날 급격히 변화하는 사회 속에서 가족은 더 이상 혈연이나 제도적 틀만으로 규정될 수 없다. 진정한 가족은 형태가 아니라 관계의 본질에 의해 정의된다. 서로를 있는 그대로 받아들이는 태도, 갈등을 회피하지 않고 함께 마주할 용기, 각자의 삶을 존중하면서도 정서적 지지와 친밀감을 나누는 실천이 곧 새로운 가족의 모습이다.

건강한 가족은 이미 완성된 상태가 아니라 날마다 새롭게 만들어 가는 과정이다. 그 과정을 함께 걸어갈 때 우리는 가족 안에서 성장과 회복, 그리고 삶의 깊은 의미를 발견할 수 있다.

가족에 대한 성찰과 새로운 여정

가족에 대한 깊은 성찰이 단순히 가정을 구성하는 데 그치는 것이 아니라, 가족이라는 관계 속에서 서로를 성장시키고 치유해 나가는 적극적인 과정이 필요하다.

가족은 나에게 가장 가까운 존재들이기에, 때로는 가장 큰 상처를 주고받는 관계가 되기도 한다. 그러나 바로 그렇기 때문에, 가족은 누구보다도 서로를 치유하고 회복시킬 수 있는 가장 강력한 공간이 될 수 있다. 가족이 상처를 반복하는 장소가 아니라, 각자의 온전함을 회복하고 새로운 가능성을 열어 갈 수 있는 안전한 기반이 되어야 한다. 그럴 때 가족은 단순히 주어진 관계를 넘어서, 함께 만들어 가는 살아 있는 공동체로 거듭나게 된다.

가족은 함께 치유하고 성장해야 할 감정의 공동체이다[54]

가족은 내가 세상에 태어나 처음으로 만나는 사회적 공동체이자, 인생의 가장 많은 시간을 함께 나누는 특별한 관계이다. 우리는 흔히 "가족이니까 서로를 잘 안다"고 믿지만, 정작 가장 가까운 존재인 가족일수록 깊이 이해하지 못한 채 살아가는 경우가 많다.

익숙함은 오해를 낳고, 가까움은 때로 진심을 가리는 벽이 되기도 한다. 가족이라는 이름 아래 안다고 착각하기보다, 날마다 새롭게 알아 가려는 태도가 진정한 이해의 출발점이 되어야 한다.

가족 구성원 간 갈등을 건강하게 해결하는 방법을 알지 못해 상처를 주고받기 쉽고, 서로 다른 사랑의 표현 방식을 이해하지 못해 관계가 엇갈리기도 한다. 또한, 관계를 회복하고 유지하는 데 필요한 소통의 기술이 부족해 오해와 침묵, 그리고 단절이 반복되곤 한다.

이러한 이유로 가족에 대한 깊은 이해와 지속적인 학습, 곧 가족 공부가 반드시 필요하다. 현대사회에서 수많은 사람들이 가족을 이루어 살아가고 있지만, 정작 가족의 본질적 의미를 깊이 성찰하거나 배우지 못한 채 일상을 이어 가는 모습을 자주 목격하게 된다. 그렇기에 가족이란 무엇인가에 대해 다시 질문하고, 그 본질을 정리해야 한다.

가족의 본질적 의미

가족은 치열하게 싸우고 눈물 나도록 후회하는 관계이다. 가족은 더 사랑하기 위해 밤새 괴로워하는 관계이다.

가족은 인간이 태어나 처음으로 경험하는 사회이며, 평생 영향을 주고받는 관계이다. 가족에게서 받은 상처가 현재와 미래의 삶을 좌우하지 않도록 하기 위해서는, 반드시 그 상처를 직면하고 치유하려는 노력이 필요하다. 진정한 회복은 나 자신과 가족 모두의 행복을 위한 첫걸음이 되기 때문이다.

오랫동안 방치되어 아물지 못한 상처라도, "더 나아지고 싶다"는 작은 용기 하나로 회복의 문이 열릴 수 있다. 상처는 부끄러운 과거가 아니라, 성장을 위한 밑거름이 될 수 있다는 사실을 잊지 말아야 한다.

가족은 모르면 오해하기 쉽고, 알게 되면 사랑하기 쉬운 관계이다. 자식은 타인이다. 자식은 완벽한 타인이며 내 마음대로 할 수 없는 존재라는 인식에서 출발해야 한다. 자녀에게 상처받지 않으려면, 누구에게나 있는 나의 결핍을 자식으로 채우고 싶은 마음을 반드시 내려놓아야 함을 명심해야 한다. 자녀를 사랑하는데도 내 마음을 몰라 줄 때에는, 내 감정을 솔직히 고백하고 표현해야 한다.

나는 내가 키운다. 청소년기까지는 부모가 아이를 키우지만, 20세 이후부터는 나를 키우는 사람이 바로 나 자신이다. 종이를 꺼내어 '내가 원했던 아버지의 모습'을 한 번 써 보자. 그리고 그 아버지의 자리에 내 이름을 넣어 보자. 이제 내가 그 아버지의 모델이 될 차례이다. 과거를 극복하고 치유할 때 비로소 자유로워질 수 있다.

긍정 유전자는 3대까지 대물림된다. 나이가 들수록 우리는 외모뿐만 아니라 말투, 행동, 생각하는 습관, 감정을 선택하는 능력까지 부모를 닮아 간다. 내가 긍정적으로 변하면 내 아이도 변하고, 그 변화는 최소 3대까지 전해진다. 가족은 부모의 역사와 감정적 유산을 공유하는 집단이다. 치유되지 않은 트라우마는 양육 방식을 통해 자녀에게 전이된다. 가족 트라우마는 여러 방식으로 세대를 넘어 대물림되며, 이는 반드시 직면하고 치유해야 할 과제이다.

수험 중심의 학부모보다는, 자녀의 전인적 성장을 돕는 부모로서 역할이 중요하다. 학부모는 눈앞만 보는 사람이고, 부모는 멀리 보는 사람이다. 학부모는 성적과 같은 단기적 결과에만 집착하지만, 좋은 부모는 자녀를 키울 때 멀리까지 내다본다.

가족 관계의 재구성: 거리두기와 공감을 통한 성숙한 독립[55]

가족은 애정의 원천이자 상처의 기원이 되기도 하며, 사랑과 갈등이 교차하는 매우 역동적인 심리적 공간이다. 많은 이들이 가족이라는 이름 아래, 사랑을 가장한 통제, 책임이라는 이름의 희생, 혹은 무의식적인 감정 전이를 경험한다.

우리는 너무도 자연스럽게 가족이라는 이유로 무례함을 정당화하거나, 내 자식, 내 부모라는 이유로 관계의 경계를 무너뜨리곤 한다. 진정한 가족이란 서로를 소유하지 않고, 각자의 존재를 온전히 존중하며, 자율성과 친밀감을 함께 키워 가는 수평적 관계이어야 한다. 가족에 대한 기존의 고정관념을 벗어나, 새로운 시선과 심리적 관점에서 가족 관계를 재구성할 필요가 있다.

가족이라고 해서 모든 것을 이해할 수 있다고 믿는 태도, 사랑이라는 이름으로 감정적 경계를 침범하는 행동은 때때로 가장 깊은 상처를 남기기도 한다. 상처를 반복하는 가족이 아니라, 서로의 존재를 인정하고 응원하며 함께 성장하는 심리적 공동체로서의 가족 그 가능성을 모색해 보고자 한다.

만약 상처 받은 가족이 있다면 어떻게 해야 할까? 상처 받은 가족이 회복되기 위해서는, 무엇보다도 내가 가족에 대해 오래도록 품고 있던 낡은 생각들을 내려놓는 것이 선행되어야 한다. 내 부모, 내 자식, 내 배우자라는 전제를 버리고, 가족 구성원을 하나의 독립된 타인으로 바라보는 관점 전환이 필요하다. 가족일지라도 서로를 타인처럼 존중하며 적정한 심리적 거리를 유지할 때, 오히려 진정한 회복과 이해, 그리고 화합이 가능해진다.

가족 관계에서도 적절한 거리두기는 반드시 필요하다. 우리는 종종 가족을 너무 가까운 존재로만 인식한 나머지, 서로의 경계나 심리적 공간을 침해하는 실수를 저지르곤 한다. 그러나 진정으로 건강한 가족 관계를 위해서는, 자신과 가족의 관계를 한 걸음 물러서서 객관적으로 바라볼 수 있어야 한다. 가족이라는 이름 아래 관계를 단순히 혈연이나 숙명적인 틀로만 받아들이는 것은 위험할 수 있다.

오히려 타인을 대할 때처럼 일정한 격식과 예의를 갖추고, 때로는 심리적 경계를 분명히 설정하는 가족 간 거리두기가 필요하다. 이는 가족에 대한 막연한 환상에서 벗어나, 서로의 독립성과 개별성을 존중하는 기반 위에 관계를 세우기 위한 출발점이다. 그렇게 서로 간의 건강한 심리적 공간이 확보될 때, 가족 관계는 비로소 더 깊어지고, 더 자유로워질 수 있다. 가족 간에 필요한 적정한 거리는 물리적인 것이 아니라 마음의 거리이며, 심리적 거리감이 잘 유지될 때 물리적 거리도 자연스럽고 건강하게 조절된다. 또한 출생 순서나 가족 구조 속에서 내가 차지했던 위치에 대한 이해는, 성인이 된 후 세상과 관계 맺는 방식에 깊은 영향을 미친다.

더 이상 과거의 전통적 가족관계만으로는 복잡한 갈등을 해결할 수 없다. 새로운 시대에 걸맞은 가족 관계의 정의와 실천, 즉 관계 설정의 재구성이 무엇보다 중요하다. 이러한 성찰과 실천이 가족을 상처의 공간이 아닌 치유와 성장이 가능한 심리적 공동체로 변화시키는 토대가 될 것이다.

자녀를 키운다는 건 결국, 부모의 품에서 잘 떠나 독립된 삶을 살아가게 하는 데 그 목적이 있다. 자녀 교육의 가장 최종적인 방향은 자녀가 부모로부터 잘 독립하는 것이다. 여기서 말하는 독립은 단지 결혼을 하거나 물리적으로 멀리 떠나는 것만을 의미하지 않는다. 보다 본질적인 것은 정서적으로 건강하게 독립하는 것이다. 이 정서적 독립은 연결과 하나의 짝을 이룬다. 부모와의 정서적 연결이 잘 형성되어 있을 때, 자녀는 비로소 분리와 독립도 건강하게 이룰 수 있다. 정서적 연결과 독립은 서로 반대되는 개념이 아니라, 함께 가야 하는 상호보완적인 관계이다.

가족 심리학자 머레이 보웬(Murray Bowen)은 건강하고 행복한 가족이 되기 위해서는 자녀가 부모로부터 정서적으로 분리되어야 한다고 말한다. 이는 부모와 안정적인 유대관계를 유지하면서도, 자녀가 자기만의 감정과 선택을 할 수 있는 독립적인 존재로 성장해야 함을 뜻한다.

자녀의 정서적 독립은 부모가 자녀의 삶을 있는 그대로 존중하고 이해하려는 태도에서 출발하며, 자녀가 경제적 선택, 인간관계, 진로 결정 등 삶의 전반적인 양식을 스스로 결정하고 책임지도록 허용하는 것이 필요하다. 자녀가 자기 삶을 주체적으로 살아갈 수 있도록 돕는 것이 부모의 진정한 역할이다. 그리고 이것이 자녀의 행복한 삶을 위해 부모가 반드시 해야 할 과제이다.

존중받는 개인

우리는 유아기부터 가족 안에서 타인과 관계 맺는 방식을 체득하며, 이를 바탕으로 성인이 되어 각자만의 독특한 대인관계 패턴을 형성하게 된다.

그러나 가족 안에서 서열이나 차별이 발생하는 것은 결코 자연스러운 현상이 아니다. 그 이면에는 언제나 특정 구성원이 무의식적으로 왜곡된 관계 구조를 만들어 내고 있다는 사실이 존재한다. 이로 인해 다른 가족 구성원들은 깊고도 치명적인 상처를 입게 되며, 그 상처는 쉽게 지워지지 않는다.

가족으로부터 받은 상처는 타인과의 관계로 쉽게 대체되지도, 잊히지도 않는 고통으로 남는다. 가족 때문에 힘든 시간을 보내고 있는 이들에게 이렇게 말하고 싶다. 가족이 모두 모인 자리에서, 용기를 내어 진심을 담아 말할 수 있어야 한다.

"나는 이제 더 이상 참거나 맞추기만 하는 존재로 머물고 싶지 않습니다. 나 또한 존중받아야 할 하나의 인격체입니다. 우리 모두가 서로를 동등하게 존중하는 새로운 관계를 함께 만들어 가고 싶습니다."

가족이라는 이유로 감내하고 침묵하던 오래된 관계의 패턴을 끊어 내고, 성숙하고 수평적인 관계를 새롭게 설정하는 것이 진정으로 건강한 가족 관계를 향한 전환점이 될 것이다.

아버지의 부재가 남기는 심리적 상처와 세대 간 가정의 재생산

아버지의 존재가 아이의 삶에 미치는 영향이 결코 가볍지 않다는 사실을 다양한 심리학 이론과 연구를 통해 실감하게 된다. 특히 아버지의 존재는 아이가 또래 친구들과 본격적으로 관계를 맺기 전인, 대략 2세에서 6세 무렵에 가장 강력하게 인식된다. 이 시기는 아동의 기본적인 신뢰감과 자아 정체성, 그리고 대인관계의 기초 틀이 형성되는 시기로, 부모와의 관계, 그중에서도 아버지와의 상호작용은 아동의 심리적 기반을 만드는 데 결정적인 영향을 미친다.

어린 시절 아버지로부터 충분한 애정과 관심을 받지 못한 자녀들은, 겉으로 드러나지 않더라도 내면에 깊은 정서적 상처와 상실감을 품고 성장하게 된다. 이러한 정서적 결핍은 성인이 되어 가정을 이루었을 때에도 무의식적으로 영향을 미치며, 결국 자신이 겪었던 것과 유사한 역기능적 가정을 반복해서 만들어 낼 가능성을 높인다. 즉, 가정 내 결핍과 상처가 구조적으로 세습되고 재생산되는 현상이 발생하는 것이다.

이와 관련해 심리학자 에드워드 트로닉(Edward Tronick)은 '관계의 파편화 이론(Theory of Fragmented Relationships)'을 통해, 어린 시절 주양육자와의 상호작용 결핍이 아동의 정서 조절 능력, 대인 신뢰감, 스트레스 대처 능력에 장기적인 손상을 준다고 설명하였다. 폴 아마토(Paul Amato)가 2004년에 발표한 대규모 메타분석 연구에서도, 아버지의 부재는 아동의 자기존중감 저하, 학교 적응력 감소, 공격성 증가, 미래 대인관계의 불안정성과 유의미한 상관관계를 보이는 것으로 나타났다. 특히 아버지와의 정서적 유대가 결핍된 아이들은 애착 형성에 어려움을 겪으며, 성인이 된 이후에도 친밀한 관계를 두려워하거나, 반대로 불안정한 관계에 과도하게 집착하는 경향을 보이기도 한다.

이러한 경향은 메리 에인스워스(1960년대 애착 이론 연구)와 지그문트 프로이트(초자아 이론) 등에 따르면, 부모와의 초기 경험이 성인의 정서 안정성과 도덕 기반 형성에 큰 영향을 미친다고 밝혀졌다. 아버지의 부재가 단순히 아버지가 없었다는 사실에 머무는 것이 아니라, 아이의 정서, 행동, 대인관계, 더 나아가 인생 전반에 걸쳐 깊은 영향을 미친다.

아버지가 주는 보호감, 권위적 승인, 도전의 모델링은 자녀가 세상을 대면할 때 심리적 기반이 되어 주며, 아무리 어머니가 헌신적으로 역할을 수행하더라도 아버지의 존재가 제공하는 고유한 심리적 기능까지 완전히 대체하기는 결코 쉽지 않다. 또한, 아버지는 자녀의 초자아(Superego) 형성 과정에서도 매우 중요한 역할을 한다.

지그문트 프로이트(Sigmund Freud)는 아이가 부모의 가치관과 도덕적 기준을 내면화하는 과정을 통해 초자아가 발달한다고 보았으며, 이때 부모가 삶에서 보여 주는 태도와 도덕적 이상(理想)은 아이의 내면 규범 형성에 결정적인 영향을 미친다고 설명했다.

아버지의 부재, 혹은 부정적인 아버지상의 각인은 아이에게 왜곡된 자기 이미지와 혼란스러운 윤리 기준을 남길 위험이 있다.

결국 아버지의 부재로 인해 생기는 정서적 결핍이 단지 한 개인의 내면에 국한된 아픔이 아니며, 그 결핍이 치유되지 않고 방치될 경우, 성인이 된 이후 다음 세대로 전이되어 가족 내 심리적 상흔으로 이어질 수 있다고 본다. 이러한 세대 간 고통의 대물림은 가정의 회복력에 심각한 영향을 주며, 가정이 반복해서 붕괴되는 구조적 원인이 되기도 한다. 따라서 아버지의 부재를 단순한 결손으로만 보지 않고, 그 안에 내재된 심리적, 사회적 함의를 깊이 성찰해야 한다.[56]

가족의 심리적 중심은 부부관계다

아이에게 아버지는 세상에서 엄마 다음으로 처음 만나는 두 번째 인물이다. 그 존재는 단순히 물리적 존재가 아니라, 어머니의 감정과 태도를 통해 아이에게 인식된다. 아이는 어머니가 아버지를 어떻게 대하는지를 보고 아버지의 존재를 정의하며, 무의식적으로 어머니의 감정에 깊이 동일시된다. 만약 어머니가 아버지를 지속적으로 비난하거나 배제하는 태도를 보인다면, 이는 아이와 아버지 사이의 관계뿐 아니라 어머니와 아이 사이의 경계까지 흐리게 만든다. 그 결과 아이의 정서적 안정감과 애착 형성이 흔들릴 수 있다. 결국 가족의 심리적 중심은 '부부관계'에 있다.

이무석의 『성격 아는 만큼 자유로워진다』에서도 지적하듯, 아동 발달에서 부모의 역할, 특히 초기 유아기의 환경과 부모 반응, 가정 내 권위 구조는 아이의 성격과 정서 발달에 결정적이다. 부모의 반응은 아이의 자기 가치감과 자존감을 형성하는 핵심적 경험이 된다. 아이가 자신의 감정과 욕구를 표현할 때, 부모가 이를 따뜻하게 받아주지 못하면 아이는 결핍된 존재로 자신을 인식하게 되며, 이는 성인이 된 이후에도 심리적 영향을 미친다.

아버지의 권위는 단순한 엄격함이 아니라, 존경받을 수 있는 삶의 자세와 인격에서 비롯된다. 이 권위가 자연스럽게 자리 잡기 위해서는 어머니의 태도가 중요한 역할을 한다. 어머니가 아버지를 존중하고 긍정적으로 표현할 때, 아이는 아버지를 모델로 삼아 남자로서의 태도와 사회적 역할을 내면화한다. 반대로 어머니가 아버지의 단점을 반복적으로 언급하면, 아이는 아버지를 부정적으로 인식하고 정체성 혼란을 겪을 수 있다.

부모의 역할은 말보다 행동, 훈계보다 모범에서 드러난다. 자녀는 부모의 정서적 태도와 관계 방식을 그대로 내면화하기 때문이다. 부모 간 존중과 협력은 자녀의 인성과 심리적 안정에 깊이 스며든다. 감정의 해소는 아이가 아닌 별도의 공간에서 이루어져야 하며, 자녀는 부모 간 갈등을 떠맡아서는 안 된다.

건강한 가정이란 아버지는 존경받는 권위를 지니고, 어머니는 따뜻한 사랑을 주며, 부모는 서로를 존중하고 일관된 태도로 자녀에게 대응하는 곳이다. 부부가 안정된 관계를 유지할 때 아이는 존중받는 존재로 자라며, 자아 정체성과 사회적 관계에 대한 자신감을 형성한다. 반대로 부부 관계를 회피하거나 갈등을 자녀에게 전가하면, 그 상처는 다음 세대로 전이된다.

진정한 가족은 단순히 모든 것을 참는 관계가 아니라, 서로를 존중하며 함께 성장하는 심리적 공동체다. 가족은 소유나 희생의 이름으로 얽매이는 관계가 아니라, 적절한 거리 속에서 감정을 나누고 성숙해 가는 관계로 새롭게 정의되어야 한다. 여기서 '거리'는 단절이 아니라 서로를 더 잘 보기 위해 필요한 마음의 여백이다.

건강한 가족은 서로에게 기대지 않으면서도 언제든 손을 내밀 수 있는 거리에서 함께 걷는 관계다. 각자의 삶을 주체적으로 살아가되, 외로울 때 가장 먼저 떠오르는 존재가 가족이어야 한다. 가족을 새롭게 묻고 연결할 용기를 갖는 것, 서로의 다름을 인정하고 이해하며 공감을 실천하는 것이 치유의 기억을 다음 세대에 남기는 길이다.

부모의 질문력이 건강한 가족을 만든다[57]

인문학자 김종원 작가는 "앞으로의 세상에서 살아남기 위해 부모는 아이에게 정답을 가르치기보다, 질문을 통해 아이의 생각을 키워야 한다"고 말한다. 아이가 스스로 상상하고 표현하며 학습할 수 있도록 돕는 것이 미래를 준비하는 가장 근본적인 교육 방식이라는 것이다.

급변하는 사회 속에서 아이가 외부 환경에 휘둘리지 않고 주체적으로 살아가기 위해서는, 무엇보다 자존감이 필요하다. 자존감은 단순히 아이를 칭찬해 주는 것으로 형성되지 않으며, 스스로 질문하고 생각하며 선택하는 과정을 통해 비로소 내면에서 자라난다. 이제는 정답을 제시하는 부모가 아니라, 아이가 자기만의 답을 찾아갈 수 있도록 질문하는 부모가 되어야 한다.

기존의 교육 방식은 대개 부모 자신의 경험과 기준 안에서 최선의 답을 아이에게 내려 주는 형태였다. 나 역시 그런 방식을 따랐던 때가 있었다.

그러나 돌이켜 보면, 이러한 방식은 아이에게 사고의 확장을 가로막는 벽이 되었을 뿐 아니라, 정답이 없는 상황에서 쉽게 포기하도록 만드는 원인이 되기도 했다.

우리는 아이가 스스로 질문하고 생각할 수 있도록 돕는 태도로 전환해야 하며, 그래야 아이는 타인의 시선이 아닌 자신만의 관점으로 세상을 바라보고, 비록 정답은 아닐지라도 자신만의 해석과 해답으로 삶의 문제를 풀어 나갈 수 있다. 그것이 진정한 자기주도성과 자존감의 핵심이다.

세상에는 세 종류의 사람이 있다고 한다. 스스로 보려는 사람, 보여주면 보는 사람, 보여 줘도 보지 못하는 사람. 내 아이가 첫 번째 사람이 되기를 바란다. 억지로 끌고 가는 방식이 아니라, 스스로 보고, 느끼고, 변화할 수 있는 아이로 자라나기를 희망한다. 그리고 그 출발점은 부모인 나 자신에게 있다.

아이의 언어를 바꾸려면 내가 먼저 내 언어를 바꾸어야 하며, 아이의 생각을 키우고 싶다면 내가 던지는 질문부터 달라져야 한다.

부모의 생각이 곧 아이가 맞이할 미래가 되기에, 부모로서 책임 있게 말하고 의미 있는 질문을 건네는 사람이 되어야 한다. 정답을 제시하는 대신, 질문을 통해 아이의 가능성을 열어 주는 것이 진정한 부모의 역할이다.

아이를 위한 질문의 시작은 부모 자신의 성찰에서 비롯된다

아이에게 던지는 모든 질문은 결국 나 자신에 대한 물음에서 출발한다. 내가 내면을 깊이 들여다보지 않고서는, 아무리 그럴듯하고 현명한 질문을 던진다 해도 아이의 삶에 진정한 울림을 줄 수 없다. 아이를 위한 질문의 시작은, 나 스스로를 향한 성찰에서 비롯된다. "어떤 질문을 할 것인가?"보다 더 중요한 질문은 "어떤 아이로 키우고 싶은가?"이다.

그보다도 더 근원적인 물음은 "나는 누구인가?"라는 물음이다. 내가 누구인지를 알지 못한다면, 결국 나의 불안을 질문으로 포장해 아이에게 투영하게 될 것이다. 아이를 이해하기 위해서는 먼저 나 자신을 이해해야 하며, 그럴 때 비로소 아이의 삶을 진심으로 북돋아 주는 위대한 질문을 발견할 수 있다. 이제 질문을 지시나 가르침의 수단으로 사용하지 않을 것이다.

질문은 아이 스스로가 스스로를 이해하고, 자신의 일상을 스스로 가꾸어 나가게 만드는 힘이어야 한다. 그 힘은 강요나 답의 제시가 아닌, 아이 스스로의 자각에서 비롯되어야 한다. 부모의 생각은 곧 아이가 살아갈 세상의 형태를 결정짓는다. 스스로 질문할 줄 아는 아이의 오늘은, 그렇지 못했던 어제와는 완전히 다른 방향으로 성장하게 될 것이다.

"왜 내 아이만 모든 게 느린 걸까?"

그 질문은 내가 품었던 것이지만, 아이의 문제가 아니라 내 불안이 만든 착각이었다. 아이의 속도가 느리다면, 그 느림을 걱정하기에 앞서 내 안의 기대와 기준부터 점검해야 한다. 다른 아이와 비교하며 불안해하는 그 마음이 아이의 가능성을 가로막는 진짜 장애물이 될 수 있다. 오늘 내가 바라보는 아이의 모습은, 어쩌면 어제 내가 던졌던 질문에 대한 응답일지도 모른다. 그렇기에 더 깊이 묻는다. 지금 어떤 언어로, 어떤 의도로, 어떤 시선으로 아이에게 질문하고 있는가?

내가 바뀌면 질문이 바뀌고, 질문이 바뀌면 아이의 내일이 달라진다.

질문의 깊이만큼 세상은 열린다

내가 가진 질문의 깊이는 곧 내가 받아들일 수 있는 세상의 깊이와 연결되어 있으며, 부모인 내가 던지는 질문의 크기와 방향은 아이가 살아갈 세상의 넓이와 방향을 결정짓는다. 질문은 단순한 언어가 아니다. 그것은 세계를 여는 열쇠이며, 인간의 사유와 상상, 성장을 자극하는 지적 도구이다.

안타깝게도 질문은 누구나 쉽게 사용할 수 있는 기술이 아니다. 실제로 많은 부모들이 아이와 일상 속에서 마주하면서도 적절한 질문을 건네지 못하고 있으며, 그 결과 아이는 스스로 생각하고 판단하며 성장할 수 있는 가장 소중한 시기를 놓치게 된다. 그런 실수를 반복하지 않기 위해, 아이와 대화할 때 반드시 실천해야 할 세 가지 방향은 다음과 같다.

1. 눈높이를 맞추는 질문을 한다

아이를 평가하거나 단정짓는 말 대신, 아이의 세계에 다가가는 부드럽고 열린 질문이 필요하다. 질문은 부모가 권위를 행사하는 방식이 아니라, 아이의 마음에 다가가고 아이의 생각을 존중하는 태도에서 비롯되어야 한다. 아이의 언어를 따라가되, 그 안에서 함께 생각할 수 있는 여백을 남기는 질문이 중요하다.

2. 상상을 더하는 질문을 한다

신문기자처럼 단순한 사실을 묻는 질문은 아이의 상상력과 창의적 사고를 자극하기 어렵다. 질문 속에 상상의 가능성을 담아야 한다.

"만약 너라면 어떻게 할까?", "다른 방법이 있을까?", "그렇게 되면 어떤 기분이 들까?"와 같은 질문은 아이의 세계를 확장시켜 준다.

3. 희망을 담은 질문을 한다

질문은 단지 과거를 반성하는 도구가 아니라, 아이의 내일을 열어주는 이정표가 되어야 한다. 아이에게 기대를 표현하고, 긍정적인 미래를 함께 상상할 수 있는 질문을 던져야 한다. 희망을 담은 질문은 아이에게 용기와 에너지를 주며, 그 자체로 삶의 방향을 제시한다. 아이가 어떤 활동을 하든, 무엇을 배우든, 다음과 같은 세 가지 질문을 늘 함께 한다.

- 지금 이 일을 하는 이유는 무엇일까?
- 이 일이 나를 행복하게 만드는가?
- 지금 내가 하고 있는 일이, 진심으로 사랑한다고 말할 수 있을 만큼 의미 있는 일인가?

어떤 일이든 그 자체보다 중요한 것은, '아이가 그 일을 어떤 마음으로 대하고 있는가'다. 아이가 무엇을 하든, 왜 하는지, 그것이 자신을 행복하게 하는지, 그리고 진심으로 사랑할 수 있는 일인지 스스로 물을 수 있도록 이끌고 싶다. 그 질문들이 아이의 내면을 단단히 세우고, 스스로의 삶을 책임지는 존재로 성장하게 해 줄 것이다. 그리고 결국, 그 질문 하나하나가 아이가 살아갈 세상을 결정짓는 가장 근본적인 힘이 될 것이다.

부모의 언어가 곧 아이의 인생이다

존중과 사랑, 경청과 겸손이 담긴 말 한마디가 아이의 철학이 된다. 괴테가 자녀와의 소통에서 실천한 대화를 바탕으로, 부모가 지켜야 할 여덟 가지 중요한 원칙을 정리해 보려 한다.[58] 이 원칙들을 마음에 품고 실천해 나간다면, 서로의 마음에 상처를 남기지 않고, 언제나 미소로 대화를 마무리할 수 있을 것이다.

하나, 말의 방향을 살피고, 일치에 집착하지 않는다.

아이와의 대화가 갈등으로 번지는 이유 중 하나는 서로의 생각을 맞추려는 지나친 기대 때문이다. 하지만 모든 대화가 완전한 의견 일치를 전제로 이루어질 수는 없다. 오히려 생각을 하나로 만들려는 시도는 상대의 입장을 억지로 꺾으려는 결과를 낳을 수도 있다. 현명한 부모는 말의 내용보다 그것이 향하고 있는 방향, 즉 감정과 의도의 흐름을 읽어야 한다. 대화의 본질은 같은 생각이 아니라, 같은 곳을 바라보려는 노력에 있다.

둘, 투정은 사랑을 갈구하는 신호다.

아이와의 대화가 어렵게 느껴지는 가장 큰 이유는 서로에게 상처를 주기 때문이다. 하지만 그 상처의 이면을 이해하게 되면, 대화는 두려움의 대상이 아니다.

아이들이 부모의 약점을 집요하게 들추며 날을 세우는 이유는, 미움이 아니라 사랑이 부족하다는 표현이다. 다시 말해, '나를 더 안아 줘, 더 사랑해 줘'라는 마음의 외침이다.

이럴 때 부모는 아이를 비난하거나 반박하기보다, 조용히 안아 주는 것이 가장 깊은 소통이 된다. 말보다 사랑이 먼저 전해져야 한다. 때로는 침묵이 가장 따뜻한 대답이 될 수 있으며, 인내심을 갖고 아이를 바라보는 태도가 진정한 대화의 시작이다.

셋, 익숙한 말만 듣지 말고, 진짜 들어야 할 것을 들어야 한다.

사람은 누구나 본능적으로 자신이 이해할 수 있는 말에만 귀를 기울이게 된다. 부모도 마찬가지다. 하지만 아이와 대화할 때는 내가 이해한 범위 안에만 머물러서는 안 된다. 지금 이 순간, 아이가 어떤 감정과 욕구를 표현하고 있는지, 아이의 성장에 꼭 필요한 메시지가 무엇인지를 가슴으로 들어야 한다.

말의 겉모습보다 그 안에 담긴 진짜 의미에 집중하며 아이의 말을 차분히 들을 때, 비로소 아이와 진심으로 연결될 수 있다.

넷, 오해받지 않으려 애쓰지 말자.

진심을 전하려면, 오해받을 각오도 함께 해야 한다. 아무리 지혜롭고 명료한 사람이라도, 그의 말을 듣는 백 명 중 여든 명은 다른 의미로 받아들일 수 있다. 중요한 건 내 마음이 어디를 향하고 있는가이다. 선한 뜻으로 말한 것이라면, 때로 돌아오는 비난과 왜곡에도 흔들리지 말아야 한다. 오해가 생긴다는 건, 내 이야기가 멈춰 있지 않고 누군가의 마음에 닿고 있다는 증거이기도 하다.

다섯, 행복한 말은 처음 느끼는 설렘과 같다.

말과 글은 인간이 서로에게 따뜻함과 기쁨을 전하기 위해 만들어 낸 소중한 도구다. 내가 건넨 한마디에 아이가 미소 짓는 모습을 상상해 보자. 그 모습은 마치 처음 사랑에 빠질 때처럼 마음을 설레게 하고, 나 역시 행복해진다. 아이와 대화할 때는 그저 말을 전하는 것이 아니라, 내 마음속 가장 귀한 것을 선물한다는 마음으로 임해야 한다. 사람이 머무는 공간은 그가 사용하는 말의 품격에 따라 달라진다. 혹시 아이와의 사이가 멀어졌다고 느껴진다면, 지금 이 순간이라도 행복한 말을 의식적으로 더 많이 건네 보자. 그 작은 변화가 다시 따뜻한 관계를 만들어 줄 것이다.

여섯, 모든 대화는 듣는 것에서 시작된다.
자신의 말만 하고 상대의 말을 듣지 않는 태도는 결국 스스로의 부족함을 드러내는 일이다. 상대의 말에 귀를 기울이는 것은 단순한 예의가 아니라, 진정한 존중의 표현이며 대화의 기본이다.

아이에게 무언가를 가르치는 것도 중요하지만, 아이의 생각과 마음을 진심으로 들어 주는 일은 그에 못지않게 소중하다. 경청은 단순히 기술이나 지식으로 되는 일이 아니다. 정말로 귀 기울여 듣는 자세는 타인을 향한 존중과 사랑에서 비롯된다. 따뜻한 관계는 언제나 진심 어린 '듣기'에서 출발한다는 사실을 잊지 말자.

일곱, 자신이 말을 잘한다고 생각하지 말아야 한다
말을 잘하고 싶어 하는 사람이 많지만, 그것은 자칫 매우 위험한 생각이 될 수도 있다. 말을 잘하고 싶다는 욕망은, 실천보다 말이 앞서려는 마음이 겉으로 드러나는 것일 수 있다. 특히 가정에서, 부모는 아이보다 우위에 있다. 아이는 부모의 말을 전적으로 믿기 때문에, 부모는 자신이 말을 잘한다고 착각하기 쉽다. 말이란 유창함이 목적이 아니라, 내 행동을 그대로 설명하는 수단이어야 한다. 삶이 선명하면, 말도 힘을 얻게 된다.

여덟, 진리는 사람의 것이고, 오류는 시대의 것이다.

　부모는 종종 자신이 옳다고 확신하며 아이에게 말하고 행동하지만, 그 신념이 언제나 진리인 것은 아니다. 모든 사람은 자신도 모르는 사이 오류에 빠질 수 있고, 그 오류는 시간이 지나면서 드러나기 마련이다.

　진짜 진리는 사람과 사람 사이에서 경험과 성찰을 통해 다듬어지며, 당대의 통념이라 해도 시간이 흐르면 수정되어야 할 부분이 생기기 마련이다. 그래서 고전을 읽고, 스스로의 판단을 돌아보며, '지금의 내 생각이 틀릴 수도 있다'는 겸손함을 마음속에 새기는 것이 중요하다. 자신의 실수와 한계를 인정할 수 있는 사람이 결국 더 나은 부모, 더 깊은 인간으로 성장할 수 있다.

　부모인 내가 내뱉는 한마디 말이 아이의 삶 전체를 구성하는 철학이 된다. 아이와의 대화는 내가 아이를 가르치는 행위가 아니라, 함께 성장하고 서로를 존중하는 과정임을 잊지 말아야 한다.

3장
아이들의 정신 건강과 회복

■ 양육이 뇌를 만든다

양육자는 아기의 뇌 배선 형성에 매우 중요한 영향을 미친다. 아기의 신경 배선은 단순히 물리적 환경뿐 아니라, 사회적 환경과 양육자, 그리고 주변 사람들의 상호작용 속에서 발달한다.

갓 태어난 아기를 팔에 안고 있다면, 당신은 아기가 얼굴을 인식하고 처리하도록 뇌를 훈련시키는 적절한 거리를 제공하는 것이다. 반대로 아기에게 상자나 건물을 보여 주면, 아기는 모서리와 모퉁이를 식별하며 시각 체계를 발달시킨다. 껴안기, 이야기하기, 눈 맞추기 같은 다양한 사회적 행위는 아기의 뇌를 필연적이고 돌이킬 수 없는 방식으로 조형한다. 유전자는 아기의 뇌 배선 형성에 핵심적 역할을 하며, 신생아가 자신이 속한 문화적 맥락 안에서 발달하도록 길을 열어 준다.

관심 공유(joint attention)는 아이가 자신만의 적소(niche)를 형성하도록 돕는 중요한 기제다. 여기서 적소는 생태학적 개념에서 유래한 표현으로, 개인이 자신의 특성과 능력에 맞는 역할이나 위치를 찾아 안정적으로 자리 잡는 환경적 틀을 의미한다. 관심 공유를 통해 아이는 어떤 요소가 중요한지, 무엇이 덜 중요한지를 점차 배우며, 뇌는 에너지 소비와 관련된 정보를 중심으로 신체 예산을 조절하고, 필요 없는 정보는 걸러 내면서 자신의 환경을 구성한다.

모든 동물은 각자의 적소를 가진다. 뇌는 세상을 감지하고 의미 있는 움직임을 생성하며 신체 예산을 조율함으로써, 각자가 살아가는 환경 속에서 자신만의 적소를 만들어 간다.

아기 시절에 많은 것을 보고 듣는 것은 매우 중요하다

우리는 아기 때부터 주변 사람들을 인식하는 법을 배워 왔다. 아기의 뇌는 얼굴 간의 미세한 차이를 감지하도록 세부적으로 조정되고 가지치기된다. 그러나 대부분의 아기들은 같은 민족 내에서 가까이 살아가는 환경에 놓이기 때문에, 다양한 얼굴 특징에 노출되지 못하는 경우가 많다. 이로 인해 타민족의 얼굴을 기억하거나 구별하는 능력이 제한될 수 있다. 다행히, 다양한 얼굴을 자주 접하면 뇌는 비교적 빠르게 재조정되어 이러한 인식 능력을 회복할 수 있다.

우리의 유선자는 완성된 뇌를 만들기 위해 단지 유전 정보만으로는 충분하지 않다. 적절한 물리적 환경과 사회적 환경, 즉 아이가 자신의 적소를 찾을 수 있는 조건이 반드시 필요하다. 뇌 발달에서 본성과 양육을 단순히 이분법으로 나누는 것은 과학적 사실과 거리가 멀다. 우리는 양육이 뒷받침될 때 완전하게 발달하는 '양육이 필요한 본성'을 가진 존재다.

아이의 적소는 단순한 공간이 아니다. 눈을 맞추고 말을 걸어 주며, 일정한 수면과 체온을 유지하도록 보살피는 따뜻한 양육 환경 자체가 아이의 적소다. 우리가 아이를 어떻게 대하는가는 중요하며, 현대 뇌과학은 그 중요성이 우리가 생각했던 것보다 훨씬 크다는 사실을 보여 준다.

어린 뇌는 스스로 세상과 연결되지만, 풍부한 배선 지침과 사회적 상호작용이 이루어지는 환경이 있어야 건강하게 성장할 수 있다. 아이의 뇌가 온전하게 발달하도록 돕는 일, 그 책임은 결국 우리 어른들에게 있다.

■ 아이의 독립과 성장을 돕는 부모의 자세[59]

부모가 아이에게 줄 수 있는 가장 본질적인 선물은 무엇일까? 아이가 세상을 살아가며 겪는 크고 작은 어려움 속에서 스스로 성장할 수 있도록 지지해 주는 태도일지 모른다. 실패와 실수를 두려워하지 않고, 자신의 선택을 존중받으며, 내면의 힘을 길러 가는 과정에서 아이는 조금씩 단단해진다.

아이들이 진정으로 바라는 것은 언제나 정답을 알려 주는 부모가 아니다. 그보다는 자신의 감정과 생각을 마음껏 이야기할 수 있는, 심리적으로 안전하고 열린 환경을 마련해 주는 보호자다. 그 공간에서 부모는 앞장서서 길을 지시하기보다, 한 걸음 물러서서 아이의 이야기를 끝까지 듣고, 있는 그대로 공감해주는 역할을 해야 한다. 아이가 질문하고, 실수하고, 다시 시도하는 그 과정을 믿고 지켜보는 것이다.

아이의 성장에서 중요한 것은 부모의 통제가 아니라 신뢰다. 아이의 마음이 향하는 방향을 억지로 바꾸려 하기보다는, 그 흐름을 이해하고 따라가며 필요한 순간 적절한 피드백을 주는 것이 부모의 몫이다. 그렇게 할 때, 아이는 자신을 있는 그대로 받아들이고, 삶의 선택 앞에서도 두려움 대신 자신감을 가질 수 있다.

상대의 마음을 알아주고 인정해 주는 것, 그것이 바로 존중이다. 진심 어린 존중을 받은 아이는 결코 "그래, 이러고 말지"라는 식으로 행동하지 않는다. 오히려 "그렇다면 다음에는 어떻게 해야 할까?" 하고 스스로 궁리하며 더 나은 방향을 고민하게 된다.

존중이란, 그 사람의 마음속에 있는 감정을 있는 그대로 인정해 주는 것이다.

감정을 건강하게 다루는 법: 인정, 수용, 공감

감정을 건강하게 다루는 방법 중 하나는 옳다고 믿는 생각에서 자유로워지는 것이며, 내가 굳게 믿고 있는 감정일지라도 다른 각도에서 이해해 볼 필요가 있다. 슬픔이나 분노, 외로움 같은 감정은 그 자체로 절대적인 것이 아니라, 해석에 따라 달라질 수 있는 복합적인 감정이다.

슬픔은 불안의 또 다른 이름일 수 있으며, 때로는 슬픔이 아니라 그리움의 감정일 수도 있다. 화도 마찬가지다. 화가 난다고 해서 무조건 억누르거나 다른 사람에게 쏟아 내야 하는 것은 아니다. 오히려 그 감정을 잘 보살피고, 왜 그런 감정이 생겨났는지를 세밀하게 들여다볼 필요가 있다. 무엇이 나를 자극했고, 어떤 생각이 내 감정을 격하게 만들었는지 천천히 이해해 보는 것이다.

감정에는 옳고 그름이 존재하지 않는다. 감정은 그저 다양한 색깔로 존재할 뿐이고 그런 감정을 느끼는 것은 인간으로서 지극히 자연스러운 일이다. 우리는 부정적인 감정을 느낄 때 압박을 받고, 빨리 벗어나고 싶어 한다. 마음속으로는 "빨리 잊고 싶다, 털어 버리고 싶다"고 말하지만, 주변에서 "괜찮아, 그거 생각하지 마"라는 말을 들으면 오히려 그 감정이 더 깊어진다. 감정을 가장 빠르게 진정시킬 수 있는 방법은, 그 감정을 있는 그대로 인정해 주는 것이다. "화가 많이 났구나.", "지금 정말 많이 슬프겠구나.", "진짜 배신감이 들었겠다.", "그건 정말 억울했겠다."

이처럼 말해 주는 것만으로도 마음은 놀라울 만큼 가라앉는다. 감정이 쌓여서 울고 있는 아이에게 "울지 마"라고 말하는 대신, "실컷 울어도 돼. 안아 줄게. 편하게 울어"라고 말해 주는 것이 훨씬 따뜻하고 효과적이다.

감정은 억압할 대상이 아니라, 인정하고 표현해야 할 대상이다.
"그건 너무 속상해서 눈물이 날 만해."
이 말을 들은 순간, 내 감정을 부끄러워하지 않게 되고, 오히려 내 마음을 당당하게 느낄 수 있게 된다. 아이가 불편함을 호소할 때도 마찬가지로, 그 상황을 옳고 그르다고 재단하기보다 감정의 맥락에 맞는 해결 방법을 함께 찾는 것이 중요하며, 판단하는 순간 아이는 위축된다. 그렇기에 아이의 내면에서 올라오는 다양한 감정과 상황을 진심으로 인정하고 소통하는 법을 배워야 한다. 그것이 진정한 감정 교육이며, 건강한 마음의 토대가 된다.

가족으로 이어진 관계에 대해-아이는 나와 다른 존재이고, 존재자체로서 귀한 것이다

아이를 키우면서 종종 내 모습을 아이에게서 발견한다. 아이는 나와 닮은 듯 다르게, 자신만의 삶을 살아간다. 그 모습을 바라볼 때, 말로 다할 수 없는 기쁨을 느낀다. 그럴 때마다 부모님께서 늘 하셨던 말씀이 떠오른다.

"아이는 나와 다른 존재이며, 그 자체로 귀하다."

이 말을 아이를 키우는 과정을 통해 더욱 깊이 실감한다. 수많은 시행착오와 실수 속에서도, 그 모든 경험이 결국 삶의 배움이었음을 깨닫는다. 혹시 내 안에 기대나 욕심이 무의식적으로 스며 있었다면, 그 마음을 조용히 돌아보는 과정 또한 필요함을 배운다.

부모로서 무엇을 주고, 무엇은 주지 말아야 하는지를 스스로 인식하는 것이 중요하다. 나 역시 부모에게서 받은 소중한 정서적 유산을 아이에게 잘 전하고 싶다. 동시에, 나와는 다른 독립된 존재인 아이에게 내 욕망, 상처, 콤플렉스를 물려주지 않도록 주의해야 한다. 이는 모든 부모에게 주어진 과제일 것이다.

아이에게 좋은 부모가 되기 위해서는 먼저 나 자신을 돌보는 일이 선행되어야 한다. 자신의 삶을 충실히 살아 내는 사람만이 아이의 욕구와 기대를 이해하고, 아이가 무엇을 바라는지 살필 여유와 힘을 갖게 된다. 이 과정은 시간이 걸릴 수 있지만, 서두를 필요는 없다. 우리는 모두 조금씩 성장할 수 있으며, 바로 그 점이 인간이 지닌 고유한 힘이자 가능성이다.

모든 사람은 각자의 상처를 안고 살아간다. 상처가 있다고 해서 좋은 부모가 될 수 없는 것은 아니다. 오히려 성찰과 노력 속에서 더 건강한 관계와 올바른 양육법을 만들어 갈 수 있다. 아이와의 관계 속에서 나 자신을 이해하는 것은 매우 중요하다. 내 반응과 행동의 패턴을 자각하고, 그것이 아이에게 긍정적인 영향을 주는지 살피는 과정 자체가 부모로서 건강한 관계를 맺는 기반이 된다.

자존감을 키우는 양육법

아이의 성적이 기대에 미치지 못할 때 꾸중하는 부모들이 많다. 하지만 이러한 반응이 반복되면, 아이는 자연스럽게 '나는 좋은 성적을 받아야만 사랑받을 수 있어', '나는 공부를 잘해야만 가치 있는 존재야'라는 왜곡된 인식을 갖기 쉬워진다. 아이의 자존감이 성적이라는 조건에 따라 좌우되기 시작하는 것이다.

이러한 환경에서 자란 아이들은 부모와 주변 사람들의 눈치를 보게 되고, 다른 사람에게 인정받지 못할까 봐 늘 불안해한다. 이처럼 외부 평가에 지나치게 의존하는 아이는 스스로를 있는 그대로 받아들이기 어려워한다. 아이의 자존감을 높이기 위해서는 결과보다는 과정을 중요하게 여기는 태도가 필요하다. 그리고 칭찬보다는 격려가 더욱 효과적이다. 기대를 담은 칭찬은 아이에게 부담을 줄 수 있지만, 신뢰를 바탕으로 한 격려는 아이에게 용기를 북돋워 준다.

"잘했어"라는 말보다는 "정말 열심히 했구나", "그만큼 노력한 걸 알고 있어"와 같은 격려는 아이 스스로가 자신의 성장을 체감할 수 있도록 도와준다.

역경을 딛고 잘 자란 아이들에게는 공통적으로 회복 탄력성뿐 아니라 또 하나의 중요한 특성이 있다. 바로 자기 효능감이 높았다는 점이다. 자기 효능감이란 내가 어떤 일을 성공적으로 해낼 수 있다고 믿는 마음가짐을 말한다. 자기 효능감이 높은 사람은 열악한 환경 속에서도 "노력하면 내가 원하는 결과를 이룰 수 있어"라고 생각하며, 쉽게 포기하지 않는다. 이러한 태도는 단지 낙관적인 성격 때문이 아니라, 자신의 노력과 행동이 결과에 영향을 미친다는 확신에서 비롯된다. 그리고 이 확신은 누군가의 기대보다, 믿음 어린 격려 속에서 자라난다.

사회적 뇌와 관계의 과학: 행복은 연결 속에서 자란다

장동선 작가의 『뇌 속에 또 다른 뇌가 있다』는 인간이 태어나 사회 구성원으로 살아가기까지의 과정을 설명하며, 우리의 뇌는 매 순간 경험을 통해 새롭게 형성되고, '나'는 다른 사람과의 상호작용 속에서 변화한다고 주장한다.

우리 행복의 조건은 다른 사람과의 관계에 있으며, 뇌는 소통과 관계를 위해 진화했다. 뇌는 타인의 존재를 끊임없이 반영하며 작동하고, 수많은 사람과의 경험은 뇌 속에 흔적처럼 남아 서로를 비추며 이어진다. 실제로 뇌가 활발히 수행하는 일 중 하나는 타인의 생각과 감정을 이해하려는 과정이다.

우리 뇌 속에는 항상 다른 사람들의 뇌, 즉 '또 다른 뇌'가 존재한다. 우리는 이를 통해 공감하고 소통하며, 타인의 사고와 감정을 모방하고 분석한다. 이러한 사회적 시뮬레이션 능력이 없으면 우리는 고립될 수밖에 없다.

흥미로운 점은, '나'를 가장 잘 설명해 줄 수 있는 존재가 정작 나 자신이 아닐 수도 있다는 사실이다. 나를 기억하고 소중히 여기는 타인의 뇌 속에 나의 일부가 담겨 있으며, 각자의 방식으로 반영된 이 '타인 속의 나'가 모여 나라는 존재를 구성하는 퍼즐 조각이 된다.

결국 우리는 혼자일 때보다 누군가와 함께할 때 더 깊은 행복을 경험한다. 인간의 뇌는 철저히 사회적 상호작용을 기반으로 진화했으며, 타인과 관계를 맺고 공동체 속에서 살아가는 데 최적화되어 있다. 이해받을 때 따뜻해지고, 오해받을 때 상처받는 이유도 여기에 있다. 우리의 뇌는 타인의 뇌로부터 자신을 알아주고 공감받는 경험을 간절히 원한다. 그래서 우리는 마음속에 언제나 또 다른 뇌, 즉 타인을 담고 살아간다.

행복한 삶의 비결: 뇌, 관계, 그리고 경험의 힘

1939년부터 시작된 하버드 대학의 '그랜트 연구(Grant Study)'는 '오래도록 행복하게 사는 비결은 무엇인가?'라는 질문에 답하고자 한 장기 연구다. 이 연구의 책임자인 조지 베일런트(George Vaillant)는 2012년, 세 번째 중간 결과를 발표하며 삶의 행복과 건강에 대한 중요한 통찰을 제시했다.

그 질문에 대한 답은 시간이 흐를수록 점점 더 분명해졌다. 행복을 결정짓는 요인은 돈이 아니었다. 지능, 교육 수준, 정치적 성향이나 종교적 배경 역시 결정적인 요소가 아니었다.

장기적인 행복을 결정짓는 핵심 요소는 언제나 타인과의 관계였다. 어린 시절, 어머니로부터 섬세한 보살핌을 받은 사람은 그렇지 않은 사람에 비해 성인이 되었을 때 평균적으로 연간 약 8만 7천 달러를 더 벌었고, 노년기에는 치매에 걸릴 확률도 낮았다. 또한 아버지와 긍정적인 관계를 형성한 이들은 성인이 되어서 불안감을 덜 느끼고 여가 시간, 특히 휴가에서 더 큰 만족을 느낀다는 조사 결과도 있다.

인간은 왜 여러 무리나 사회적 집단에 속하려는 본능을 지녔을까? 영장류의 경우, 뇌의 크기와 사회 집단의 규모를 비교해 보면, 뇌 용량이 클수록 더 복잡하고 규모가 큰 사회를 유지할 수 있는 것으로 나타났다. 구성원이 많은 집단에서는 타인의 감정을 파악하고, 협력하거나 혹은 때로는 경쟁과 전략을 구사하는 것이 필수였기 때문이다. 이러한 환경에서는 감정지능(EQ)이 생존에 큰 이점을 제공했으며, 자연스럽게 더 큰 뇌가 선택되었을 것이다.

이와 관련해 옥스퍼드 대학교의 인류학자 로빈 던바(Robin Dunbar)는 인간이 실제로 사회적 관계를 유지할 수 있는 사람의 수는 약 150명 정도라고 주장했다. 이 숫자는 '던바의 수(Dunbar's number)'로 알려져 있으며, 우리가 실제로 이름을 기억하고 일정 수준 이상의 관계를 지속할 수 있는 인물의 최대치를 의미한다. SNS에서 수천 명의 친구나 팔로워를 보유하고 있더라도, 활발히 의견을 나누는 사람의 수는 이 범위를 넘지 않는다는 사실이 이를 뒷받침한다.

또한, 변화 없이 동질적인 사람들 속에서 평생을 살아온 이들은 낯선 상황이나 다양한 경험을 더욱 위협적으로 받아들일 가능성이 높다. 제한된 자극에만 노출된 뇌는 새로운 자극을 해석하거나 수용하는 데 어려움을 겪고, 기존의 사고 틀에 강하게 의존하려는 경향을 보이기 때문이다.

어릴 때부터 어떤 경험을 했는지에 따라 뇌에 축적된 경험 또한 달라지고 그 경험이 유연한 사회적 뇌 형성에 도움이 되어야만이 사회생활을 문제없이 잘 할 수 있다. 결국 우리 인간은 누구와 같이 생활하고 어떤 경험을 했는가에 따라 삶의 만족도가 달라진다는 것이다. 통합을 지향하는 유연한 뇌의 비밀은 다름 아닌 경험의 폭에 있다는 것이다.

제가(齊家)에 대한 아버지의 노트

가정을 바로 세운다는 것은 단순히 경제적 책임을 다하거나 가족을 돌보는 것만으로 충분하지 않다는 사실을 이제야 뼈저리게 깨닫는다. 그 일은 결국 내 자신을 먼저 바로 세우는 데서 시작된다. 돌이켜 보면, 가족 앞에서는 쉽게 본모습이 드러났다. 밖에서는 근엄하고 점잖은 척했지만, 말과 행동, 태도까지 집 안에서는 숨길 수 없었다.

가정은 단순히 함께 사는 공간이 아니다. 서로의 부족함과 상처가 드러나고, 실수와 후회가 반복되며, 그 과정을 통해 함께 성장하는 살아 있는 공동체다. 그 안에서 내가 먼저 바로 서야 가족도 함께 바로 설 수 있다는 진실을, 한동안 진심으로 받아들이지 못했다. 이제는 그 진실이 조금씩 마음에 와닿는다. 이제라도 나를 바로 세우는 일에서 제가(齊家)의 실천을 다시 시작하려 한다.

1. 아버지로서의 책임, 말보다 삶으로

아이에게 좋은 말을 전하려 애썼다. 그러나 돌아보면 그 말들이 얼마나 공허했는지 부끄러울 때가 많다. 시간이 흐르며 분명해지는 사실이 있다. 아이들은 말보다 삶을 통해 배운다는 것이다. 내가 살아가는 모습, 태도, 선택 하나하나가 가장 큰 가르침이라는 것을 이제 깨닫는다. 이제는 말보다 행동으로, 가르침보다 실천으로 제가를 이루는 것이 진짜 아버지의 몫임을 안다.

2. 가족 관계의 첫 번째 조건, 나 자신을 돌보기

예전에는 가족을 위해 자신을 희생하는 것이 최고의 아버지상이라 믿었다. 스스로를 돌보는 일은 이기적인 행동이라 여겼고, 지친 몸과 마음을 모른 척하며 버티는 데 익숙했다. 그러나 지치고 무너진 상태로는 가족을 온전히 돌볼 수 없다는 사실이 점점 더 분명해진다. 그 상태에서의 희생은 오히려 가족에게 또 다른 상처가 될 수 있다.

건강한 나로 서 있을 때, 비로소 가족도 온전히 지킬 수 있다는 단순한 진실이 선명하게 다가온다. 자신을 돌보는 일은 결코 이기적인 선택이 아니라, 가족을 지키는 가장 현실적이고 본질적인 바탕이라는 것을 이제서야 알게 되었다.

3. 가족을 통제하려는 욕구를 내려놓기

아이와 배우자가 내 기준에 맞게 행동하길 바라며, 그 기대를 가족을 위한 것이라 합리화한 적이 많았다. 그러나 그것은 사랑이 아니라 통제였다. 가족은 소유의 대상이 아니며, 특히 아이는 내 연장선이나 분신이 아닌 독립된 존재다. 이제는 서로 존중하며 함께 성장하는 길을 선택하려 한다.

4. 상처를 덮는 대신, 마주하고 치유하기

가족 안에서는 말하지 않아도 상처를 주고받는다. 그럴 때마다 덮어 두는 선택을 반복해 왔다. 그러나 덮인 상처는 언젠가 곪아 관계를 무너뜨린다. 불편하고 두려워도, 상처를 외면하지 않고 정직하게 마주하며 치유하는 것만이 가족 관계를 지키는 길임을 실감한다.

5. 매일 실천하는 가족의 태도

가정을 바로 세우는 일은 특별한 날이나 큰 결심으로 이루어지지 않는다. 아침에 건네는 인사, 아이의 눈을 바라보며 이야기를 듣는 자세, 배우자의 말에 고개를 끄덕이는 작은 공감. 이 평범한 순간들이 제가(齊家)를 실천하는 단초다.

하지만 그런 진실을 알면서도, 오랜 시간 실천하지 못한 채 살아왔다. 바쁜 일상에 휩쓸려 말투는 날카로워지고, 시선은 무뎌졌으며, 존중과 배려는 점점 뒤로 밀려났다. 감정보다 말이 먼저 튀어나오고, 지적이나 훈계가 공감보다 앞선 순간도 많았다. 집안일은 함께하는 일이 아니라 도와주는 일처럼 느껴졌고, 무심코 던진 말이 가족의 마음에 상처로 남기도 했다.

가정은 나를 가장 진실하게 비추는 공간이다. 말과 행동이 얼마나 일치하는지, 감정을 어떻게 조절하는지, 책임 있는 태도를 얼마나 실천하고 있는지를 매일 점검한다. 오늘도 부족함을 인정하며, 어제보다 조금 더 따뜻한 말, 더 정직한 태도, 더 성실한 마음으로 가족 앞에 서려 한다. 그 반복된 노력이 매일 실천하는 제가의 토대임을 잊지 않으려 한다.

6
치국(治國)
— 사회를 다스리는 것은 곧 자신을 다스리는 일

『대학(大學)』이 말하는 수양의 길은 결코 개인의 내면에만 머무르지 않는다. 자신을 닦는 일은 궁극적으로 사회와 세상을 어떻게 이끌고, 함께 살아갈 것인가로 확장된다. 이 확장의 핵심이 바로 치국(治國)이다. 치국은 흔히 국가를 다스리는 일로만 이해되지만, 실제로는 정치 지도자만의 과제가 아니다. 치국은 우리가 속한 공동체를 어떻게 책임지고 건강하게 가꿔 갈 것인가에 대한 실천적 물음이다. 가정, 직장, 지역사회 등 일상의 모든 관계 속에서 우리는 이미 작은 치국을 실현하며 살아가고 있다.

이 장에서는 치국을 공동체를 관리하고 이끄는 삶의 태도로 바라본다. 건강한 사회는 소수의 지도자에 의해 완성되지 않는다. 모든 사람이 각자의 자리에서 질서를 세우고, 갈등을 조율하며, 타인을 위한 책임을 실천할 때 비로소 만들어진다.

정심이 내면을 다듬어 준비하는 과정이라면, 치국은 그 준비가 사회 속에서 어떻게 구체적으로 드러나는지를 묻는 단계다. 가정, 회사, 지역사회의 작은 역할에서부터 시작해, 타인의 삶에 어떤 긍정적 영향을 줄 수 있는지를 고민하며 사회적 수양을 이어가야 한다. 결국 치국은 특별한 권력의 자리에 있는 사람들의 과제가 아니다. 지금 이 순간, 내가 속한 작은 공동체를 어떻게 돌보고 이끌어 갈 것인지를 스스로 묻고 실천하는 것이 곧 치국이다.

치국이란 무엇인가?

치국(治國)은 전통적으로 나라를 잘 다스린다는 의미로 이해되어 왔다. 그러나 오늘날의 관점에서 보면, 이는 단지 국가 행정에 국한된 개념이 아니다. 오히려 타인과 함께 살아가는 모든 삶의 현장에서 질서와 책임, 배려와 조화를 실현하려는 노력을 포괄하는 개념이라 할 수 있다.

조직에서 맡은 역할을 성실히 수행하는 일, 공동체 안에서 갈등을 해결하는 일, 직장에서 책임감과 배려를 실천하는 일, 그리고 공적 윤리를 내면화하는 과정은 모두 현대적 의미의 치국에 해당한다. 이러한 실천은 사회 전체를 위한 것일 뿐 아니라, 사회적 관계와 경험 속에서 한 사람으로서 더욱 성숙해지기 위한 수양의 과정이기도 하다.

치국과 아버지: 책임의 확장

가정을 넘어 사회로 나아가는 아버지의 발걸음은 단순히 생계를 위한 활동에 그치지 않는다. 아버지는 가정이라는 작은 공동체를 넘어, 사회라는 더 큰 관계망 속에서도 자신의 책임을 확장해 나가는 존재이며, 그는 한 조직의 구성원이자 시민, 누군가의 동료이자 리더, 때로는 멘토로 살아간다. 치국은 이러한 사회적 자리와 역할을 통해 자신의 내면을 더욱 넓고 깊게 성찰하고 다듬는 수련의 과정이다. 가정에서는 자녀와 배우자를 통해 자신을 돌아보고, 사회에서는 타인과의 관계 속에서 더 큰 균형과 조화를 배우는 것, 그것이 곧 가정의 중심에 서서 실천하는 치국의 의미이다.

이 글이 다루는 두 가지 길: 전환과 균형

1. 내면의 전환

사회생활은 끊임없이 이어지는 관계의 흐름 속에 자리하고 있으며, 그 안에서 마주하는 감정의 파동, 좌절과 경쟁, 회피와 갈등, 그리고 책임의 문제들은 결국 자신을 있는 그대로 마주하게 하는 시험대가 된다. 그러한 사회적 경험 속에서의 무너짐과 상처를 어떻게 성장과 전환의 기회로 바꾸어 낼 수 있는지를 들여다보려 한다. 내면의 전환을 통해 자기 인식과 태도를 바꿀 때 삶은 변화한다.

2. 균형 찾기

삶은 수많은 역할들 사이에서 균형을 필요로 한다. 아버지이면서 동시에 일터의 일원이다. 개인의 욕망과 공동체의 기대 사이에서 끊임없이 중심을 잡아야 한다. 그러한 사회적 맥락 속에서 균형을 잃지 않으면서도 의미 있는 책임을 수행해 나가는 방법을 모색해 보았다. 치국이란 단순한 외적 성공을 넘어서, 내면의 평형을 어떻게 유지하며 살아갈 것인지를 끊임없이 성찰하는 과정이다.

치국은 곧, 나를 확장하는 실천이다

치국은 단순히 나라를 다스린다는 개념이 아니다. 그것은 세상과 맺는 관계의 방식 속에서 더 나은 인간으로 성장하고자 하는 수양의 실천이다. 이는 외부 질서를 세우기에 앞서 자신의 내면을 먼저 조율해야 가능한 일이며, 내면이 단단해질수록 더 넓은 세상과도 건강하게 연결될 수 있다는 삶의 진리로 귀결된다.

치국은 가정 밖의 세계에서 아버지가 마주하는 다양한 사회적 맥락 속에서, 스스로를 다시 세우고 다듬기 위한 지적 과정이다. 이 장이 가정의 울타리를 넘어, 사회적 존재로서의 자신을 성찰하고자 하는 이들에게 깊은 질문과 실천의 단초가 되기를 바란다.

1장
내면의 전환

■ **습관의 반복(업력)을 깨고 신념(원력)으로 삶을 새롭게 창조하라**[60]

우리는 과거에 생각해 오던 방식대로, 혹은 세상과 자신을 바라보던 시각 그대로 살아간다면, 앞으로의 미래 역시 달라질 가능성은 거의 없다. 그러나 생각을 바꾸고, 시각을 전환하며, 마음의 방향을 바꾸는 순간, 누구나 인생의 변화를 이끌어 낼 수 있다. 인생의 변화는 내면의 전환에서 시작된다.

삶의 변화를 기대하려면, 잘못된 업력을 지우고 새로운 원력을 키워야 한다. 불교에서는 인간의 행동과 의지를 설명하는 개념으로 업력(業力)과 원력(願力)이라는 용어를 사용한다. 업력이란 타고난 습성이나 반복된 행동, 무의식적인 습관의 힘이며, 이는 과거의 행위가 현재와 미래에 영향을 미치는 관성적 에너지를 말한다. 반면, 원력은 자신이 이루고자 하는 바를 향한 자발적인 의지의 힘을 의미한다.

외국에서 오랜 시간 생활하면서 그 나라의 취침 시간에 익숙해졌다면, 그 생활 패턴은 몸에 깊이 각인되어 이후에도 무의식적으로 지속된다. 이는 곧 과거의 습관이 현재와 미래의 삶을 끌고 가는 하나의 업력이라 할 수 있다.

　만약 귀국하자마자 새로운 일에 투입되어야 한다면, 의도적으로 기존의 습관을 끊고 새로운 리듬에 적응해야만 한다. 이 과정에서 새로운 원력을 불러일으키고, 그것이 결국 과거의 업력을 넘어서 새로운 삶의 순환으로 접어들 수 있게 해 주는 힘이 된다.

　어떤 사람이 자신의 인생에 의식적인 변화의 힘, 즉 원력을 불어넣는다면, 그는 기존의 삶의 법칙을 깨고 완전히 새로운 궤도에 진입할 수 있다. 과거의 익숙한 생각, 시각, 감정 상태에서 벗어나 생각을 바꾸고 시각을 전환하며, 마음의 방향을 새롭게 설정할 때, 비로소 인생의 변화는 시작된다. 진정한 나를 찾고, 그 자신을 사랑하게 될 때 근본적인 변화가 일어난다.

　우리가 반복되는 일상 속에서 느끼는 답답함과 무기력은 대부분 익숙한 사고와 감정의 패턴, 즉 오래된 업력에서 비롯된 것으로, 이 악순환의 고리를 끊고 무의식적으로 반복되는 삶의 흐름을 자각하며 내면에 숨겨진 진정한 나와 마주할 때 비로소 더 나은 삶을 향한 문이 열린다.

　결국 성공적인 삶으로의 전환은 단순한 생각만으로는 불가능하며, 업력을 끊고 새로운 신념을 세워 그것을 행동으로 실천할 때 비로소 변화하고 삶의 방향도 새로워진다.

결핍이 왜곡하는 사랑

　어린시절 아버지의 폭력을 누구보다 싫어했던 여성이 성인이 된 후, 왜 아버지와 닮은 폭력적인 남성과 결혼하게 되는 것일까? 이 현상은 단순한 선택의 문제가 아니라, 결핍된 욕구를 사랑으로 착각한 결과라고 볼 수 있다.

 욕구를 채워 주는 것을 사랑으로 착각한다는 말은 어떤 의미일까? 마음에 깊은 결핍이 있는 사람은 그 공허함을 메우기 위해 끊임없이 주변 사람들에게 무언가를 요구한다. 문제는 이런 결핍을 가진 사람은 사랑을 주는 데 익숙하지 않으며, 오히려 자신의 필요를 우선시한 채, 그 필요를 채워 줄 누군가를 찾아 헤매게 된다는 것이다. 그런 사람을 만나 자신의 욕구가 일시적으로 충족되면, 그는 그것이 곧 사랑이라고 착각한다. 즉, 필요가 채워지는 경험을 사랑으로 오인하고, 더 나아가 그 필요 충족을 사랑의 대가처럼 받아들이는 위험한 인식이 생긴다.

 앞서 언급한 그녀의 경우도 마찬가지다. 어린 시절 아버지의 폭력에 시달렸던 그녀는 아버지를 바꾸고 싶었지만, 당시에는 어린아이였기에 강한 아버지를 감당할 수 없었다. 결국 그 감정은 가슴 속에 묻힌 채, 이루지 못한 기대와 필요로 변형되었다. 그녀는 자라면서 무의식적으로 그 미완의 바람을 충족시켜 줄 사람을 찾게 되고, 결과적으로는 다시 폭력적인 성향의 남성을 선택하게 된다. 마치 콜라에 갈증을 느끼는 사람처럼, 자신의 내면적 필요를 충족시켜 줄 수 있는 존재는 그런 형태의 인물뿐이라고 믿게 되는 것이다.

 이는 단지 한 사람의 사례에 국한되지 않는다. 우리가 배가 고프면 먹을 것을 찾아다니듯, 마음 또한 결핍된 상태에서는 심리적 영양분을 찾아 방황하게 된다. 이러한 정신적 양식, 즉 심리적 영양분에는 사랑, 인정, 칭찬, 수용 등이 포함된다. 사람은 자라면서 이와 같은 정서적 자양분을 충분히 받아야 건강한 내면을 형성할 수 있다.

어린 시절부터 사랑받지 못하고, 따뜻한 가족의 지지를 느끼지 못한 사람은 성인이 되어서도 여전히 그 결핍을 안고 살아가게 된다. 그는 지속적으로 외부에서 사랑을 갈구하며, 결국에는 자신의 필요를 채워 주는 대상에게 집착하고, 그것을 사랑이라고 오인하게 된다. 그 대가로 왜곡된 관계와 반복되는 고통을 평생 안고 살아갈 수 있다.

진정한 사랑은 단순히 욕구 충족이 아니다. 결핍에서 비롯된 욕구는 사랑이라는 이름 아래에서 왜곡된 선택을 낳고, 그 관계는 반복적으로 고통을 재생산하게 된다. 따라서 내 안의 결핍을 먼저 인식하고, 그것을 스스로 치유하려는 노력이 진정한 사랑의 시작이다.

객관적 자기 인식의 힘

보이지 않는 마음의 흐름을 인식하고, 그것을 스스로 이해할 수 있을 때 우리는 비로소 삶을 바꿀 수 있다. 심리학은 바로 그 의식화의 힘을 강조한다.

이러한 능력을 상실하면 결국 자아를 잃게 되고, 자아를 잃은 사람은 자신을 객관적으로 인식할 수 있는 시각마저 잃게 된다. 그렇게 되면 마치 바람에 휘청이는 갈대처럼, 내면에서 들려오는 주관적인 감정에만 휘둘리게 된다.

세상의 흐름에 나 자신을 맡긴 채, 바람 부는 대로, 상황 이끄는 대로 살아가다 보면, 이제는 아무리 노력해도 사회가 나에게 보상을 주지 않을 것 같다는 허무감이 밀려오기도 한다. 바람이 불어 갈대가 휘청일 때는 물론이고, 심지어 바람 한 점 없는 고요 속에서도 중심을 잃은 채 동요할 수 있다.

그래서 절대로 나를 잃어버려선 안 된다. 그 시작은 무엇보다도 사회 속의 나를 객관적으로 바라보는 시각을 기르는 데 있다. 동시에, 내가 진정으로 무엇을 원하고, 어떤 욕구를 가지고 살아가는지 그 본질을 명확히 인식해야 한다. 자기 자신에 대한 인식이 선명해질수록, 외부의 혼란 속에서도 중심을 지킬 수 있게 되고, 흔들림 없는 시선으로 나를 둘러싼 세계와 나 자신을 동시에 이해할 수 있게 된다.

행운은 기대와 인식에서 비롯된다[61]

우리가 어떤 기대를 품고 어디에 주의를 기울이며, 미래를 어떻게 예측하는지가 삶을 결정짓는다. 같은 사건이라도 그것을 어떤 관점에서 해석하는지에 따라, 누군가에게는 행운이 되고 다른 누군가에게는 불운이 될 수 있다. 결국 삶의 경험은 객관적 사실이 아니라, 주관적 해석의 산물인 경우가 많다.

바버라 블래츨리는 이와 관련해 주의 깊은 관찰의 중요성을 강조한다. 그녀는 행운이 단순히 우연히 찾아오는 것이 아니라, 우리가 어디에 주의를 두고 얼마나 민감하게 세상을 바라보는가에 따라 달라진다고 말한다. 긍정적이고 바람직한 기대를 품고 주변을 세심히 관찰하는 사람은, 남들이 보지 못한 기회를 발견하고 그것을 자신의 행운으로 만들 수 있다는 것이다. 기회는 이미 우리 주변에 존재하지만, 발견하는 사람만이 그것을 자기 것으로 만든다.

이를 잘 보여 주는 이야기가 있다. 한 여행자가 어느 도시에 도착해 노인에게 물었다.

"이 도시 사람들은 어떤 사람들입니까?" 노인은 되물었다. "당신이 떠나온 도시 사람들은 어땠습니까?" 여행자가 "형편없는 사람들이었어요"라고 답하자, 노인은 "이 도시도 마찬가지일 겁니다"라고 말했다.

잠시 후 또 다른 여행자가 와서 같은 질문을 했다. 이번에는 "제가 떠나온 도시는 좋은 사람들이 많았습니다"라고 말했다. 그러자 노인은 "이 도시에서도 좋은 사람들을 많이 만나게 될 겁니다"라고 대답했다.

이 이야기가 전하는 메시지는 분명하다. 우리가 세상을 어떤 관점으로 바라보느냐에 따라, 세상은 전혀 다른 모습으로 다가온다는 것이다. 타인을 대하는 태도, 환경을 바라보는 시선, 기대의 방향성이 외부 현실을 구성하는 데 영향을 미친다. 인간은 세상을 직접 인식하는 것이 아니라, 스스로 만든 해석의 틀을 통해 바라보고 이해한다.

행운은 우연히 주어지는 외부의 선물이 아니라, 우리의 마음가짐이 빚어내는 결과일 수 있다. 그러므로 긍정적인 기대를 품고 세상을 주의 깊게 바라볼 때, 더 많은 기회를 발견하고 그것을 통해 삶의 방향을 조금씩 긍정적으로 바꿔 나갈 수 있다.

믿음이 현실이 된다: 기대가 인식과 경험을 창소하는 심리적 메커니즘

인간의 심리 속에서 기대가 차지하는 역할이 얼마나 강력한지에 대해 다시금 실감하게 된다. 기대란 단순한 희망이나 바람을 넘어, 우리가 세상을 인식하고 해석하며 경험하는 방식을 결정짓는 핵심적인 심리적 메커니즘이다. 기대는 곧 우리의 인식이고, 생각이며, 느낌이자 예상이다. 우리는 결국 우리가 느끼고 생각하는 방식대로 세상을 바라보게 된다.

임사체험자들의 이야기를 보면 이 메커니즘이 흥미롭게 드러난다. 기독교인은 천사와 천국을 보고, 불교인은 극락과 부처를 만나며, 특정 종교가 없는 사람은 밝거나 어두운 세상 혹은 먼저 세상을 떠난 이들을 만났다고 한다. 이처럼 우리는 자신이 믿는 대로, 기대하는 대로, 그리고 인식하는 방식에 따라 경험을 구성한다.

현실은 객관적으로 주어지는 것이 아니라, 우리가 어떻게 인식하고 해석하는지에 따라 그 모습이 달라지는 구성물이다. 이와 유사하게 기시감(Deja vu)현상에도 우리의 기대가 개입한다. 어떤 상황을 처음 경험했음에도 과거에 같은 일을 겪은 것처럼 느껴지는 이 현상은, 우리가 무의식 중에 만들어 낸 기대나 상상과 현실이 맞닿을 때 발생하는 것이다. 이러한 설명이 우리가 얼마나 예측 기반으로 세상을 살아가고 있는지를 보여 주는 또 다른 예이다.

미래에 대한 우리의 기대, 예측, 상상은 단순한 공상이 아니라, 실제로 그와 같은 미래를 만들어 내는 힘이 있다. 바가바드기타에서는 "You are what you think"라고 말한다.[62]

즉, 사람은 자신의 생각대로 만들어지는 존재이기에, 생각을 바꾸지 않으면 삶 역시 결코 바뀌지 않는다. 이 문장은 매우 강력한 진실을 담고 있다. 나의 내면이 변화하면, 외부 세계에 대한 해석과 반응 역시 달라지고, 결과적으로 나의 삶도 긍정적으로 변해 갈 수 있다. 삶에 대한 평가와 인식은 우리의 마음 상태를 그대로 반영한다.

그리고 이러한 평가와 인식은 전적으로 우리의 선택과 해석에 따라 달라진다. 인간은 누구나 매일 무수히 많은 선택과 해석을 반복하면서 살아간다. 그렇기에 내가 어떤 시선으로 세상을 보고, 어떤 관점으로 나의 경험을 해석하는지에 따라 나의 몸과 마음, 나아가 인생 전체가 긍정적으로 변화할 수 있다. 이제 더 이상 외부 환경에 휘둘리기보다는, 내 마음속 기대와 해석의 방향을 스스로 정하여 나의 현실을 바꾸어 나가야 한다.

운의 심리학: 통제 불가능한 사건에 의미를 부여하는 인간의 인지 전략

운이라는 개념이 단순한 우연 이상의 심리적 메커니즘을 반영하고 있다는 점에서 매우 흥미롭다. 운은 일반적으로 인간의 통제를 벗어난 사건의 원인을 지칭하는 개념으로, 중세 독일어에서 유래했으며 오랜 시간 동안 도박이나 예측 불가능한 상황과 밀접하게 연결되어 왔다. 보통 운은 예측할 수 없고 통제할 수 없는 요소로 인식되지만, 운을 네 가지 유형으로 나누어 설명한다.

첫 번째는 우리의 노력이나 행동과는 무관하게 완전히 무작위적이고 우발적으로 발생하는 운으로, 전형적인 하늘에서 떨어지는 행운에 해당한다.

두 번째는 꾸준한 준비와 실행의 결과로 얻어지는 운으로, 이는 단순한 행운이라기보다 노력에 의해 만들어진 성과에 가깝다.

세 번째 운은 우연과 노력의 조합에서 만들어지는 유형으로, 분별력과 준비 상태에 따라 동일한 기회를 어떤 사람은 흘려보내고 어떤 사람은 잡게 되는 차이가 발생한다. 이 운은 마음의 준비 상태가 결정적인 영향을 미친다고 본다.

네 번째는 개인의 고유한 성향과 준비, 행동 방식이 어우러져 특정한 상황에서 우연한 기회를 창출하는 경우로, 세 번째 유형과 유사하지만 보다 독특하고 개인화된 방식으로 운이 형성된다는 점에서 차별화된다.

심리학자 프리츠 하이더는 운이라는 개념이 인간의 귀인(歸因) 경향과 밀접하게 관련된다고 설명한다.[63] 귀인이란 특정 행동이나 결과에 대해 원인을 찾으려는 경향으로, 우리는 자신이나 타인의 행동에서 원인을 분석하고 해석하려고 한다. 인간은 상황적 귀인(환경 탓)과 기질적 귀인(성격 탓)을 통해 불확실한 현실을 설명하려 하며, 이는 인간이 불확실성과 무작위성을 참지 못하기 때문이라고 한다. 결국 우리는 모든 일에 이유를 붙이고 싶어 하며, 그 과정에서 운이라는 개념이 생겨나는 것이다.

심리학자 리처드 와이즈먼은 『지금 바로 써먹는 심리학』에서 운이 좋은 사람들에게 공통적으로 나타나는 네 가지 원칙을 제시한다. 그는 이 원칙을 바탕으로 '행운 학교'를 운영하며 사람들에게 운을 끌어당기는 심리적 전략을 가르친다.[64]

첫 번째 원칙은 예기치 않은 기회를 포착하고 활용하는 데 있다. 운이 좋은 사람들은 끊임없이 주의를 기울이고 있기 때문에, 예기치 않은 상황에서도 기회를 빠르게 포착할 수 있다.

두 번째 원칙은 행운의 예감에 귀를 기울이는 것이다. 이들은 자신의 직감과 본능적인 느낌을 신뢰하며, 그것이 비합리적으로 보일지라도 따르려는 경향이 있다.

세 번째 원칙은 행운이 오기를 기대하는 것이다. 운이 좋은 사람들은 미래에 대해 근거 없는 낙관적 믿음을 지니는 경우가 많다. 이러한 믿음은 그들의 사고방식과 행동에 긍정적인 영향을 미치며, 결국 실제로 바람직한 결과를 이끌어 내는 데 기여하기도 한다.

네 번째 원칙은 불운조차 행운의 징조로 여기는 태도다. 운이 좋은 사람들은 예상치 못한 실패나 불운한 사건이 벌어져도 쉽게 낙담하지 않고, 오히려 그것을 교훈이나 전환점으로 받아들이며 더 나은 미래를 기대한다. 이들은 심지어 "이만큼 운이 나빴으니, 이제는 좋아질 것이다"라고 생각하며 불운을 낙관적으로 재해석한다.

이 네 가지 원칙이 단순한 태도나 낙관주의를 넘어, 삶을 긍정적으로 이끌어 가는 실질적인 심리 전략이다.

행운이라는 것은 그 자체로 존재하는 것이 아니라, 주의를 기울이고 준비된 마음으로 세상을 바라보는 사람에게만 의미를 갖는다. 운은 특정한 사람에게 더 자주 찾아올 수 있지만, 그것을 기회로 바꾸는 것은 결국 개인의 몫이다. 앞으로 더 집중력 있게, 주의 깊게, 그리고 긍정적인 기대를 품고 삶을 살아가자.

겸손과 공동체 의식의 가치

아무리 뛰어난 능력을 지닌 사람일지라도, 모든 일을 혼자 감당할 수는 없다는 사실을 받아들여야 한다. 공을 독차지하려는 마음은 이기적이고 어리석은 선택일 뿐만 아니라, 결국 인간관계를 위태롭게 만든다. 진정한 영광은 함께 나눌 때 더 깊고 오래 지속된다. 그래서 다음 세 가지 태도를 항상 기억해야 한다.

첫째, 동료들의 격려와 도움에 감사해야 한다. 비록 동료의 도움이 아주 작거나 제한적이었다 해도, 그 존재만으로도 내가 버틸 수 있었음을 잊지 않는다. 감사를 표현하는 일은 관계를 더욱 깊게 만들어 준다.

둘째, 함께 나눠야 한다. 감사의 표현은 단지 말로만 끝나는 것이 아니다. 성과와 기쁨을 실질적으로 나누는 방법은 다양하다. 작은 선물, 짧은 메시지, 진심 어린 관심 등은 관계의 온도를 따뜻하게 유지해 준다.

셋째, 겸손함을 잊지 않아야 한다. 어떤 성과를 이루었다 해도, 그것을 지나치게 자랑하거나 반복적으로 언급하지 않으려 노력해야 한다. 오히려 더욱 정중하게 사람들을 대하고, 말과 태도에 예의를 담는 것이 진정한 겸손이라 믿는다. 이러한 작은 실천들이 내 마음을 지키는 동시에, 사람들과의 관계를 건강하게 유지하는 데 중요한 힘이 된다는 것을 점점 더 체감하고 있다.

2장
균형 찾기

■ 수치심의 사회적 조작과 자본화[65]

수치심은 단순한 감정이 아니다. 그것은 사회와 권력이 만들어 낸 구조적 장치다. 겉으로는 개인의 잘못처럼 보이지만, 실제로는 존엄성을 훼손당할 때 경험하는 상처이며, 특히 약자일수록 강하게 주입된다. 사회는 구조적 문제를 개인의 책임으로 돌리고, 수치심을 통해 통제한다.

자본주의는 이 수치심을 거대한 상품화의 논리 속에 흡수한다. 다이어트 산업, 미용과 건강보조식품 시장, 빈곤과 질병 담론까지 모두 결함을 낙인찍고 선택의 문제로 돌린 뒤 해결책을 상품화하는 동일한 메커니즘으로 움직인다. 사람들은 끊임없이 "부족한 존재"로 규정되고, 그 부족함을 메우기 위해 소비를 강요받는다.

이러한 감정의 상업화는 디지털 시대에 들어 더욱 가속화되었다. SNS와 알고리즘은 비교심리를 자극해 자기 부정을 심화시키고, 분열과 혐오를 부추기는 콘텐츠를 증폭시켜 플랫폼의 이익을 극대화한다. 개인은 '더 나아져야 한다'는 강박 속에서 끊임없이 자신을 소비 시장에 내맡기게 된다.

그러나 수치심이 언제나 파괴적인 것은 아니다. 캐시 오닐이 지적했듯이, 때로는 불의에 맞서는 힘으로 작동할 수도 있다. 중요한 것은 사회가 주입한 수치심을 자기 혐오로 받아들이는 것이 아니라, 그것이 구조적 조작임을 인식하고 벗어나는 일이다. 그 깨달음이 있을 때, 수치심은 더 이상 굴레가 아니라 해방의 단초가 될 수 있다.

인간관계에서 상처받지 않고 성숙하게 성장하는 법

살면서 가장 힘든 것은 결국 인간관계다. 일보다 관계가 더 어렵고, 상황보다 사람이 더 버겁다. 우리는 사람 때문에 상처받고, 기대가 무너지며, 쉽게 지친다. 그래서 종종 스스로에게 질문을 던진다.

"도대체 어떻게 인간관계를 맺어야 이런 괴로움에서 벗어날 수 있을까?"

수많은 철학자와 심리학자가 답을 내놓았지만, 현실 속 관계는 여전히 복잡하고 낯설다. 어쩌면 인간관계는 본래 완벽할 수 없는 것인지도 모른다. 가까우면 가까울수록 상처를 더 많이 주고받을 수 있다. 하지만 상처 없는 관계는 없다는 사실을 받아들이기 시작하면, 비로소 각 관계마다 적절한 거리를 설정할 수 있다. 이 거리는 멀어지는 것이 아니라 서로를 더 잘 이해하기 위한 건강한 공간이다.

『관계를 읽는 시간』이라는 책에서 배운 핵심 개념이 바로 '바운더리'다. 바운더리는 나와 타인을 구분하는 경계이자 동시에 교류의 통로다. 많은 사람들은 성인이 되어서도 여전히 아이의 바운더리에 머문 채 관계를 맺으려 한다. 아이의 바운더리는 "모든 걸 함께 해야 하고, 무조건 받아 줘야 하며, 세상이 나를 중심으로 돌아가야 한다"는 기대를 담고 있다. 반면 어른의 바운더리는 "너는 너, 나는 나"라는 태도에서 출발한다. 존중과 분리, 그리고 동시에 교류할 수 있는 능력이야말로 성숙한 관계의 기초다.

인간관계가 어려운 이유는 상대 때문만이 아니다. 더 근본적으로는 내가 아직 나만의 심리적 경계를 세우지 못했기 때문이다. 경계가 없으면 상대에게 끌려다니고, 지나치게 강하면 고립된다. 그래서 우리는 자기 보호와 상호 교류의 균형을 배워야 한다. 이 균형은 유아기 애착 경험에서 비롯된다. 양육자와의 단절과 회복을 반복적으로 경험한 아이는 "비록 눈앞에 없더라도 중요한 사람은 다시 돌아온다"는 안정된 신뢰를 갖게 되고, 이는 성인이 된 후 자율성과 정서적 안정감의 바탕이 된다. 그러나 이런 경험이 부족하면, 사람은 관계 속에서 과도하게 매달리거나, 정서를 차단해 버리는 방식으로 불안정한 패턴을 반복하게 된다. 결국 어른이 된 이후에도 아이의 틀로 관계를 시도하기 때문에 고통이 반복되는 것이다.

관계에서 중요한 것은 완벽한 연결이 아니다. 불완전성을 인정하면서도, 서로의 바운더리를 존중하고 교류하며, 때론 상처 속에서 회복하는 것이다. 관계의 고통은 결코 결함이 아니라, 우리에게 사회성과 협력을 가르쳐주는 진화적 신호이기도 하다. 몸의 고통이 돌봄을 요청하듯, 관계의 고통은 돌봄과 성장을 요구하는 것이다.

따라서 인간관계에서 내가 할 수 있는 일은 단순히 상처를 피하거나 참는 것이 아니다. 나를 지키는 경계를 세우되, 그 경계 안에서 진심을 나누는 교류를 시도하는 일이다. 더 이상 완벽하거나 영원한 관계를 기대하기보다는, 지나치게 얽히지 않고, 적절한 거리를 유지하며, 진심을 주고받을 수 있는 관계를 만들어가야 한다. 결국 관계는 나를 비추는 가장 정직한 거울이다. 내가 나와 어떤 관계를 맺고 있는지가, 고스란히 타인과의 관계 속에서 드러난다.

역기능적 관계 유형으로 보는 애착 손상과 바운더리의 재구성

인간관계에서 겪는 어려움이 단지 성격 때문이 아니라, 내 안 깊숙이 자리 잡은 애착 손상과 왜곡된 관계 틀 때문이다.『관계를 읽는 시간』에서 소개하는 바운더리 문제, 그로 인해 발생하는 4가지 역기능적 관계 유형은 나 자신을 더 깊이 이해하는 데 도움을 준다.

1. 순응형 - 거절을 두려워하며 자존을 잃어 가는 관계

누군가의 기대를 저버리는 일이 곧 존재 자체를 부정당하는 일처럼 느껴지는 경우가 많다. 거절은 자신에 대한 전면적인 부정으로 받아들여지며, 그로 인해 타인의 기대에 맞춰 행동하는 습관이 형성되기도 한다.

권위적인 양육자의 태도 아래 자란 아이는 항상 조심해야 했고, "싫다"는 말조차 하지 못한 채 성장할 수 있다. 이러한 환경의 영향으로 인해, 성인이 되어서도 누군가의 요청을 거절하는 일이 매우 어렵게 느껴진다. 상대의 실망한 표정이 떠오르면, 자신이 아무리 힘든 상황에 있어도 결국 "그래, 알겠어"라는 말이 먼저 나오는 경우가 많다.

이러한 반응은 타인의 감정에는 지나치게 민감하면서도, 자신의 감정은 제대로 인식하지 못하는 감정 분화의 어려움, 즉 미분화된 애착에서 비롯된 것임을 성인이 되어서야 깨닫게 된다.

2. 돌봄형 - 나를 잃어 가며 남을 챙기는 관계

이 유형은 특히 감정적인 인정 욕구가 강한 사람에게 자주 나타난다. 누군가를 도와주는 일에서 자존감을 느끼고, 내가 필요한 사람으로 존재할 때에만 가치가 있다고 느끼는 관계 방식이다. 특히 한국 사회에서 많이 볼 수 있는 유형이다.

　희생을 미덕처럼 여기고, '나는 괜찮아'를 입에 달고 사는 부모, 특히 어머니들의 모습이 떠오른다. 이들은 정작 자기 자신은 돌보지 못한 채, 자식의 감정이 곧 자신의 감정이 되는 삶을 살아간다. 그 이면에는 '나는 이렇게 헌신하고 있으니, 나도 인정받을 자격이 있다'는 메시지가 깔려 있다.

3. 방어형 - 믿지 못하는 마음으로 닫힌 관계

　방어형은 다른 누구보다도 타인을 믿는 것이 어려운 사람이다. 사람에 대한 불신은 오랜 시간 방임적인 양육 아래 방치되며 형성된다. 너무 일찍 세상에 홀로 던져진 아이는, 누구에게도 마음을 주는 법을 배우지 못한 채 자란다. 방어형은 상대가 다가오면 본능적으로 경계하고, 작은 친절도 나를 조종하려는 시도처럼 느끼는 경향이 있다. 모든 것을 스스로 해결하려고 하며, 도움을 받는 데에 불편함을 느낀다.

　건강한 바운더리는 필요할 때는 열고, 불필요할 때는 닫는 유연함이지만, 방어형은 무조건적인 차단 상태에 머무는 경우가 많다.

4. 지배형 - 자신만을 기준으로 관계를 구성하는 방식

　지배형 성향은 병적인 자기애, 특권의식, 그리고 깊은 수치심 회피를 특징으로 한다. 늘 특별한 대우를 받아야 한다고 믿으며, 누군가로부터 비판을 받으면 그것을 곧 자신의 존재 자체에 대한 공격으로 받아들인다. 이런 사람들은 깊은 관계를 맺기 어려워하고, 관계를 통제하거나 이용하려는 경향이 강하다. 겉으로는 강해 보이지만, 내면에는 내가 특별하지 않으면 아무것도 아니다라는 취약한 자기 인식이 자리 잡고 있다.

타인의 욕구에 반응하느라 정작 자신의 감정을 제대로 들여다보지 못한 채 살아온 시간들이 떠오른다. 이제는 내 안의 애착 손상을 더 이상 부정하지 않고 솔직하게 마주하려 한다. 그 손상으로 인해 내 바운더리가 제대로 형성되지 못했음을 인정하는 것 또한 필요하다.

바운더리를 다시 세운다는 것은 관계를 끊는 것이 아니다. 오히려 자기감정과 타인의 감정을 구별하며, 나를 지키면서도 건강하게 소통할 수 있는 공간을 만드는 일이다. 이러한 공간은 건강한 자아를 형성하는 토대가 되며, 나아가 성숙한 인간관계의 필수 조건이 된다.

지금 필요한 것은 명확하다. 내가 가진 바운더리 패턴을 정확히 인식하고, 그 관계의 틀을 조금씩 성인 대 성인의 틀로 전환하는 연습을 지속하는 것이다. 그렇게 해 나갈 때, 반복되는 상처 속에 머물지 않고, 한 걸음씩 나다운 삶을 살아갈 수 있다.

건강한 관계를 위한 바운더리 회복과 자기이해: 역기능적 관계 유형을 넘어서기

역기능적 관계 유형을 들여다보면, 많은 이들이 자신도 모르게 움츠러드는 경험을 겪는다. 순응형, 돌봄형, 방어형, 지배형 중 어느 하나가 정확히 자신을 대표하지는 않지만, 상황에 따라 각 유형의 모습이 번갈아 나타나는 경우가 많기 때문이다.

어떤 특정 유형에 완전히 속한다고 단정짓기보다는, 여러 유형의 특징이 복합적으로 드러나는 개인의 관계 방식을 성찰하는 것이 진정한 관계의 경계선, 즉 바운더리를 회복하는 데 도움이 된다.

『관계를 읽는 시간』에서는 건강한 인간관계의 다섯 가지 특징을 제시하는데, 이는 단순한 관계 기술이 아니라 '진짜 자기 자신'으로 살아가며 타인과 연결되기 위해 반드시 필요한 내면의 태도로 여겨진다.

1. 관계 조절 능력 - 양면을 품는 통합의 태도

때때로 사람과의 갈등은 도무지 이해할 수 없는 일처럼 느껴져 큰 괴로움을 안기기도 한다. "왜 이렇게 노력하는데도 일이 계속 엇갈릴까?"라는 의문은 많은 이들이 관계에서 경험하는 내면의 혼란을 대변한다.

그러나 인간관계에는 언제나 양면성이 존재한다는 사실을 받아들이는 순간, 비로소 마음의 여유가 생기기 시작한다. 완벽을 추구하는 태도는 자칫 옳고 그름의 구분에 집착하게 만들 수 있지만, 사람 사이의 관계에는 정답이 아니라 균형과 조화가 더 중요하다는 깨달음이 필요하다. 자신이 옳을 수 있지만, 동시에 상대방 또한 그럴 수 있다는 열린 태도가 관계를 조율하는 계기가 된다.

2. 상호 존중감 - 어울리되 같아지기를 요구하지 않는 태도

진정한 존중이란, 나와 너의 다름을 인정하는 데서 시작된다. 좋은 관계를 만들기 위해 자신과 타인의 차이를 없애려는 노력이 이어지곤 하지만, 그것은 관계가 아니라 동화(同化)에 대한 착각일 수 있다.

서로 다른 생각과 감정을 지닌 두 사람이 만날 때, 같아져야 한다는 강박을 내려놓고 그 차이를 있는 그대로 받아들일 때 비로소 관계는 자유로워진다. 어울리되 얽히지 않고, 함께하되 침범하지 않는 것, 그 미묘한 균형 속에 진짜 존중이 살아 숨 쉰다.

3. 마음을 헤아리는 마음 - 나의 감정을 인지하는 공감의 출발점

공감은 단지 상대의 감정을 알아차리는 능력만을 의미하지 않는다. 그보다 먼저, 자신이 어떤 감정을 느끼고 있는지 스스로 인지할 수 있는 능력이 선행되어야 한다.

사람은 종종 짜증을 화로 오해하거나, 슬픔을 무기력으로 덮어 버리곤 한다. 이러한 감정의 왜곡은 타인의 감정에도 정확하게 반응하지 못하게 만든다.

그러나 감정의 언어를 배우고, 다양한 감정을 섬세하게 구분할 수 있게 되면 비로소 타인의 마음도 깊이 있게 헤아릴 수 있다. 분노와 실망, 우울과 좌절처럼 미묘하게 다른 감정들을 식별하는 감정 감식력은, 자신을 잘 돌보고 감정을 성찰하는 과정을 통해 길러진다.

4. 갈등 회복력 - 충돌을 상생으로 전환하는 힘

갈등이 일어났을 때, 많은 사람들은 회피하거나 침묵하는 방식으로 일관한다.

'그냥 지나가겠지', '말하면 더 커질 것 같아' 하며 피했던 수많은 갈등이 결국 관계를 더 멀어지게 만든다. 갈등은 피한다고 사라지지 않는다. 오히려 서로의 인식 차이를 다루는 방법을 익힐 기회가 된다. 내가 속상할 때, 그것을 조심스럽게 이야기하고, 상대의 반응을 듣고, 서로 실천 가능한 변화를 도모할 수 있다면, 그 관계는 단지 회복을 넘어 함께 성장할 수 있는 기반이 될 수 있다.

5. 솔직한 자기표현 - 마음을 전달하는 기술과 용기

솔직함은 결코 위험한 것이 아니다. 중요한 것은 무엇을 말하느냐보다, 어떻게 표현하는지에 달려 있다. 많은 사람들은 때때로 자신의 진짜 감정을 표현하지 못하고 억누르곤 한다. 그 이유는 상대가 실망하거나, 혹은 거절당할까 두려워 숨기기 때문이다. 그러나 그런 회피는 결국 관계 속에서 점점 더 위축된 태도로 이어지고, 마음속 진심은 제대로 전해지지 않는다. 자신의 감정이 어디서 비롯되었는지 인식하고, 그 욕구를 존중하며 진심을 담아 표현할 수 있을 때, 비로소 관계는 진정성을 회복한다. 솔직한 표현은 갈등의 씨앗이 아니라, 진심을 전하는 다리가 될 수 있다.

인간관계에서 중요한 것은 단순히 자신이 어떤 유형에 속하는지를 아는 것에 그치지 않는다. 그보다 더 중요한 것은 관계 속에서 반복되는 감정과 동기의 패턴을 자각하는 일이다. 순응형이든 방어형이든, 모든 유형은 저마다의 필요와 상처를 안고 드러난다. 그 내면의 목소리를 솔직하게 마주할 용기가 있을 때, 비로소 건강한 경계, 즉 바운더리를 다시 세울 수 있다.

건강한 인간관계는 다섯 가지 핵심 특징을 가진다. 이 특징들은 있는 그대로의 자신을 유지하면서도 타인과 안정적으로 연결될 수 있도록 돕는다.

치국(治國)에 대한 아버지의 노트

아버지가 된 이후에야 비로소 '치국(治國)'이라는 말의 참된 의미가 가슴 깊이 와닿기 시작했다. 한때 치국은 대통령이나 정치 지도자 같은 특별한 사람들의 몫이라 생각했고, 내 삶과는 거리가 먼 이야기라고 여겼다. 그러나 가정을 꾸리고 사회 속에서 살아가면서 치국은 자신이 속한 작은 공동체를 책임지고 이끌어 가는 태도이며, 자기 자신을 다스리는 확장된 실천임을 조금씩 깨닫게 되었다.

오랜 시간 그 사실을 뚜렷하게 자각하지 못한 채 살아왔다. 가정을 돌보고, 일터에서 역할을 하고, 타인과 관계를 맺는 모든 순간이 사실 치국의 일부였지만, 나는 그 의미를 가볍게 흘려보냈다. 치국은 먼 나라의 정치나 거창한 이념이 아니라, 지금 이 자리에서 어떻게 살아가느냐에 달려 있다는 단순하지만 엄중한 진실임을 이제야 깨닫는다.

1. 가정을 넘어 사회로 확장되는 책임

가족을 지키는 일이 언제나 가장 중요하다고 믿었고, 그래서 자연스럽게 가족 안에만 머물렀다. 하지만 그동안 더 넓은 공동체에 대한 관심과 책임은 뒤로 밀려났다.

시간이 흐르면서 한 가지 사실이 점점 분명해졌다. 건강한 사회 없이는 건강한 가정도 존재할 수 없다는 것이다. 그동안은 가정이라는 울타리 안에서의 역할만으로 스스로를 안심시키며 살아왔다. 이제는 내가 속한 공동체를 돌아보고 작은 일이라도 책임을 실천하는 것이, 가족을 이끄는 자리에서 치국을 확장하는 토대임을 깨닫는다.

2. 사회 속의 나를 직면하는 용기

사회생활은 끊임없는 관계의 연속이다. 그 속에서 한계와 부족함, 때로는 상처를 수도 없이 마주해 왔다. 예전에는 그런 경험들을 외면하거나, 책임을 남 탓으로 돌리며 스스로를 합리화했다.

상황과 타인을 탓하며 빠져나가려는 버릇이 몸에 밴 채, 정작 자기 자신을 돌아보는 일은 뒤로 미뤄졌다. 이제는 조금씩 다르게 생각하려 한다.

치국을 거창한 이념이 아닌 삶의 구체적인 태도로 받아들이며, 사회 속에서 진짜 나를 직면하려는 훈련을 시작하고 있다. 불편하고 두려운 감정이 올라오더라도, 책임과 역할, 그리고 태도를 점검하는 일이 결국 관계를 바꾸고 공동체를 더 나은 방향으로 이끄는 열쇠임을 분명히 느낀다.

3. 균형을 잃지 않는 아버지의 삶

아버지이면서 직장인이며, 한 사람의 개인으로도 존재하지만, 늘 여러 역할 사이에서 균형을 잃고 방황해 왔다. 가족을 위한다는 명분 아래 자신을 소홀히 하거나, 일에 치여 가족을 외면한 적도 많다.

그러면서도 그 방황을 당연한 것으로 여기거나, 애써 외면하며 스스로를 돌아보지 않았다. 치국의 핵심은 균형이라는 단순하지만 결코 가볍지 않은 진실임을 몸으로 겪으며 실감하고 있다. 가정과 일, 나와 타인 사이에서 건강한 균형을 찾아가는 것이 가정의 중심에 선 사람으로서 치국을 실천하는 가장 구체적인 방법임을 실감하게 된다. 뒤늦게라도 그 균형을 다시 세우기 위해 삶을 돌아보고, 하나씩 조율해 가려 한다.

4. 사회적 관계를 다스리는 작은 실천

인간관계의 어려움에서 자유로웠던 적은 거의 없었다. 상처받고 동요하는 일이 반복되었고, 그럴 때마다 관계를 피하거나 상대를 탓하며 스스로를 합리화했다. 관계 안에서 성장하는 법을 배워야 한다는 단순한 진리를 외면한 채, 상처를 피하는 데에만 급급했던 시간이 길었다. 그러나 상처를 두려워하기보다, 관계 안에서 성장하는 법을 배우는 것이 가족을 이끄는 자리에서 실천하는 치국의 길이라는 것을 이제는 안다.

바운더리를 세우고, 감정에 휘둘리지 않으며, 상대를 존중하고 스스로를 지키는 일, 이 모든 것이 관계를 다스리고, 작은 사회인 가정을 넘어 공동체를 건강하게 만드는 바탕이 된다.

5. 일상에서 시작되는 치국

가족과의 대화, 직장에서의 태도, 이웃을 향한 시선처럼, 일상의 소소한 관계와 선택 속에 이미 치국의 실천은 담겨 있다. 하지만 오랫동안 그 사실을 잊은 채 살아왔다. 작은 행동의 무게를 가볍게 여기고, 스스로의 태도를 점검하지 않은 채 요동치는 순간들을 방치한 적이 적지 않았다.

완벽하지도 않았고, 책임을 회피한 순간도 있었다. 그러나 공동체를 잘 이끄는 일은 나 자신을 제대로 다스리는 데서 시작된다는 단순하지만 중요한 진리를 이제야 깨닫는다.

치국은 권력이나 통제의 문제가 아니라, 매일 반복되는 삶 속에서 진심을 담아 선택하고 행동하는 태도의 문제다. 가정과 사회를 함께 아우르는 이 삶의 연습은 가정을 책임지는 존재로서, 그리고 한 사람으로서의 책임을 끊임없이 되새기게 만든다. 그래서 오늘도 다시, 치국의 자리에 선다.

거창한 말보다 일상의 성실한 태도로, 가족과 사회를 조화롭게 이끄는 작은 실천부터 시작하려 한다.

맺음말

정약용의 마음으로, 오늘을 살아가는 아버지로서

정약용 선생은 유배지에서 자식들에게 수많은 편지를 남겼다. 그 편지들 속에는 책과 공부에 대한 당부만이 아니라, 부모로서 어떤 마음으로 살아야 하는지를 전하려는 간절한 사랑이 담겨 있었다. 그는 마음을 다스리고 몸을 바르게 세우는 일이 사람됨의 근본이라 믿었고, 그 출발점은 바로 가정이라고 보았다.

『아빠의 책장』은 그런 정약용의 신념을 되새기며, 아버지로서 나 역시 살아가는 매일의 고민과 실천을 적어 내려간 기록이다. 완성된 교훈이나 해답이 아니라, 여전히 시행착오를 겪고 배우는 과정을 담은 일상의 노트이기도 하다.

사물에 대한 이해에서 시작하는 격물(格物), 마음을 다하는 성의(誠意), 중심을 바로 세우는 정심(正心), 말과 행동을 일치시키는 수신(修身), 가정에서 존중과 공감을 실천하는 제가(齊家), 그리고 그 마음이 사회로까지 이어지는 치국(治國)의 길. 이 여섯 가지 길은 단지 유교적 이상이 아니라, 오늘의 일상을 살아가는 아버지에게 실질적인 삶의 태도와 방향을 제시해 준다.

나는 이 여섯 가지 길을 매일의 삶 속에서 되새긴다. 그리고 그 길이야말로 아버지로서 다시 나를 일으켜 세우는 든든한 바탕이 된다는 것을 깊이 느낀다. 아이의 질문에 귀 기울이는 태도, 감정이 앞설 때 멈추어 숨 고르는 습관, 작은 말투와 시선 하나에도 존중을 담는 실천. 결국 그것이 나를 변화시키고, 아이에게 전해지는 가장 진실한 가르침이 된다.

정약용 선생이 "공부는 밥을 먹듯이, 물을 마시듯이 매일 해야 한다"고 했듯이, 아버지로서의 공부도 마찬가지임을 이제야 깨닫게 된다. 무심코 던진 말, 아이의 눈을 외면한 순간, 배우자의 말을 흘려들은 태도 하나하나가 결국 나를 드러내고, 가족에게 깊은 영향을 남긴다.

이 책에 담긴 이야기들은 누군가에겐 너무 평범하고, 또 누군가에겐 낯설 수도 있다. 하지만 그 평범한 일상의 반복 속에서 우리는 성장하고, 실수를 통해 배우며, 더 나은 관계로 나아간다. 아이가 자라듯, 아버지도 함께 자라야 한다는 사실을 받아들이는 것이야말로 가장 중요한 출발점이다.

오늘도 나는 부족한 나를 마주한다. 하지만 마음을 닦고 중심을 다시 세우며, 내 아이의 내일에 조금 더 따뜻한 흔적을 남기기 위해 다시 한 발 내딛는다.

사랑은 결국 삶으로 전해지는 가르침이 되어야 하며, 그 가르침은 실천으로 완성되어야 한다. 나는 정약용의 마음을 품고, 완벽하진 않더라도 하루하루를 진심으로 살아가려 한다. 오늘도, 다시 배우고, 다시 실천하며, 다시 시작하려는 마음으로 이 책을 마친다.

『아빠의 책장』이 지금 이 길 위에 서 있는 또 다른 아버지에게, 나처럼 흔들리고 고민하는 모든 이에게 따뜻한 위로이자 작은 등불이 되기를 소망한다.

'마음의 평화'와 '가정의 평화'를 이루느냐 이루지 못하느냐는 결국 각자의 몫이며, 어떤 마음으로 살아갈 것인가에 대한 개인의 태도와 실천이 무엇보다 중요하다고 생각한다. 이 책에서는 "격물(格物) → 치지(致知) → 성의(誠意) → 정심(正心) → 수신(修身) → 제가(齊家) → 치국(治國)"이라는 일곱 가지 단계에 대한 고찰에 집중하였으며, 마지막 단계인 평천하(平天下)는 각자가 삶 속에서 스스로 추구해야 할 과제라고 생각한다.

부디 이 책이 독자 여러분 각자의 삶 속에서 작은 질문 하나, 작은 태도 하나, 그리고 작지만 깊은 알음알이 하나로 오래도록 남기를 바라며, '마음의 평화'와 '가정의 평화', 곧 『대학』에서 말하는 평천하(平天下)의 실현에 작은 보탬이 되기를 진심으로 바란다.

감사의 말

이 책 『아빠의 책장』은 수천 년 내려온 고전의 가르침과 현대의 수많은 저자들 덕분에 만들어지게 된 것입니다.

이보다 앞서, 저를 이 세상으로 이끌어 주신 부모님, 아버지 박수석(朴洙碩) 님과 어머니 서필연(徐必連) 님께 깊이 감사드립니다. 두 분이 아니었다면 저는 생물학적으로 이 세상에 존재할 수 없었을 테고, 삶을 배우고, 사랑을 경험하고, 아버지라는 길 위에 설 수 있는 기회조차 없었을 것입니다. 존재의 시작점이 되어 주신 그 은혜에 고개 숙여 깊이 감사드립니다.

바쁘신 업무 중에도 수시로 만나 격려와 용기, 소중한 아이디어로 지도 편달을 아끼지 않으신 여러 귀하신 분들의 노고에 진심으로 감사드리며, 그분들께 보답하는 도리의 기회라고 생각합니다.

이 책을 준비하면서 인생을 살아갈 때 어떤 사람들과 함께해야 하는지를 절실히 깨달았고, 그런 소중한 분들과 함께할 수 있었기에 저는 늘 행복하다는 것을 깊이 깨달을 수 있었습니다.

항상 친자식처럼 모든 것을 챙겨 주신 정신적 지주이신 존경하는 권정희 사모님께 깊은 감사의 인사를 올립니다.

또한, 이 책을 집필하는 수개월 동안 여러 가지 가르침과 방향 제시, 그리고 책의 모든 수정 사항을 세심히 지도해 주신 이수현 선생님과, 매 순간 번뜩이는 아이디어로 길잡이가 되어 주시고 아낌없는 응원으로 저를 이끌어 주신 이음과펼침 출판사 권지현 대표님께도 진심으로 감사의 인사를 올립니다.

그리고 이미 세 권의 책을 출간한 경험을 바탕으로 실질적이고 현실적인 조언과 따뜻한 격려를 아끼지 않으신 선배이신 곽동일 작가님께도 깊이 감사드립니다.

네 분의 큰 사랑에 힘입어 아버지로서의 진정한 의미와 역할을 다시금 되새기는 기회가 되었고, 삶을 성찰하고 반성하는 소중한 여정을 경험할 수 있었음에 다시 한번 감사드리며, 단지 생물학적 아버지의 역할만 하다가 진정한 아버지의 의미를 모른 채 인생을 마무리했을지도 모른다는 생각이 들었습니다.

이 책을 준비하는 과정은 저 자신과 가정, 그리고 주변 사람들을 깊이 되돌아보는 소중한 계기가 되었으며, 그 여정 속에서 스스로에게 최선을 다해야 된다는 것을 배우게 되었습니다.

네 분께서 귀하게 내어 주신 시간과 관심이 헛되지 않도록, 아주 작은 일이라도 더욱 명확히 보고 배워 가는 삶을 살아갈 것을 약속드리며, 다시 한번 진심으로 감사의 마음을 전합니다.

참고문헌

R. D. 프레히트, 『내가 아는 나는 누구인가』, 교학도서, 2022
EBS 문명과 수학 제작팀, 『문명과 수학』, 민음인, 2014
M. 스캇 펙, 『아직도 가야 할 길_그 길에서의 명상』, 율리시즈, 2023
가나지와 사토시, 『지능의 역설』, 리더스원, 2024
가바사와 시온, 『당신의 뇌는 최적화를 원한다』, 쌤앤파커스, 2018
가브리엘 번스타인, 『우주에는 기적의 에너지가 있다』, 터치아트, 2019
가브리엘 번스타인, 『판단 디톡스』, 터치아트, 2019
가비아 톨리키타, 『당신의 뇌는 변화가 필요합니다』, 비즈니스북스, 2022
가시미 이치로, 『지금이 생의 마지막이라면』, 영진닷컴, 2023
가우르 고팔 다스, 『아무도 빌려주지 않는 인생책』, 수오서재, 2023
가토 다이조, 『나는 왜 눈치를 보는가』, 고즈윈, 2006
가토 다이조, 『나는 왜 소통이 어려운가』, 고즈윈, 2013
가토 다이조, 『나를 잃지 않고 오늘을 사는 법』, 홍익출판미디어그룹, 2022
가토 다이조, 『역경에 약한 사람, 역경에 강한 사람』, 나무생각, 2019
가토 다이조, 『열등감을 자신감으로 바꾸는 심리학』, 나무생각, 2015
가토 이쓰코, 『나는 나, 엄마는 엄마』, 한국경제신문, 2019
가토 토시노리, 『최적의 뇌를 만드는 뇌과학자의 1분 명상』, 더퀘스트, 2023
강신주, 『강신주의 감정수업』, 민음사, 2020
강현식, 『한번 읽으면 절대로 잊지 않는 심리학 공부』, 메이트북스, 2019
개리 비숍, 『나는 인생의 아주 기본적인 것부터 바꿔보기로 했다』, 갤리온, 2021
게리 켈러, 제이 파파산, 『THE ONE THING』, 비즈니스북스, 2013

게이버 메이트, 『몸이 아니라고 말할 때』, 김영사, 2015
게일 가젤, 『하버드 회복탄력성 수업』, 현대지성, 2021
고든 뉴펠드, 가보 마테, 『아이의 손을 놓지 마라』, 북라인, 2018
고려대학교 다양성위원회 기획, 『다름과 어울림』, 동아시아, 2021
고미숙, 『현자들의 죽음』, EBS한국교육방송공사, 2023
고바야시 로유키, 『이것만 의식하면 건강해진다』, 청림라이프, 2014
고토 하야토, 『나는 아침마다 삶의 감각을 깨운다』, 21세기북스, 2021
고토 하야토, 『나는 저녁마다 삶의 방향을 잡는다』, 21세기북스, 2021
공지영, 『너는 다시 외로워질 것이다』, 해냄출판사, 2023
곽윤정, 『공감했더니 아이의 태도가 달라졌어요』, 메이트스쿨, 2020
곽윤정, 『아들의 뇌』, 포레스트북스, 2021
곽윤정, 『우리아이 공부머리』, 지식플러스, 2017
곽정은, 『마음 해방』, 웅진지식하우스, 2024
구본형, 홍승완, 『마음편지』, 을유문화사, 2023
권수영, 『나쁜 감정에 흔들릴 때 읽는 책』, 갈매나무, 2024
권준수, 『뇌를 읽다, 마음을 읽다』, 21세기북스, 2021
그라본, 『여기가』, 두레, 2012
그랜트 카돈, 『집착의 법칙』, 부키, 2023
그렉 맥커운, 『최소 노력의 법칙』, 알에이치코리아, 2021
그렉 브레이든, 『디바인 매트릭스』, 굿모닝미디어, 2008
기시미 이치로, 『나를 사랑할 용기』, 한국경제신문사, 2016
기시미 이치로, 『다시 피어나려 흔들리는 당신에게』, 멀리깊이, 2021
기시미 이치로, 『아들러 심리학을 읽는 밤』, 살림, 2015
김건종, 『마음의 여섯 얼굴』, 에이도스, 2024
김경일, 『마음의 지혜』, 포레스트북스, 2023
김경일, 『타인의 마음』, 샘터, 2022
김경일, 『심리 읽어드립니다』, 한빛비즈, 2021

김경일, 『인지 심리학은 처음이지』, 북멘토, 2022

김다슬, 『열번 잘해도 한번 실수로 무너지는 게 관계다』, 클라우디아, 2023

김민숙, 『인도 불교와 자이나교』, 씨아이알, 2013

김범준, 『독서는 반복이다』, 반니, 2022

김범준, 『어른의 국어력』, 포레스트북스, 2023

김상현, 『결국 무엇이든 해내는 사람』, 필름(Feelm), 2022

김순열, 『혈액순환 장애와 자율신경 실조증』, 들꽃누리, 2014

김연수, 『이토록 평범한 미래』, 문학동네, 2022

김영애, 『사티어 빙산의사소통』, 김영애가족치료연구소, 2023

김원곤, 『언제나 나로 살아갈 수 있다면』, 청림출판, 2024

김익한, 『파서블』, 인플루엔셜, 2023

김종원, 『부모의 질문력』, 다산북스, 2025

김종원, 『인간은 노력하는 한 방황한다』, 마인드셋, 2024

김종원, 『한 번 사는 인생, 어떻게 살아야 하는가』, 마인드셋(Mindset), 2024

김태형, 『풍요중독사회』, 한겨레, 2020

김태환, 『마음공부? 무엇이든 물어보세요 1』, 침묵의향기, 2022

김학진, 『뇌는 어떻게 자존감을 설계하는가』, 갈매나무, 2023

김현수, 『괴물 부모의 탄생』, 우리학교, 2023

김형석, 『우리, 행복합시다』, 김영사, 2021

김형철, 『성공하는 리더의 비밀생각과 태도의 한 끗 차이』, 맑은샘, 2021

김혜남, 『생각이 너무 많은 어른들을 위한 심리학』, 메이븐, 2023

김홍신, 『죽어나간 시간을 위한 애도』, 해냄출판사, 2023

나가마쓰 시게히사, 『만약 내일 죽는다면, 당신은 누구와 하루를 보낼 건가요?』, 포르체, 2024

나이토 요시히토, 『생각하나 바꿨을 뿐인데』, 아이템하우스, 2022

나카노 노부코, 『샤덴프로이데』, 삼호미디어, 2018

나카노 노부코, 『우리는 차별하기 위해 태어났다』, 동양북스, 2018

나폴레온 힐, 『나폴레온 힐 마지막 수업』, 유노북스, 2023
노자, 『내안의 나를 키우는 도덕경』, 일상과이상, 2018
노주선, 『대체 저 인간은 왜 저러는 거야?』, 길벗, 2023
니시 다케유키, 『인생은 당신의 말로 결정된다』, 알에이치코리아, 2024
니시와키 슌지, 『예민한 사람도 마음이 편안해지는 작은 습관』, 더퀘스트, 2023
니컬러스A. 크리스타키스, 『신의 화살』, 월북, 2021
니콜라서 디폰조, 『루머사회』, 흐름출판, 2012
닉 트렌턴, 『생각중독』, 갤리온, 2024
닐 버나드, 『통증잡는 음식』, 포북, 2017
닐스 비르바우머, 외르크 치틀라우, 『머리를 비우는 뇌과학』, 메디치미디어, 2018
다고 아키라, 『심리학 콘서트 #1』, 스타북스, 2006
다고 아키라, 『심리학 콘서트 #2』, 스타북스, 2009
다고 아키라, 『심리학 콘서트 #3』, 스타북스, 2012
다니얼 코일, 『탤런트 코드』, 웅진지식하우스, 2021
다미 샤르프, 『당신의 어린 시절이 울고 있다』, 동양북스, 2020
다케다 유키, 『너무 신경 썼더니 지친다』, 미래지향, 2020
다큐멘터리 Noble Asks 제작팀, 『오래된 질문』, 다산초당, 2021
대니얼 네틀, 『성격의 탄생』, 와이즈북, 2019
대니얼 J. 레비틴, 『정리하는 뇌』, 와이즈베리, 2015
대니얼 T. 윌링햄, 『공부하고 있다는 착각』, 웅진지식하우스, 2023
대릴 반 통게렌, 『겸손의 힘』, 상상스퀘어, 2024
덕조, 『다시 여행을 시작하는 그대에게』, 김영사, 2022
데런 브라운, 『모든 것이 괜찮아지는 기술』, 너를위한, 2022
데보라 킹, 『나를 치유하면 세상이 치유된다』, 김영사, 2022
데이비드 무어, 『경험은 어떻게 유전자에 새겨지는가』, 아몬드, 2023
데이비드 브룩스, 『사람을 안다는 것』, 웅진지식하우스, 2024
데이비드 월시, 『10대들의 사생활』, 시공사, 2011

데이지 웨이드먼, 『어떻게 해야 원하는 삶을 사는가』, 포레스트북스, 2022

도리스 메르틴, 『혼자가 편한 사람들』, 비전코리아, 2022

도야마 시게히코, 『생각의 도약』, 페이지2북스, 2025

돈 미겔 루이스, 『네 가지 약속』, 김영사, 2012

돈 미겔 루이스, 『이 진리가 당신에게 닿기를』, 페이지2북스, 2022

드루 에릭 휘트먼, 『심리학으로 팔아라』, 갈매나무, 2016

디아, 『내 몸을 읽고 쓰는 힘 몸해력』, 더퀘스트, 2024

디팩 초프라, 『메타휴먼』, 불광출판사, 2020

디팩 초프라, 루돌프 탄지, 『팬데믹 시대의 평생 건강법』, 에디터, 2020

라라E. 필딩, 『홀로서기 심리학』, 메이븐, 2020

라이언 홀리데이, 『데일리 데드』, 청림Life, 2024

라이언 홀리데이, 『에고라는 적』, 흐름출판, 2017

라이언 홀리데이, 『절제 수업』, 다산초당, 2023

레스터 레븐슨, 헤일도스킨, 『세도나 마음혁명』, 쌤앤파커스, 2016

레오짱, 이주아, 『성공한 사람들의 세 가지 루틴』, 센시오, 2022

레온 빈트샤이트, 『삶의 무기가 되는 심리학』, 심플라이프, 2019

레일 라운즈, 『최강의 일머리』, 토네이도, 2019

로라 판 더누트 립스키, 『과부하시대』, 디퀘스드, 2023

로리 애쉬너, 미치 메이어슨, 『홀로서기를 위한 심리학』, 빌리버튼, 2023

로버트 앤서니, 『기적의 자신감 수업』, 청림출판, 2016

로버트 월딩거, 마크 슐츠, 『세상에서 가장 긴 행복탐구보고서』, 비즈니스북스, 2023

로빈 샤르마, 『변화의 시작 5AM 클럽』, 한국경제신문, 2019

로스 엘런혼, 『나를 바꾸는 마지막 용기』, 비즈니스북스, 2022

로타르J. 자이베르트, 『독일사람들의 시간관리법』, 중앙북스, 2023

로타르J. 자이베르트, 『현자들의 인생법』, 토네이도, 2012

루이스 L, 헤이, 『미러』, 센시오, 2019

루이스 하우즈, 『그레이트 마인드셋』, 포레스트북스, 2023

루이스 헤이, 『나는 나를 사랑하기로 했다』, 케이미라클모닝, 2022

뤄진웨, 『나는 왜 매번 불행을 선택할까』, 위즈덤하우스, 2022

뤼트허르 브레흐만, 『휴먼카인드』, 인플루엔셜, 2021

류쉬안, 『성숙한 어른이 갖춰야 할 좋은 심리 습관』, 다연, 2020

류페이쉬안, 『회복력 수업』, 갤리온, 2021

리 매킨타이어, 『포스트 트루스』, 두리반, 2024

리사 펠드먼 배럿, 『이토록 뜻밖의 뇌과학』, 더퀘스트, 2021

리처드 갤러거, 『대화가 무서운 사람들을 위한 책』, 현대지성, 2024

리처드 레스탁, 『늙지 않는 뇌』, 유노라이프, 2023

리처드 와이즈먼, 『지금 바로 써먹는 심리학』, 웅진지식하우스, 2019

리처드 칼슨, 『스톱 씽킹』, 월북, 2022

리치 노튼, 『인생이 바뀌는 시간관리의 비밀』, 동양북스, 2023

린 그라본, 『여기가 끝이 아니다』, NAVI SCHOOL, 2012

린 맥타가트, 『생각의 힘을 실험하다』, 두레, 2012

린다 개스크, 『먼저 우울을 말할 용기』, 월북, 2023

마르티나 슈토츠, 카티 베버, 『나는 흔들리지 않는 부모로 살기로 했다』, 다산에듀, 2025

마리나 반 주일렌, 『평범하여 찬란한 삶을 향한 찬사』, 피카(FIKA), 2024

마사 백, 『어두운 숲길을 단테와 함께 걸었다』, 더퀘스트, 2022

마사 하이네만 피퍼, 윌리엄 J. 피퍼, 『불행중독』, 빌리버튼, 2023

마샤 리네한, 『인생이 지옥처럼 느껴질 때』, 비잉(Being), 2022

마이클 바스카, 『휴먼 프런티어』, 퍼블리온, 2022

마이클 브라운, 『현존수업』, 정신세계사, 2013

마이클 슈어, 『더 좋은 삶을 위한 철학』, 김영사, 2023

마이클 슬레피언, 『비밀의 심리학』, 상상스퀘어, 2024

마츠우라 에이코, 『뭘해도 잘되는 사람들의 특별한 습관』, 큰나무, 2021

마크 랜돌프, 『절대 성공하지 못할 거야』, 덴스토리, 2020

마크 마토우세크, 『인생의 12가지 원칙』, 한빛비즈, 2024
마크 맨슨, 『희망 버리기 기술』, 갤리온, 2019
마크 브래킷, 『감정의 발견』, 북라이프, 2020
마크레서, 『리더의 마음챙김』, 카시오페아, 2021
마키타 젠지, 『식사가 잘못됐습니다』, 더난출판사, 2018
마키타 젠지, 『식사가 잘못됐습니다2: 실천편』, 더난출판사, 2020
마티아스 뇔케, 『나를 소모하지 않는 현명한 태도에 관하여』, 퍼스트펭귄, 2024
마틴 슈뢰더, 『만족한다는 착각』, 프런티어, 2023
마틴 하글런드, 『내 인생의 인문학』, 생각의길, 2021
막스 니우도르프, 『호르몬은 어떻게 나를 움직이는가』, 어크로스, 2024
맥스 베넷, 『지능의 기원』, 더퀘스트, 2025
메리 파이퍼, 『나는 내 인생이 참 좋다』, 티라미수 더북, 2023
멕 애럴, 『스몰 트라우마』, 갤리온, 2023
모이라 미클라이자크, 『부모 번아웃』, 심심, 2022
몰리 하우스, 『그때 이렇게 말했더라면』, 웅진지식하우스, 2022
몽테뉴 외, 『위대한 철학자들의 죽음 수업』, 메이트북스, 2023
무천강, 『하버드 지혜 수업』, 리드리드출판, 2021
문광, 『탄허선사의 시교회통사상』, 민족사, 2020
문요한, 『관계를 읽는 시간』, 더퀘스트, 2018
문요한, 『관계의 언어』, 더퀘스트, 2023
미구엘 세라노, 『헤세와 융』, BOOKULOVE, 2021
민이언, 『불안과 함께 살아지다』, 다반, 2018
바버라 블래츨리, 『기회의 심리학』, 안타레스, 2023
바버라 오클리, 『인생을 바꾸는 생각들』, 포레스트북스, 2021
바이런 케이티, 『그 생각이 없다면 당신은 누구일까요?』, 침묵의향기, 2024
바이런 케이티, 『나는 지금 누구를 사랑하는가』, 쌤앤파커스, 2011
바이런 케이티, 스티븐 미첼, 『기쁨의 천 가지 이름』, 침묵의향기, 2020

바이런 케이티, 스티븐 미첼, 『당신의 아름다운 세계』, 침묵의향기, 2019

박민근, 『나는 내 상처가 제일 아프다』, 레드박스, 2016

박상미, 『관계에도 연습이 필요합니다』, 웅진지식하우스, 2020

박상미, 『마음 근육 튼튼한 내가 되는 법』, 특별한서재, 2024

박상미, 『박상미의 가족상담소』, 특별한서재, 2022

박상미, 『우울한 마음도 습관입니다』, 저녁달, 2023

박세니, 『멘탈을 바꿔야 인생이 바뀐다』, 마인드셋, 2023

박우란, 『여자의 심리코드』, 유노라이프, 2022

박재연, 『나는 왜 네 말이 힘들까』, 한빛라이프, 2020

박지현, 『참 괜찮은 태도』, 메이븐, 2022

박찬국, 『사는 게 힘드냐고 니체가 물었다』, 21세기북스, 2018

박찬국, 『삶은 왜 짐이 되었는가』, 21세기북스, 2017

박찬국, 『참을 수 없이 불안할 때 에리히 프롬』, 21세기북스, 2022

박치은, 『디깅』, 다크호스, 2023

박태웅, 『박태웅의 AI 강의 2025』, 한빛비즈, 2024

박현도, 곽민수, 강인욱, 허준, 『역사를 보다』, 믹스커피, 2024

발타사르 그라시안, 『바르게 살지 마라 무섭도록 현명하게 살아라』, 빅피시, 2024

백승종, 『세종의 선택』, 사우, 2021

백승종, 『조선의 아버지들』, 사우, 2016

백승종, 『중용, 조선을 바꾼 한 권의 책』, 사우, 2019

버지니아 사티어, 『아이는 무엇으로 자라는가』, 포레스트북스, 2023

베르너 티키 퀴스텐마허, 『단순하게 살아라』, 김영사, 2021

벤저민 하디, 『퓨처셀프』, 상상스퀘어, 2023

보도 섀퍼, 『멘탈의 연금술』, 토네이도, 2020

브라이언 피어스, 『깨어있음』, 불광출판사, 2021

브라이언 P. 모런, 마이클 레닝턴, 『위대한 12주』, 클랩북스, 2024

브래드 스털버그, 『나는 단단하게 살기로 했다』, 부키, 2022

브래드 애런슨, 『카인드니스』, 북스토리, 2023

브랜트 멘스워, 『브랜트 멘스워 Black Sheep』, 필름, 2022

브루스 그레이선, 『애프터 라이프』, 현대지성, 2023

브리애나 위스트, 『내 최고의 하루는 오늘부터 시작된다』, 비즈니스북스, 2022

브리지드 딜레이니, 『불안을 이기는 철학』, 더퀘스트, 2023

브릿 프랭크, 『무기력의 심리학』, 흐름출판, 2023

비비안 리시, 『하루의 기적』, 유노북스, 2023

빅터 프랭클, 『빅터프랭클의 죽음의 수용소에서』, 청아출판사, 2020

빌 설리번, 『나를 나답게 만드는 것들』, 브론스테인, 2020

사라 함마라크란스, 『자주 감동받는 사람들의 비밀』, 동양북스, 2021

사사키 후미오, 『나는 습관을 조금 바꾸기로 했다』, 쌤앤파커스, 2019

사이먼 사이넥, 『리더는 마지막에 먹는다』, 36.5, 2013

사이토 다카시, 『괴테의 인생 수업』, 알파미디어, 2024

사이토 다카시, 『일류의 조건』, 루비박스, 2006

사이토 다카시, 『지적인 어른을 위한 최소한의 교양수업』, 더퀘스트, 2024

사토 가츠아키, 『내가 미래를 앞서가는 이유』, 스몰빅인사이트, 2016

사토 다쓰야, 『세계 심리학 필독서30』, 센시오, 2022

샌더 밴 데어 린덴, 『기짓의 프레임』, 세계사, 2024

샐리 M, 『자꾸 이상한 생각이 달라붙어요』, 교양인, 2021

샘 리처드, 『스위트 스팟』, 북플레저, 2025

샘 밀러, 『이주하는 인류』, 미래의창, 2023

샤우나 샤피로, 『마음챙김』, 안드로메디안, 2021

서울시 평생교육진흥원, 『모든 이가 스승이고 모든 곳이 학교다』, 창비교육, 2025

석가모니, 『석가모니 인생수업』, 하이스트, 2024

석산, 『원초적 관성의 노예』, 생각나눔, 2022

세스 프리먼, 『승자의 언어』, 리더스북, 2023

센티멘탈, 『인간관계에도 설명서가 필요합니다』, 새벽세시, 2021

셰인 패리시, 『클리어 씽킹』, 알에이치코리아, 2024

손웅정, 『모든 것은 기본에서 시작된다』, 수오서재, 2024

송길영, 『그냥 하지 말라』, 북스톤, 2021

송길영, 『상상하지 말라』, 북스톤, 2019

송길영, 『시대예보: 핵개인의 시대』, 교보문고, 2023

송형석, 『나라는 이상한 나라』, 알에이치코리아, 2018

쇼펜하우어, 『쇼펜하우어 인생수업』, 하이스트, 2024

수전 J. 누난, 『우울한 사람 곁에서 무너지지 않게 도움 주는 법』, 아날로그(글담), 2022

쉬셴장, 『나쁜 감정의 법칙』, 와이즈맵, 2024

슈테판 클라인, 『행복의 공식』, 이화북스, 2020

스기타 다카시, 『걱정에게 먹이를 주지 마라』, 한밤의책, 2023

스웨이, 『인생은 지름길이 없다』, 정민미디어, 2022

스즈키 도시야키, 『불필요한 생각 버리기 연습』, 클랩북스, 2023

스콧 알렉산더, 『무소의 뿔처럼 당당하게 나아가라』, 위너스북, 2020

스콧 애덤스, 『더 시스템』, 베리북, 2024

스콧 앨런, 『힘든 일을 먼저 하라』, 갤리온, 2023

스콧 영, 『울트라러닝』, 비즈니스북스, 2020

스테판 B. 폴터, 『모든 인간관계의 핵심요소 아버지』, 비전북, 2018

스티브 매그니스, 『강인함의 힘』, 상상스퀘어, 2024

스티브 클레미치, 마라 클레미치, 『마음이 무기가 될 때』, 한국경제신문사, 2020

시라토리 하리히코, 『니체와 함께 산책을』, 다산초당, 2021

시바타 도시히코, 『마이너스 건강혁명』, 전나무숲, 2023

시부야 쇼조, 『잠 못들 정도로 재미있는 이야기 심리학』, 성안당, 2023

신동기, 『부모의 인성공부』, 생각여행, 2024

신용준, 『괜히 끌리는 사람들, 호감의 법칙 50』, 리텍콘텐츠, 2023

신정근, 『맹자의 꿈』, 비즈니스북스, 2021

신종호, 『저, 감정적인 사람입니다』, 21세기북스, 2023

심영철, 『신영철 박사의 그냥 살자』, 터치아트, 2018

심은정, 『생각 정리의 힘』, 북카라반, 2022

사이토 다카시, 『14살부터 시작하는 1일 1논어』, 뜨인돌출판사, 2023

썸머, 『아직도 사랑이라고 생각해?』, 스타라잇, 2022

아닐 세스, 『내가 된다는 것』, 흐름출판, 2022

아리타 히데호, 『생활속에서 실천하는 세로토닌 뇌활성화법』, 전나무숲, 2016

아바타로, 『독서법이 잘못됐습니다』, 필름(Feelm), 2022

아보 도오루, 『아보 도오루 체온면역력』, 중앙생활사, 2014

아서 브룩스, 『인생의 오후를 즐기는 최소한의 지혜』, 비즈니스북스, 2024

아이시 자, 『주의력 연습』, 어크로스, 2022

안나 카타리나 샤프너, 『자기계발 수업』, 디플롯, 2022

안데르스 한센, 『마음을 돌보는 뇌과학』, 한국경제신문, 2023

안드레아스 모리츠, 『놀라운 몸과 마음의 힘』, 에디터, 2024

안-엘렌 클레르, 뱅상 트리부, 『마음의 기술』, 상상스퀘어, 2024

안젤라 센, 『나를 지키는 관계가 먼저입니다』, 쌤앤파커스, 2023

안토니오 자드라, 로버트 스틱골드, 『당신의 꿈은 우연이 아니다』, 추수밭, 2023

알랭 드 보통, 『불안』, 은행나무, 2012

알렉산더 로이드, 『메모리 코드』, 시공사, 2022

알베르트 키츨러, 『나를 살리는 철학』, 클레이하우스, 2021

알베르트 키츨러, 『철학자의 걷기 수업』, 푸른숲, 2023

애덤 그랜트, 『히든 포텐셜』, 한국경제신문, 2024

애드거 샤인, 피터샤인, 『리더의 질문법』, 심심, 2022

애슐리 워드, 『센세이셔널』, 상상스퀘어, 2024

앤 무어, 데이비드 제슬, 『브레인 섹스』, 북스넛, 2009

앤 하이엇, 『지금 나에게 모든 것을 걸어라』, 비즈니스북스, 2022

앤드루 매코널, 『결국 잘되는 사람들의 태도』, 메이븐, 2025

앤드류 슈툴먼, 『왜 우리는 세계를 있는 그대로 보지 못하는가?』, 바다출판사, 2023

앤디 퍼디컴, 『당신의 삶에 명상이 필요할 때』, 스노우폭스북스, 2020
앤서니T. 디베네뎃, 『유쾌함의 기술』, 다산초당, 2020
앤절라 아홀라, 『우리가 원하는 대로 살수 있다면』, 청림출판, 2022
야마사키 히로시, 『습관을 바꾸는 생각의 힘』, 이터, 2020
야오야오, 『특별한 마음을 위한 심리학』, 미디어숲, 2023
양스위엔, 『당신은 어떤 가면을 쓰고 있나요』, 미디어숲, 2023
양은우, 『당신의 뇌는 서두르는 법이 없다』, 웨일북(whalebooks), 2020
양재진, 양재웅, 『내 마음을 나도 모를 때』, 21세기북스, 2021
양정우, 『정신과의사의 식탁』, 에이도스, 2021
양찬순, 『오늘 참 괜찮은 나를 만났다』, 김영사, 2019
에노모토 히로아키, 『인정욕구』, 피카(FIKA), 2023
에드 마일렛, 『THE POWER OF ONE MORE』, 토네이도, 2022
에디트 에바 에거, 『더 기프트』, 위즈덤하우스, 2023
에른스트프리트 하니슈, 『모기 뒤에 숨은 코끼리』, 한국경제신문, 2021
에릭 슈미트, 『빌 캠벨 실리콘밸리의 위대한코치』, 김영사, 2020
에모토 마사루, 『물은 답을 알고 있다』, 더난출판사, 2008
에밀리 에스파하니 스미스, 『어떻게 나답게 살 것인가』, 알에이치코리아(RHK), 2019
에픽테토스, 『나를 위해 살지 않으면 남을 위해 살게 된다』, 페이지2북스, 2024
엠마 헵번, 『감정의 이해』, 포레스트북스, 2024
엠마 헵번, 『멘탈케어 도구상자 55』, HJ골든벨타임, 2023
오언 오케인, 『자신에게 엄격한 사람들을 위한 심리책』, 갤리온, 2021
오은영, 『오은영의 화해』, 코리아닷컴, 2019
오자와 다케토시, 『1년 뒤 오늘을 마지막 날로 정해두었습니다』, 필름(Feelm), 2022
올더스 헉슬리, 『멋진 신세계』, 문예출판사, 2018
와다 히데키, 『잠시만 기대겠습니다』, 청림출판, 2018
와타나베 가오루, 『3초 직감력』, 동양북스(동양문고), 2020
외르크 베르나르디, 『언제 행복할 것인가』, 필름(Feelm), 2023

요한 크라우네스, 『사소한 불행에 인생을 내어주지 마라』, 추수밭, 2023
요한 하리, 『벌거벗은 정신력』, 쌤앤파커스, 2024
우르술라 누버, 『나는 그래도 날 잘 안다고 생각했는데』, 생각의길, 2021
우리창, 『매일 심리학 공부』, 지식너머, 2017
우빤디따, 『바로 이번 생에』, 불광출판사, 2002
우즈훙, 『내 영혼을 다독이는 관계 심리학』, 리드리드출판, 2022
우치다 타츠루, 『스승은 있다』, 민들레, 2012
우치다 타츠루, 『푸코, 바르트, 레비스트로스, 라캉 쉽게 읽기』, 갈라파고스, 2010
원정미, 『가족이지만 타인입니다』, 서사원, 2022
웨인 다이어, 『모두에게 사랑받을 필요는 없다』, 스몰빅라이프, 2020
웨인 다이어, 『우리는 모두 죽는다는 것을 기억하라』, 토네이도, 2019
웨인 다이어, 『인생의 모든 문제에는 답이 있다』, 불광출판사, 2022
웨인 다이어, 『치우치지 않는 삶』, 나무생각, 2021
월리스 와틀스, 『결국 당신은 바뀔 것이다』, 터닝페이지, 2023
유드 세메리아, 『내 문제가 아닌데 내가 죽겠습니다』, 생각의길, 2020
유발 하라리, 『넥서스』, 김영사, 2024
유선경, 『감정 어휘』, 앤의서재, 2022
유영만, 『2분의 1』, 블랙피쉬, 2023
유홍균, 『마음 지구력』, 21세기북스, 2024
윤영돈, 『독습』, 예문, 2019
윤주은, 『마음의 안부를 묻는 시간』, 문예춘추사, 2024
윤지원, 『니체처럼 사랑하고 세네카처럼 현명하게』, 유노책주, 2024
이경민, 『심리학의 쓸모』, 믹스커피, 2020
이기주, 『보편의 단어』, 말글터, 2024
이나모리 가즈오, 『어떻게 살아야 하는가』, 다산북스, 2022
이남옥, 『아이에게 주는 감정 유산』, 라이프앤페이지, 2023
이동귀, 『내 아이에게 들려주는 매일 심리학』, 니들북, 2020

이동귀, 『생각연구소』, 박영스토리, 2019
이동진, 『닥치는 대로 끌리는 대로 오직 재미있게 이동진 독서법』, 위즈덤하우스, 2022
이동환, 『부자의 몸』, 쌤앤파커스, 2025
이무석, 『성격 아는 만큼 자유로워진다』, 두란노서원, 2014
이무석, 『이무석의 마음』, 비전과리더십, 2023
이민규, 『생각의 각도』, 끌리는책, 2021
이시다 히사쓰구, 『탐욕의 원칙』, 세개의소원, 2022
이영직, 『행동 뒤에 숨은 심리학』, 스마트비즈니스, 2018
이인수, 이무석, 『누구의 인정도 아닌』, 위즈덤하우스, 2017
이재연, 『가족사용 설명서』, 지식과감성, 2018
이재연, 『심리학 이슈로 답하다』, 지식과감성, 2016
이정모, 『찬란한 멸종』, 다산북스, 2024
이즈미마사토, 『부자의 그릇』, 다산북스, 2020
이케가야 유지, 『세상에서 가장 재미있는 63가지 심리실험』, 사람과나무사이, 2018
이케가와 유지, 『최적의 공부 뇌』, 포레스트북스, 2023
이케가와, 『삶이 흔들릴 때 뇌과학을 읽습니다』, 힉스, 2024
이호선, 『가족이라는 착각』, 유노라이프, 2022
이호선, 『오십의 기술』, 카시오페아, 2023
인나미 아쓰시, 『1만권 독서법』, 위즈덤하우스, 2017
인문학자 조희, 『장자의 비움 공부』, 리텍콘텐츠, 2020
일자 샌드, 『나는 왜 나에게 솔직하지 못할까』, 인플루엔셜, 2023
임경선, 『태도에 관하여』, 토스트, 2024
자미라 엘 우아실, 프리데만 카릭, 『세상은 이야기로 만들어졌다』, 원더박스, 2023
자밀 자키, 『공감은 지능이다』, 심심, 2021
장달식, 『너 그러면 행복하겠니』, 지혜와지식, 2019
장동선, 『뇌 속에 또 다른 뇌가 있다』, 아르테, 2017
장성숙, 『불행한 관계 걷어차기』, 스몰빅라이프, 2021

장연규, 『유전자 스위치』, 히포크라테스, 2023
장원청, 『심리학을 만나 행복해졌다』, 미디어숲, 2020
장재열, 『마이크로 리추얼』, 한국경제신문, 2024
장재형, 『플라톤의 인생수업』, 다산초당, 2024
전미경, 『나를 아프게 하지 않는다』, 지와인, 2019
전중환, 『오래된 연장통』, 사이언스북스, 2014
정명호, 『욕망을 이롭게 쓰는 법』, 정신세계사, 2020
정여울, 『1일 1페이지, 세상에서 가장 짧은 심리 수업 365』, 위즈덤하우스, 2021
정재현, 『인생의 마지막 질문』, 카시오페아, 2021
제러미 애덤 스미스, 키라 뉴먼, 『감사의 재발견』, 현대지성, 2022
제레드 쿠니 호바스, 『사람은 어떻게 생각하고 배우고 기억하는가』, 토네이도, 2020
제리&에스더 힉스, 『유쾌한 창조자』, 나비랑북스, 2014
제시카 바움, 『나는 왜 사랑할수록 불안해질까』, 부키, 2023
제임스 네스트, 『호흡의 기술』, 북트리거, 2021
제임스 알렌, 『생각의 연금술』, 포레스트북스, 2024
조 디스펜자, 『BREAKING 당신이라는 습관을 깨라』, 샨티, 2021
조 비테일, 『미라클!』, 우현북스, 2018
조너선 히이트, 『불인세대』, 웅진지식하우스, 2024
조너선 하이트, 『조너선 하이트의 바른행복』, 부키, 2022
조너선 하이트, 그레그 루키아노프, 『나쁜 교육』, 프시케의숲, 2019
조벽, 최성애, 『성장할 수 있는 용기』, 해냄, 2022
조병식, 『암은 자연치유 된다』와 『4대 만성병 자연치유 교과서』, 왕의서재, 2019
조세프 응우옌, 『당신이 생각하는 모든 것을 믿지 말라』, 서삼독, 2023
조셉 머피, 『완전 다른 사람이 된다』, 빌리버튼, 2023
조원경, 『앞으로 10년 빅테크 수업』, 페이지2북스, 2022
조윤제, 『다산의 마지막 습관』, 청림출판, 2020
조윤제, 『신독, 혼자 있는 시간의 힘』, 비즈니스북스, 2024

조이 챈스, 『결국 원하는 것을 얻는 사람들의 비밀』, 비즈니스북스, 2023

조지 E. 베일런트, 『성공적삶의심리학』, 나남, 2005

조지선, 『못난 게 아니라, 조금 서툰 겁니다』, 책으로여는세상, 2021

존 브래드쇼, 『가족』, 학지사, 2006

존 브래드쇼, 『수치심의 치유』, 한국상담심리연구원, 2023

존 소포릭, 『부자의 언어』, 월북, 2020

존 아메이치, 『거인의 약속』, 상상스퀘어, 2024

존 페트로첼리, 『우리가 혹하는 이유』, 오월구일, 2021

존 피치, 맥스 프렌첼, 『이토록 멋진 휴식』, 현대지성, 2021

존그리빈, 『이토록 기묘한 양자』, 바다출판사, 2022

줄리 스미스, 『왜 아무도 알려주지 않은 거죠?』, 지식서가, 2024

줄리아 홉스봄, 『인생에서 중요한 6가지만 기억하라』, 토네이도, 2021

줄리언 반스, 『또 이 따위 레시피라니』, 다산책방, 2019

줄리언 반스, 『빨간 코트를 입은 남자』, 다산책방, 2020

줄리언 반스, 『웃으면서 죽음을 이야기하는 방법』, 다산책방, 2016

지바 마사야, 『공부의 철학』, 책세상, 2018

진 트웬지, 『제너레이션 세대란 무엇인가?』, 매일경제신문사, 2023

진규동, 『다산의 평정심 공부』, 베가북스, 2021

질리언 테트, 『알고 있다는 착각』, 어크로서, 2022

짐 론, 『야망의 힘』, 오아시스, 2024

짐 알칼릴리, 『어떻게 물리학을 사랑하지 않을 수 있을까?』, 월북, 2022

짐 퀵, 『마지막 몰입』, 비즈니스북스, 2024

찰스 화이트 필드, 『엄마에게 사랑이 아닌 상처를 받은 너에게』, 빌리버튼, 2021

찰스J. 사이키스, 『딱 3년, 공부만 하는 바보가 돼라』, 스마트비즈니스, 2023

채환, 『매일 운이 좋아지는 21일 하루 명상』, 중앙북스, 2022

천위안, 『심리학이 조조에게 말하다1』, 리드리드출판, 2022

체사레 카타, 『셰익스피어 카운슬링』, 다산북스, 2023

최리나, 『상처받지 않는 관계의 비밀』, 미디어숲, 2023
최설민, 『양수인간』, 북모먼트, 2024
최성락, 『부를 부르는 50억 독서법』, 월요일의 꿈, 2022
최준형, 『직무의 종말』, 파지트, 2024
최진석, 『건너가는 자』, 쌤앤파커스, 2024
최진식, 『인간이 그리는 무늬』, 소나무, 2023
최현석, 『인간의 모든 성격』, 서해문집, 2018
최혜진, 『에디토리얼 씽킹』, 터틀넥프레스, 2023
추민지, 『난 그저 잘살고 싶었을 뿐인데』, 베프북스, 2021
충페이충, 『심리학이 분노에 답하다』, 미디어숲, 2020
칩 콘리, 『일터의 현자』, 쌤앤파커스, 2019
카를로 로벨리, 『모든 순간의 물리학』, 쌤앤파커스, 2016
카를로 로벨리, 『화이트홀』, 쌤앤파커스, 2024
칼 구스타프 융, 『심리유형Psychological Types』, 부글북스, 2019
캐럴 드웩, 『마인드셋』, 스몰빅라이프, 2023
캐럴라인 윌리엄스, 『움직임의 뇌과학』, 갤리온, 2021
캐린 홀, 『민감한 사람을 위한 감정 수업』, 빌리버튼, 2020
캐서린 메코맥, 『시선의 불평등』, 아트북스, 2022
캐시 오닐, 『셰임 머신』, 흐름출판, 2023
커커, 『나를 지켜주는 최소한의 방어 심리학』, 카시오페아, 2022
켈리 맥고니걸, 『스트레스의 힘』, 21세기북스, 2020
코르넬리아 토프, 『침묵을 배우는 시간』, 서교책방, 2024
콜린 캠벨, 토마스 캠벨, 『무엇을 먹을 것인가』, 열린과학, 2020
크리스 채, 『실리콘밸리에선 어떻게 일하나요』, 더퀘스트, 2022
크리스토프 앙드레, 『내가 여기 있어요』, 불광출판사, 2023
크리스토프 앙드레, 『새로운 뇌 사용법_나를 치유하는 뇌』, 북스힐, 2021
클라우디아 해먼드, 『잘 쉬는 기술』, 웅진지식하우스, 2020

타쿠미 에이치, 『47가지 심리학 법칙』, 생각의날개, 2022

탈벤 샤하르, 『조금씩 분명히 행복해지는 습관』, 좋은생각, 2023

태미 커크니스, 『패닉 버튼』, 인디고(글담), 2022

태지원, 『그림의 말들』, 클랩북스, 2022

테레사 쿼커, 『시간을 잃어버린 사람들』, 원더박스, 2023

토니 로빈스, 『거인의 힘 무한능력』, 씨앗을뿌리는사람, 2023

토니 로빈스, 『토니로빈스 거인의 생각법』, 알에이치코리아, 2023

토머스 보이스, 『당신의 아이는 잘못이 없다』, 시공사, 2020

토미, 『좋은 운은 좋은 사람과 함께 온다』, 서삼독, 2022

틱낫한, 『고요히 앉아 있을 수만 있다면』, 불광출판사, 2022

틱낫한, 『디팩초프라의 완전한 명상』, 센시오, 2021

틱낫한, 『삶의 지혜』, 성안당, 2018

틸만 페르티타, 『장사의 神을 넘어 비즈니스의 神으로』, 시목(始木), 2020

팀 그로버, 샤리 웽크, 『멘탈리티』, 푸른숲, 2022

파스칼 브뤼크네르, 『아직 오지 않은 날들을 위하여』, 인플루엔셜, 2021

파스칼 브뤼크네르, 『우리 인생에 바람을 초대하려면』, 인플루엔셜, 2023

판덩, 『당신이 만나야 할 단 하나의 논어』, 미디어숲, 2024

페니 맬러리, 『나는 해낼 수 있다는 믿음이 인생을 바꾼다』, 더퀘스트, 2022

페터 베르, 『내가 누구인지 아는 것이 왜 중요한가』, 갈매나무, 2024

페트 비에리, 『삶의 격』, 은행나무, 2014

페트 비에리, 『페터 비에리의 교양수업』, 은행나무, 2018

폴 블룸, 『공감의 배신』, 시공사, 2019

폴 블룸, 『최선의 고통』, 알에이치코리아, 2022

폴설리번, 『클러치』, 중앙북스, 2021

폴커 키츠, 『설득의 법칙』, 포레스트북스, 2023

프리드리히 니체, 『혼자일 수 없다면 나아갈 수 없다』, 포레스트북스, 2024

피터 틸, 『제로 투 원』, 한국경제신문, 2021

피트 데이비스, 『전념』, 상상스퀘어, 2022
피파 그레인지, 『나를 단단하게 만드는 심리학』, 상상스퀘어, 2022
필로소피 미디엄, 『출근길엔 니체 퇴근길엔 장자』, 한국경제신문, 2022
필립 휴스턴, 마이클 플로이드, 『거짓말의 심리학』, 추수밭, 2013
하주원, 『불안한 마음을 잠재우는 법』, 빌리버튼, 2020
하타노 기요오, 이나가키 가요코, 『숨은 붙어 있으니 살아야겠고』, 공명, 2022
하하키기 호세이, 『답이 보이지 않는 상황을 견디는 힘』, 성안당, 2018
한강, 『소년이 온다』, 창비, 2014
한강, 『작별하지 않는다』, 문학동네, 2021
한국일보 창간기획, 『절반세대가 온다』, 현암사, 2023
한근태, 『한근태의 재정의 사전』, 클라우드나인, 2018
한성렬, 『심리학자의 마음을 빌려드립니다』, 21세기북스, 2014
한성열, 『이제는 나로 살아야 한다』, 21세기북스, 2021
한스 할터, 『죽음이 물었다, 어떻게 살 거냐고』, 포레스트북스, 2023
한스-게오르크 호이젤, 『뇌, 욕망의 비밀을 풀다』, 비즈니스북스, 2019
한야 야나기하라, 『리틀 라이프』, 시공사, 2016
한창수, 『무기력이 무기력해지도록』, 알에이치코리아, 2021
헤르만 헤세, 『삶을 건니는 기쁨』, 문예춘추사, 2024
헤르만 헤세, 『헤르만 헤세의 나로 존재하는 법』, 뜨인돌, 2025
헤르만 헤세, 『헤르만 헤세의 책이라는 세계』, 뜨인돌출판사, 2022
헤이든 핀치, 『게으른 완벽주의자를 위한 심리학』, 시크릿하우스, 2022
현문석, 『불안한 아이 뒤에는 불안한 부모가 있다』, 푸른칠판, 2025
호르헤 부카이, 『이야기해줄까요』, 천문장, 2017
호시 와타루, 『신의 멘탈』, 21세기북스, 2019
혼다 켄, 『부자가 보낸 편지』, 책이있는풍경, 2019
혼다 켄, 『운을 불러오는 49가지 말』, 북썸크, 2016
혼다 켄, 『원하는 대로 산다』, 경향비피, 2017

훗타 슈고, 『효과 빠른 번아웃 처방전』, 동양북스, 2023

홍익희, 『문명으로 읽는 종교 이야기』, 행성B, 2019

황농문, 『슬로싱킹』, 위즈덤하우스, 2020

황시투안, 『인생 전환의 심리학수업』, 미디어숲, 2021

황시투안, 『인생의 변화는 말투에서 시작된다』, 미디어숲, 2022

황양밍, 『한밤중의 심리학 수업』, 미디어숲, 2023

황양밍, 장린린, 『심리학이 불안에 답하다』, 미디어숲, 2022

후데코, 『사지 않는 생활』, 스노우폭스북스, 2022

후션즈, 『관계를 망치는 사람들을 위한 심리 처방전』, 리드리드출판, 2022

훗타 슈고, 『나는 왜 생각이 많을까?』, 서사원, 2021

미주

1   데이비드 이글먼, 『무의식은 어떻게 나를 설계하는가』, 알에이치코리아, 2024
2   최현석, 『인간의 모든 성격』, 서해문집, 2018
3   Plomin, R., DeFries, J. C., Knopik, V. S., & Neiderhiser, J. M. (2016). Behavioral Genetics (7th ed.). Worth Publishers.
4   대니얼 네틀, 『성격의 탄생』, 와이즈북, 2019
5   전미경, 『나를 아프게 하지 않는다』, 지와인, 2019
6   스테판 B. 폴터, 『모든 인간관계의 핵심요소』, 비전북, 2018
7   라이언 홀리데이, 『데일리 대드』, 청림Life, 2024
8   우빤디따, 『바로 이번 생에』, 불광출판사, 2002
9   린 맥타가트, 『생각의 힘을 실험하다』, 두레, 2012
10 Lynne McTaggart, 『The Intention Experiment』, HarperCollins Children's Books, 2008
11 빅 맨스필드, 『불교와 양자역학』, 불광출판사, 2021
12 에모토 마사루, 『물은 답을 알고 있다』, 더난출판사, 2008
13 토머스 버니, 『태아는 알고 있다』, 샘터사, 2005
14 대니얼 J. 시겔, 『마음의 발달』, 하나의학사, 2022
15 안드레아스 모리츠, 『놀라운 몸과 마음의 힘』, 에디터, 2024
16 브루스 H. 립턴, 『당신의 주인은 DNA가 아니다』, 두레, 2011
17 다쓰미 이치로, 『100년 동안의 거짓말』, 시공사, 2007
18 베셀 반 데어 콜크, 『몸은 기억한다』, 을유문화사, 2020
19 이시다 히사쓰구, 『탐욕의 원칙』, 세개의소원, 2022

20 이케가와 유지,『최적의 공부 뇌』, 포레스트북스, 2023

21 캐럴라인 윌리엄스,『움직임의 뇌과학』, 갤리온, 2021

22 빌 설리번,『나를 나답게 만드는 것들』, 브론스테인, 2020

23 대니얼 J. 레비틴,『정리하는 뇌』, 와이즈베리, 2015

24 리사 펠드먼 배럿,『이토록 뜻밖의 뇌과학』, 더퀘스트, 2021

25 요한 하리,『벌거벗은 정신력』, 쌤앤파커스, 2024

26 피파 그레인지,『나를 단단하게 만드는 심리학』, 상상스퀘어, 2022

27 칼 구스타프 융,『무의식의 분석』, 홍신문화사, 2007

28 Kassin, S., Fein, S., & Markus, H. R.,『Social Psychology (9th ed.)』, Cengage Learning, 2014

29 맹자,『맹자』, 홍익, 2023

30 헤이든 핀치,『게으른 완벽주의자를 위한 심리학』, 시크릿하우스, 2022

31 자밀 자키,『공감은 지능이다』, 심심, 2021

32 신종호,『저, 감정적인 사람입니다』, 21세기북스, 2023

33 대니얼 골먼,『감성지능』, 비전코리아, 1996

34 마크 브래킷,『감정의 발견』, 북라이프, 2020

35 레온 빈트샤이트,『삶의 무기가 되는 심리학』, 심플라이프, 2019

36 우리창,『매일 심리학 공부』, 지식너머, 2017

37 미하이 칙센트미하이,『몰입의 즐거움』, 해냄출판사, 2021

38 드루 에릭 휘트먼,『심리학으로 팔아라』, 갈매나무, 2016

39 Melanie Mitchell, Complexity: A Guided Tour, Oxford University Press, 2009

40 대니얼 카너먼,『생각에 관한 생각』, 김영사, 2018

41 몰리 하우스,『그때 이렇게 말했더라면』, 웅진지식하우스, 2022

42 제시카 바움,『나는 왜 사랑할수록 불안해질까』, 부키, 2023

43 가토 다이조,『나는 왜 눈치를 보는가』, 고즈윈, 2006

44 가토 다이조,『나는 왜 소통이 어려운가』, 고즈윈, 2013

45 가토 다이조,『열등감을 자신감으로 바꾸는 심리학』, 나무생각, 2015

46 우즈홍, 『내 영혼을 다독이는 관계 심리학』, 리드리드출판, 2022
47 라라E. 필딩, 『홀로서기 심리학』, 메이븐, 2020
48 한성열, 『이제는 나로 살아야 한다』, 21세기북스, 2021
49 헌터 클라크 필즈, 『이성을 잃지 않고 아이를 대하는 마음챙김 육아』, 서사원, 2023
50 기시미 이치로, 『아들러 심리학을 읽는 밤』, 살림, 2015
51 라이언 홀리데이, 『에고라는 적』, 흐름출판, 2017
52 가서(家書): 자기 집에 전하거나 간직하는 책
53 송정애, 『가족상담의 이론과 실제』, 양서원, 2010
54 박상미, 『박상미의 가족상담소』, 특별한서재, 2022
55 이호선, 『가족이라는 착각』, 유노라이프, 2022
56 《참조 연구자 및 이론》
    에드워드 트로닉(Tronick): 초기 양육자-아동 상호작용 결핍이 정서 발달 및 스트레스 대처에 손상 초래
    폴 아마토(Amato, 2004): 아버지 부재는 자기존중감, 학교적응, 대인관계에 부정적 영향
    메리 에인스워스(Ainsworth): 안정 애착 결여 시 성인기에도 대인관계 불안정성 지속
    지그문트 프로이트(Freud): 초자아 형성에 부모(특히 아버지)의 도덕적 이상과 행동 내면화 중요
57 김종원, 『부모의 질문력』, 다산북스, 2025
58 김종원, 『부모의 질문력』, 다산북스, 2025
59 이남옥, 『아이에게 주는 감정 유산』, 라이프앤페이지, 2023
60 황시투안, 『인생 전환의 심리학수업』, 미디어숲, 2021
61 바버라 블래츨리, 『기회의 심리학』, 안타레스, 2023
62 브야사, 『바가바드기타』, 여래, 2024
63 김영수, 『프리츠 하이더의 지혜를 통해 배우는 30가지 삶의 법칙』, 루미너리북스, 2025

64 리처드 와이즈먼, 『지금 바로 써먹는 심리학』, 웅진지식하우스, 2019
65 캐시 오닐, 『셰임 머신』, 흐름출판, 2023

아빠의 책장

ⓒ 박기형, 2025

초판 1쇄 발행 2025년 11월 7일

지은이	박기형
펴낸이	권지현
펴낸곳	이음과펼침
책임편집	이음과펼침 편집부
출판등록	2025년 7월 21일 제2025-000129호
주소	서울시 서초구 양재동 392-3, 202B
이메일	connectnbloom@gmail.com
원고투고	connectnbloom@gmail.com
홈페이지	www.connectnbloom.com

ISBN 979-11-995504-2-1 (03590)

- 가격은 뒤표지에 있습니다.
- 이 책은 저작권법에 의하여 보호를 받는 저작물이므로 무단 전재와 복제를 금합니다.
- 파본은 구입하신 서점에서 교환해 드립니다.